Ελεύθερος Σοσιαλισμός

Συνδυάζοντας Ελευθερία
και Κοινωνική Δικαιοσύνη

Σκέψεις και Προτάσεις
για ένα νέο Μοντέλο
Κοινωνικής Συνοχής

Αντώνης Κων. Κωνσταντίνου
2024

Τίτλος: «ΦΙΛΕΛΕΥΘΕΡΟΣ ΣΟΣΙΑΛΙΣΜΟΣ
ΣΥΝΔΥΑΖΟΝΤΑΣ ΕΛΕΥΘΕΡΙΑ ΚΑΙ ΚΟΙΝΩΝΙΚΗ ΔΙΚΑΙΟΣΥΝΗ
ΣΚΕΨΕΙΣ & ΠΡΟΤΑΣΕΙΣ ΓΙΑ ΕΝΑ ΝΕΟ ΜΟΝΤΕΛΟ ΚΟΙΝΩΝΙΚΗΣ ΣΥΝΟΧΗΣ»

Συγγραφέας: Αντώνης Κων. Κωνσταντίνου

Copyright © Εκδόσεις «Publicus»
books@publicus.gr

Copyright © 2024

ISBN: 978-618-00-5440-8

ΠΕΡΙΕΧΟΜΕΝΑ

ΠΡΟΛΟΓΟΣ

Οι σύγχρονες Κοινωνίες, υφίστανται ταχεία και πολυδιάστατη εξέλιξη. Η αντίληψη του ατόμου σχετικά με τη λειτουργία της «δημόσιας σφαίρας» καθώς και τους χρόνους δράσης ή αδράνειας ποικίλλει, διαμορφούμενη από τις προσωπικές του εμπειρίες, το μορφωτικό του επίπεδο, τα συμφέροντά του, καθώς και από τις γενικότερες συνθήκες ζωής που τον περιβάλλουν.

Ζούμε, την πολιτική ενηλικίωση της Μεταπολιτευτικής περιόδου και των εκπροσώπων της γενιάς αυτής. Μιάς γενιάς, που προσπάθησε, ερχόμενη με ορμή, να δημιουργήσει νέους Κοινωνικούς Θεσμούς και να μετασχηματίσει την Ελληνική Κοινωνία.

Οι φιλόδοξες πρακτικές, της μεταπολιτευτικής γενιάς, μοιάζουν σε κάποιον βαθμό, να απέτυχαν, σηματοδοτώντας την ανάγκη επαναχάραξης των στόχων (Κοινωνικών, Πολιτικών, Οικονομικών) ως επιτακτικότερη από ποτέ.

Η αλήθεια είναι, πως κανένα Κοσμοσύστημα, δεν προέκυψε από παρθενογένεση. Αντίθετα, αποτελεί μέρος μιας μακράς ανθρώπινης διαδικασίας, εξελισσόμενο και μεταβαλλόμενο μέσα στους αιώνες, με σκοπό τη βελτίωση της Ανθρώπινης Οντότητας.

Όταν, το 2008, ξεκίνησα να γράφω αυτό το βιβλίο, επεδίωξα να εμβαθύνω τις γνώσεις μου σχετικά με τον Φιλελευθερισμό και τον Σοσιαλισμό, εξετάζοντας αν αυτές οι δύο Ιδεολογίες, μπορούν να ενωθούν και να αποτελέσουν τη βάση για τη δημιουργία μιας Κοινωνίας Αξιοβίωτης, στην οποία όλα τα μέλη της θα ζουν, θα αναπτύσσονται και θα δημιουργούν σε συνθήκες Ισότητας και Ισονομίας, με ίδιες Υποχρεώσεις και ίδια Δικαιώματα.

Η περίοδος των Μνημονίων, άφησε βαθιά τα σημάδια της στο Σώμα και κυρίως, στη Ψυχή της Ελληνικής Κοινωνίας και κατέστησε, πρόδηλη την ανάγκη, επαναδιατύπωσης ενός νέου Εθνικού και Κοινωνικού αφηγήματος, με τη χάραξη νέων στόχων, Κοινωνικών, Πολιτικών και Οικονομικών ως μία ανάγκη, πιο επιτακτική από ποτέ.

Το Κράτος και οι Πολίτες, θα πρέπει αμοιβαία, να «διαβάσουν» το νέο περιβάλλον και τις νέες συνθήκες που έχουν διαμορφωθεί και να «εφεύρουν» επαναπροσδιορίζοντας, το νέο Μέτρο Δικαιοσύνης και Επιείκειας, αναγνωρίζοντας τις αλλαγές που συντελούνται γύρω μας.

Μια συνεκτική Κοινωνία πρέπει να επιδιώκει τη διαρκή ενσωμάτωση των Πολιτών στην Αγορά και την Κοινωνία, με νέους Κοινωνικούς Θεσμούς, οι οποίοι θα προωθούν την Ισότητα και την Ενεργοποίηση όλων των Πολιτών.

Ουτοπικό; Ίσως. Ωστόσο, οι Κοινωνίες, όπως και κάθε πτυχή της ζωής, εξελίσσονται κυρίως από ονειροπόλους που επιδιώκουν το αδύνατο και το ακατόρθωτο.

ΚΕΦΑΛΑΙΟ Α': ΕΙΣΑΓΩΓΗ ΣΤΟΝ ΦΙΛΕΛΕΥΘΕΡΟ ΣΟΣΙΑΛΙΣΜΟ

ΟΡΙΣΜΟΣ ΤΟΥ ΦΙΛΕΛΕΥΘΕΡΟΥ ΣΟΣΙΑΛΙΣΜΟΥ

Ο Φιλελεύθερος Σοσιαλισμός, είναι μια Πολιτική Ιδεολογία που συνδυάζει τις αρχές του Φιλελευθερισμού και του Σοσιαλισμού, επιδιώκοντας να προωθήσει την Κοινωνική Δικαιοσύνη και την Ατομική Ελευθερία, μέσω Δημοκρατικών διαδικασιών και Θεσμών.

Ο Φιλελεύθερος Σοσιαλισμός, βασίζεται στην ιδέα, ότι τα άτομα πρέπει να έχουν πρόσβαση σε ορισμένες βασικές ανάγκες, όπως η υγειονομική περίθαλψη, η εκπαίδευση και η στέγαση, ανεξάρτητα από την οικονομική τους ικανότητα.

Αυτό, είναι παρόμοιο με τη Σοσιαλιστική ιδέα της συλλογικής ιδιοκτησίας και διανομής πόρων, αλλά ο Φιλελεύθερος Σοσιαλισμός τονίζει τη σημασία των ατομικών Δικαιωμάτων και ελευθεριών, συμπεριλαμβανομένης της ελευθερίας του λόγου, των ελεύθερων αγορών και των δημοκρατικών θεσμών.

Σε μια Φιλελεύθερη Σοσιαλιστική Κοινωνία, η Κυβέρνηση θα διαδραμάτιζε κομβικό ρόλο, διασφαλίζοντας την ικανοποίηση των βασικών αναγκών των Πολιτών και το γεγονός, ότι ο πλούτος θα κατανέμεται πιο ορθολογικά, επιτρέποντας παράλληλα, την κατοχή και ανάπτυξη της ιδιωτικής ιδιοκτησίας, επί επιχειρήσεων και περιουσίας.

Τούτο, έρχεται σε αντίθεση με τις πιο παραδοσιακές μορφές Σοσιαλισμού, που υποστηρίζουν την κατάργηση της ιδιωτικής ιδιοκτησίας και τη συλλογική ιδιοκτησία όλων των πόρων.

Ο Φιλελεύθερος Σοσιαλισμός, συνδέεται συχνά με τη Σοσιαλδημοκρατία, η οποία είναι μια Πολιτική Ιδεολογία που συνδυάζει στοιχεία Σοσιαλισμού και Δημοκρατίας.

Οι Σοσιαλδημοκράτες, πιστεύουν στη σημασία της παροχής, ενός δικτύου Κοινωνικής Ασφάλειας για όλους τους πολίτες, πιστεύουν επίσης, στη σημασία των Δημοκρατικών Θεσμών και των Ατομικών Ελευθεριών.

Είναι γεγονός, ότι ο Φιλελεύθερος Σοσιαλισμός, στη διάρκεια της Ιστορίας, έχει υποστηριχθεί από διάφορους πολιτικούς στοχαστές, δεν είναι όμως, μια ευρέως εξασκούμενη ή καθιερωμένη πολιτική ιδεολογία στις περισσότερες χώρες.

Έξι (6) είναι οι βασικότεροι λόγοι, που λειτουργούν σαν τροχοπέδη, στην άσκηση πολιτικών με Φιλελεύθερη Σοσιαλιστική προοπτική:

Οι Ιδεολογικές Αντιφάσεις

Κατά τις οποίες, οι βασικές Αρχές του Φιλελευθερισμού και του Σοσιαλισμού, αντιτίθενται μεταξύ τους, δίνοντας έμφαση, ο μεν

Φιλελευθερισμός, στην Ατομική Ελευθερία, την Ελεύθερη Αγορά και την ελάχιστη Κρατική / Κυβερνητική παρέμβαση, ο δε Σοσιαλισμός, στην Κοινωνική Ισότητα, τον Κρατικό έλεγχο της Οικονομίας και την αναδιανομή του πλούτου.

Η Πολιτική Πόλωση

Στις περισσότερες Χώρες, η πολιτική σκηνή, είναι πολωμένη ανάμεσα σε Συντηρητικές και Προοδευτικές δυνάμεις, με τον Κεντρώο Χώρο, να υποεκπροσωπείται.

Ο Φιλελεύθερος Σοσιαλισμός, ως Κεντρώα προσέγγιση, δυσκολεύεται να κερδίσει την υποστήριξη, πιο ακραίων πλευρών, του Πολιτικού φάσματος.

Οι Οικονομικές Δυσκολίες

Κατά την εφαρμογή των πολιτικών, που συνδυάζουν την Ελεύθερη Αγορά, με τη Λήψη Μέτρων Κοινωνικής Πρόνοιας, τα οποία απαιτούν, Ισχυρή και Σταθερή Οικονομία.

Η Ιστορική Κληρονομιά

Όπου σε πολλές Χώρες, οι Παραδοσιακές Πολιτικές Ιδεολογίες, που έχουν βαθιές ρίζες στην Κοινωνία, δεν επιτρέπουν την εισαγωγή ενός νέου πολιτικού συστήματος, το οποίο θα προσπαθήσει να συγκεράσει αντίθετες Ιδεολογίες, βρίσκοντας αντίσταση από Πολίτες και Πολιτικούς, που είναι προσκολλημένοι στις παραδοσιακές τους απόψεις.

Η Έλλειψη Συγκεκριμένου Προγράμματος

Όπως αναφέρθηκε και πιο πάνω, ο Φιλελεύθερος Σοσιαλισμός, ως σύνθεση δύο διαφορετικών ιδεολογιών, μπορεί να δυσκολεύεται να προσφέρει ένα συγκεκριμένο και σαφές πρόγραμμα δράσης.

Η αοριστία στις προτάσεις και οι γενικόλογες υποσχέσεις μπορεί να αποθαρρύνουν τους ψηφοφόρους που αναζητούν συγκεκριμένες λύσεις στα προβλήματα της καθημερινότητας.

Οι Διεθνείς Παράγοντες

Σύμφωνα με τους οποίους, η Παγκοσμιοποίηση και η Διεθνής Οικονομία, επιβάλλουν περιορισμούς, στις Εθνικές πολιτικές. Οι πολιτικές του Φιλελεύθερου Σοσιαλισμού μπορεί να επηρεαστούν από διεθνείς οικονομικές πιέσεις, όπως οι απαιτήσεις των διεθνών οργανισμών ή οι διακυμάνσεις στις αγορές, που μπορούν να δυσκολέψουν την εφαρμογή τους.

ΚΥΡΙΑ ΧΑΡΑΚΤΗΡΙΣΤΙΚΑ

Εννέα (9) είναι τα Κύρια χαρακτηριστικά της Φιλελεύθερης Σοσιαλιστικής Ιδεολογίας, και αναλύονται ως εξής:

Ατομική Ελευθερία

Οι Φιλελεύθεροι Σοσιαλιστές προάγουν την ελευθερία των ατόμων να εκφράζονται και να ζουν τη ζωή τους όπως αυτοί κρίνουν και επιθυμούν, υπό την προϋπόθεση ότι με τις ενέργειές τους και τον τρόπο που ζουν, δεν βλάπτουν τους άλλους.

Αυτή η Αρχή, είναι Θεμελιώδης για την Ιδεολογία τους, καθώς συνδυάζει την Αξία της Ατομικής Ελευθερίας με την Κοινωνική Ευθύνη και την Αλληλεγγύη.

Η Ιδεολογία του Φιλελεύθερου Σοσιαλισμού, αναδεικνύει την Ατομική Ελευθερία ως ακρογωνιαίο λίθο της Κοινωνικής οργάνωσης. Υποστηρίζει, ότι κάθε άτομο έχει το δικαίωμα να διαμορφώνει τη ζωή του σύμφωνα με τις δικές του προτιμήσεις και επιθυμίες, χωρίς να υπόκειται σε αυθαίρετους περιορισμούς, υπό την προϋπόθεση ότι οι ενέργειές του δεν προκαλούν βλάβη στους άλλους.

Αυτή η θεώρηση της Ατομικής Ελευθερίας, δεν περιορίζεται απλώς στην αποφυγή της βλάβης, αλλά επεκτείνεται στην ενθάρρυνση της αυτοέκφρασης και της αυτοπραγμάτωσης.

Η έμφαση στην Ατομική Ελευθερία, δεν αποτελεί ωστόσο, έναν απομονωμένο στόχο. Οι Φιλελεύθεροι Σοσιαλιστές, συνδυάζουν την Ατομική Ελευθερία, με την Κοινωνική Ευθύνη και την Αλληλεγγύη, δημιουργώντας μια συνεκτική, Ηθική θεμελίωση για την Κοινωνική τους θεωρία.

Η Κοινωνική Ευθύνη, συνεπάγεται, ότι τα άτομα, ενώ επιδιώκουν την προσωπική τους ανάπτυξη και ευημερία, αναγνωρίζουν και σέβονται τα δικαιώματα και τις ανάγκες των άλλων.

Η Αλληλεγγύη, από την άλλη, εκφράζεται ως αμοιβαία υποστήριξη και συνεργασία μεταξύ των μελών της Κοινωνίας, ενισχύοντας την Κοινωνική Συνοχή και την από Κοινού Ευημερία.

Η σύνδεση της Ατομικής Ελευθερίας, με την Κοινωνική Ευθύνη και την Αλληλεγγύη, αντανακλά μια βαθιά κατανόηση της ανθρώπινης φύσης και των κοινωνικών σχέσεων. Είναι Κοινή αντίληψη, όλων των Φιλελευθέρων Σοσιαλιστών, το γεγονός, ότι η πραγματική Ελευθερία, επιτυγχάνεται μόνο μέσα σε ένα πλαίσιο Κοινωνικής Δικαιοσύνης και Αμοιβαιότητας.

Επομένως, η Ιδεολογία τους, προάγει ένα μοντέλο Κοινωνίας όπου η Ατομική Αυτονομία, συνυπάρχει αρμονικά με την κοινωνική φροντίδα, διασφαλίζοντας ότι η ελευθερία του ενός δεν έρχεται σε βάρος της ευημερίας των άλλων.

Η Ατομική Ελευθερία, όπως την εννοούν οι Φιλελεύθεροι Σοσιαλιστές, αποτελεί μια πολυδιάστατη έννοια που εμπεριέχει όχι μόνο την απελευθέρωση από περιορισμούς αλλά και τη θετική ενθάρρυνση για προσωπική ανάπτυξη, σε συνδυασμό με την υπεύθυνη και αλληλέγγυα κοινωνική συμπεριφορά.

Αυτή η σύνθεση Αξιών, δημιουργεί ένα Ηθικό και Κοινωνικό υπόβαθρο που προάγει μια Πλουραλιστική, Δίκαιη και Αλληλέγγυα Κοινωνία.

Δίκτυο Κοινωνικής Ασφάλειας και Ισότητας

Οι Φιλελεύθεροι Σοσιαλιστές, υποστηρίζουν ότι η Κυβέρνηση έχει την ευθύνη να παρέχει ένα δίχτυ Κοινωνικής Ασφάλειας για όλους τους πολίτες, διασφαλίζοντας την πρόσβαση σε βασικές ανάγκες όπως η υγειονομική περίθαλψη, η εκπαίδευση και η στέγαση. Η παροχή αυτών των βασικών υπηρεσιών είναι ζωτικής σημασίας για να εξασφαλιστούν ίσες ευκαιρίες επιτυχίας για όλους, ανεξάρτητα από το κοινωνικό ή οικονομικό τους υπόβαθρο.

Η δέσμευση για την Ισότητα των Ευκαιριών και την Αναδιανομή του πλούτου και των πόρων, είναι στην Κεντρική Φιλοσοφία των Φιλελευθέρων Σοσιαλιστών, οι οποίοι παράλληλα, πιστεύουν, ότι η μείωση των Κοινωνικών και Οικονομικών ανισοτήτων δεν είναι μόνο Ζήτημα Δικαιοσύνης, αλλά και ουσιαστικής προϋπόθεσης για τη δημιουργία μιας Κοινωνίας όπου όλοι οι πολίτες μπορούν να ευημερούν, ως εκ τούτου, η εξασφάλιση της δωρεάν πρόσβασης, βασικών παροχών, όπως η Υγεία, η Εκπαίδευση και η Κοινωνική Πρόνοια, είναι θεμελιώδης για την επίτευξη αυτού του στόχου.

Οι Φιλελεύθεροι Σοσιαλιστές, θεωρούν ότι το δίχτυ Κοινωνικής Ασφάλειας δεν είναι απλώς ένας μηχανισμός προστασίας από την ακραία φτώχεια και την ανέχεια, αλλά ένα εργαλείο για την ενδυνάμωση των ατόμων και την ενίσχυση της Κοινωνικής Συνοχής. Η υγειονομική περίθαλψη, για παράδειγμα, δεν πρέπει να είναι προνόμιο των λίγων αλλά δικαίωμα όλων, διασφαλίζοντας ότι κανείς δεν θα στερείται την ιατρική φροντίδα που χρειάζεται λόγω οικονομικών δυσκολιών.

Παρομοίως, η εκπαίδευση πρέπει να είναι προσβάσιμη σε όλους, παρέχοντας ίσες ευκαιρίες για μάθηση και ανάπτυξη.

Η Αρχή της Αναδιανομής/Ανακατανομής του πλούτου και των πόρων, υπογραμμίζει την ανάγκη για ένα Δίκαιο Φορολογικό σύστημα και Κοινωνικές Πολιτικές, που επιδιώκουν την αναδιανομή των οικονομικών πόρων υπέρ των πιο αδύναμων κοινωνικών στρωμάτων. Μέσω αυτών των πολιτικών, οι Φιλελεύθεροι Σοσιαλιστές στοχεύουν στη δημιουργία μιας πιο Ισορροπημένης και Δίκαιης Κοινωνίας, όπου οι ανισότητες μειώνονται και όλοι οι πολίτες έχουν τις ίδιες ευκαιρίες και δυνατότητες για να επιτύχουν.

Οικονομική Δικαιοσύνη

Οι Φιλελεύθεροι Σοσιαλιστές, συνδυάζουν την Ελεύθερη Αγορά με Κρατικές παρεμβάσεις για την προώθηση της Οικονομικής Δικαιοσύνης.

Αυτή η προσέγγιση περιλαμβάνει τη ρύθμιση των Αγορών, για την αποφυγή των ανισοτήτων και την προστασία των εργαζομένων, καθώς και τη στήριξη των μικρών επιχειρήσεων και της καινοτομίας.

Οικονομική Δικαιοσύνη, δεν σημαίνει την απόρριψη της Ελεύθερης Αγοράς, αλλά την υιοθέτηση ενός μικτού Οικονομικού Συστήματος, που συνδυάζει τα πλεονεκτήματα της Αγοράς με την αναγκαία, Κρατική παρέμβαση.

Η ρύθμιση των Αγορών, είναι κρίσιμη για την αποτροπή της συγκέντρωσης πλούτου και ισχύος σε λίγα χέρια, η οποία μπορεί να οδηγήσει σε βαθιές κοινωνικές και οικονομικές ανισότητες.

Με την επιβολή Κανονισμών, που διασφαλίζουν τον Δίκαιο Ανταγωνισμό και την προστασία των εργαζομένων, η Κυβέρνηση, μπορεί να δημιουργήσει ένα περιβάλλον όπου οι Αγορές λειτουργούν προς όφελος του ευρύτερου κοινωνικού συνόλου.

Επιπλέον, η Προστασία των Εργαζομένων αποτελεί Θεμελιώδη Αρχή της Οικονομικής Δικαιοσύνης.

Αυτό περιλαμβάνει τη διασφάλιση δίκαιων μισθών, ασφαλών συνθηκών εργασίας και εργασιακών δικαιωμάτων.

Μέσα από την ενίσχυση των Εργασιακών Νομοθεσιών και την υποστήριξη των συνδικαλιστικών οργανώσεων, οι Φιλελεύθεροι Σοσιαλιστές, επιδιώκουν να ενδυναμώσουν τους εργαζομένους και να διασφαλίσουν ότι οι καρποί της οικονομικής ανάπτυξης κατανέμονται Δίκαια.

Η στήριξη των μικρών επιχειρήσεων και της καινοτομίας, είναι επίσης πρωτεύουσας σημασίας για την Οικονομική Δικαιοσύνη.

Οι μικρές επιχειρήσεις, αποτελούν τη ραχοκοκαλιά της Οικονο-
μίας και είναι συχνά πηγές καινοτομίας και δημιουργίας θέσεων
εργασίας.

Οι Φιλελεύθεροι Σοσιαλιστές, υποστηρίζουν πολιτικές, που εν-
θαρρύνουν την ανάπτυξη των μικρών επιχειρήσεων μέσω της
πρόσβασης σε χρηματοδότηση, της μείωσης της γραφειοκρα-
τίας και της παροχής εκπαιδευτικών και υποστηρικτικών υπηρε-
σιών.

Η προώθηση της καινοτομίας, από την άλλη πλευρά, θεωρείται
απαραίτητη για την οικονομική ανάπτυξη και τη βιώσιμη πρό-
οδο. Μέσω της ενίσχυσης της έρευνας και της ανάπτυξης, της
υποστήριξης των νέων τεχνολογιών και της προώθησης της εκ-
παίδευσης και κατάρτισης, οι Φιλελεύθεροι Σοσιαλιστές, επι-
διώκουν να δημιουργήσουν μια Οικονομία, που όχι μόνο είναι
δίκαιη, αλλά και δυναμική και ανθεκτική στις προκλήσεις του
μέλλοντος.

Αυτή η ισορροπημένη προσέγγιση, αποσκοπεί στη δημιουργία
μιας πιο Δίκαιης και Ευημερούσας Κοινωνίας.

Αναδιανομή πλούτου

Η αναδιανομή του πλούτου, σύμφωνα με τους Φιλελεύθερους
Σοσιαλιστές, είναι ζωτικής σημασίας για την καταπολέμηση των
ανισοτήτων και τη διαμόρφωση μιας δίκαιης και βιώσιμης Κοι-
νωνίας.

Αυτή η αναδιανομή, επιτυγχάνεται μέσω Δημοκρατικών διαδικασιών και με σεβασμό στις ατομικές ελευθερίες, διατηρώντας παράλληλα τις Αρχές της Οικονομικής Ισότητας και της Κοινωνικής Αλληλεγγύης.

Οι Φιλελεύθεροι Σοσιαλιστές, υποστηρίζουν ότι η ανα-διανομή του πλούτου, δεν είναι μόνο μια Ηθική Επιταγή, αλλά και ένας τρόπος για να διασφαλιστεί η Κοινωνική Συνοχή και η σταθερότητα.

Μέσω της Προοδευτικής Φορολογίας και άλλων πολιτικών μέτρων, επιδιώκεται η ανακατανομή των πόρων από τους πλούσιους στους λιγότερο προνομιούχους, μειώνοντας τις οικονομικές ανισότητες και εξασφαλίζοντας ότι όλοι οι πολίτες έχουν πρόσβαση στην κάλυψη των βασικών αναγκών.

Επίσης, μέσω της Προοδευτικής Φορολογίας, δεν επιτυγχάνεται μόνο η αναδιανομή του πλούτου, αλλά εξοικονομούνται πόροι, για τη χρηματοδότηση Κοινωνικών Προγραμμάτων και Υπηρεσιών, που ωφελούν τους λιγότερο προνομιούχους. Αυτό όχι μόνο μειώνει τις εισοδηματικές ανισότητες, αλλά και ενισχύει την Κοινωνική Αλληλεγγύη, καθώς όλοι οι πολίτες συμβάλλουν ανάλογα με τις δυνατότητές τους στο Κοινό Καλό.

Επιπλέον, οι πολιτικές αναδιανομής του πλούτου, περι-λαμβάνουν τη χρηματοδότηση Δημοσίων Υπηρεσιών, για την κάλυψη αναγκών σε τομείς όπως η Υγεία, η Εκπαίδευση και η Κοινωνική Πρόνοια.

Η πρόσβαση σε αυτές τις υπηρεσίες, είναι θεμελιώδης για την επίτευξη της Οικονομικής Ισότητας, καθώς διασφαλίζει ότι όλοι οι πολίτες έχουν τις ίδιες ευκαιρίες για προσωπική και επαγγελματική ανάπτυξη.

Οι Φιλελεύθεροι Σοσιαλιστές, θεωρούν ότι μια Κοινωνία, όπου όλοι έχουν πρόσβαση στην κάλυψη των βασικών αναγκών τους, είναι όχι μόνο πιο δίκαιη, αλλά και πιο αποτελεσματική και παραγωγική.

Η αναδιανομή του πλούτου, δεν περιορίζεται μόνο στην εισοδηματική αναδιανομή μέσω της φορολογίας, αλλά επεκτείνεται και σε πολιτικές που ενισχύουν την ιδιοκτησία και τον έλεγχο των πόρων από τους εργαζομένους και τις κοινότητες. Αυτό, περιλαμβάνει την υποστήριξη συνεταιριστικών, κοινοτικών ή κοινωνικών επιχειρήσεων, που δίνουν στους εργαζομένους μεγαλύτερο έλεγχο και μερίδιο στα κέρδη των επιχειρήσεων.

Μέσω δημοκρατικών διαδικασιών και με σεβασμό στις ατομικές ελευθερίες, οι πολιτικές αυτές, επιδιώκουν να μειώσουν τις οικονομικές ανισότητες και να διασφαλίσουν την Κοινωνική Συνοχή και Αλληλεγγύη.

Ιδιωτική Ιδιοκτησία

Οι Φιλελεύθεροι Σοσιαλιστές, υποστηρίζουν την Ιδιωτική ιδιοκτησία, είτε αυτό αφορά επιχειρήσεις, είτε ατομική ή Οικογενειακή περιουσία, αναγνωρίζοντας τη σημασία της ως κινητήρια δύναμη της Οικονομίας και της Καινοτομίας.

Θεωρούν ότι η Ιδιωτική πρωτοβουλία και η Επιχειρηματικότητα, είναι κρίσιμες για την οικονομική ανάπτυξη και τη δημιουργία θέσεων εργασίας. Η δυνατότητα των ατόμων να κατέχουν και να διαχειρίζονται περιουσιακά στοιχεία και επιχειρήσεις ενθαρρύνει την καινοτομία, την αποδοτικότητα και την οικονομική ευημερία.

Ωστόσο, υποστηρίζουν επίσης, ότι η λειτουργία των επιχειρήσεων, πρέπει να υπόκειται σε Κανονισμούς και να ελέγχεται με στόχο την εξυπηρέτηση του Δημοσίου συμφέροντος.

Η ρύθμιση της επιχειρηματικής δραστηριότητας, είναι απαραίτητη για την αποφυγή των αρνητικών συνεπειών που μπορεί να προκύψουν από την ανεξέλεγκτη δράση των αγορών, όπως η εκμετάλλευση των εργαζομένων, οι περιβαλλοντικές καταστροφές και οι κάθε λογής ανισότητες.

Οι Φιλελεύθεροι Σοσιαλιστές, προτείνουν ένα πλαίσιο κανονισμών, που διασφαλίζει ότι οι επιχειρήσεις λειτουργούν με υπευθυνότητα και Διαφάνεια.

Αυτό περιλαμβάνει την εφαρμογή αυστηρών περιβαλλοντικών προτύπων για την προστασία του οικοσυστήματος, την επιβολή δίκαιων εργασιακών πρακτικών που διασφαλίζουν τα δικαιώματα και την ευημερία των εργαζομένων, καθώς και τη ρύθμιση των χρηματοπιστωτικών αγορών για την αποτροπή οικονομικών κρίσεων και την προώθηση της σταθερότητας.

Επιπλέον, πιστεύουν ότι η ιδιωτική ιδιοκτησία πρέπει να συνδυάζεται με την Κοινωνική Ευθύνη. Οι επιχειρήσεις δεν πρέπει να επιδιώκουν μόνο το κέρδος, αλλά και να συμβάλλουν θετικά στην Κοινωνία και το Περιβάλλον. Αυτό μπορεί να επιτευχθεί μέσω της Εταιρικής Κοινωνικής Ευθύνης, της επανεπένδυσης των κερδών στην κοινότητα και της υποστήριξης κοινωνικών και περιβαλλοντικών προγραμμάτων.

Ελευθερία Χωρίς Εκμετάλλευση

Οι Φιλελεύθεροι Σοσιαλιστές, παρ' όλο που υποστηρίζουν την Ατομική Ελευθερία, τονίζουν, ότι αυτή η Ελευθερία, δεν πρέπει να χρησιμοποιείται για την εκμετάλλευση ή την καταπίεση άλλων.

Η Αρχή αυτή, είναι Θεμελιώδης στην Πολιτική τους Φιλοσοφία, καθώς συνδυάζει την Αξία της Προσωπικής Ελευθερίας με την Κοινωνική Δικαιοσύνη και την Ισότητα.

Η εξασφάλιση αυτών των παροχών είναι απαραίτητη για την άμβλυνση των κοινωνικών και οικονομικών ανισοτήτων και την προώθηση μιας πιο δίκαιης και συμπεριληπτικής Κοινωνίας.

Η αποφυγή της εκμετάλλευσης, σημαίνει ότι οι πολιτικές πρέπει να στοχεύουν στην προστασία των ατόμων από οικονομικές και κοινωνικές καταστάσεις που θα μπορούσαν να οδηγήσουν σε εκμετάλλευση. Αυτό περιλαμβάνει την προστασία των εργατικών Δικαιωμάτων, την παροχή ενός δίκαιου και αξιοπρεπούς μισθού, καθώς και την προώθηση ασφαλών και υγειών συνθηκών εργασίας.

Επιπλέον, οι Φιλελεύθεροι Σοσιαλιστές, πιστεύουν ότι η εργασία δεν πρέπει να είναι πηγή εκμετάλλευσης, αλλά ένα μέσο για την προσωπική, οικογενειακή και κοινωνική ανάπτυξη.

Οι πολιτικές που προωθούν πρέπει να αντιμετωπίζουν τις συστημικές αιτίες των ακραίων ανισοτήτων, διασφαλίζοντας ότι η οικονομική ανάπτυξη και η ευημερία κατανέμονται δίκαια σε όλη την Κοινωνία.

Κοινωνική Αλληλεγγύη και Συνεργασία

Οι Φιλελεύθεροι Σοσιαλιστές, ενθαρρύνουν την Αλληλεγγύη και τη συνεργασία μεταξύ των πολιτών, προωθώντας την από Κοινού Ευημερία. Πιστεύουν, ότι η Ατομική Ευημερία, είναι αλληλένδετη με την Κοινωνική Ευημερία και ότι η Κοινωνία ως σύνολο, θα πρέπει να εργάζεται για την εξάλειψη της Φτώχειας και του Αποκλεισμού.

Οι Φιλελεύθεροι Σοσιαλιστές, λοιπόν, προάγουν ένα πλαίσιο στο οποίο η Ατομική Ελευθερία και η Κοινωνική Δικαιοσύνη συνυπάρχουν αρμονικά.

Μέσω της προώθησης πολιτικών, που προστατεύουν και ενισχύουν τα Ατομικά και Πολιτικά Δικαιώματα, διασφαλίζουν ότι κάθε άτομο μπορεί να ζει ελεύθερα και με αξιοπρέπεια, ενώ παράλληλα συνεισφέρει στη δημιουργία μιας Δίκαιης και Ευημερούσας Κοινωνίας.

Η Διεθνής συνεργασία

Αποτελεί μία σημαντική πτυχή στη φιλοσοφία των Φιλελευθέρων Σοσιαλιστών, καθώς μέσω των Διεθνών, συνεργατικών δράσεων, αντιλαμβάνονται καλύτερα το πρόβλημα και την ανάγκη που το δημιούργησε, και συμμετέχουν ενεργά για τις λύσεις Παγκοσμίων ζητημάτων, όπως η Κλιματική Αλλαγή, η Φτώχεια, η Ανισότητα κτλ, που αφορούν συνολικά την Ανθρωπότητα.

Κατανοούν, λοιπόν, ότι οι Εθνικές Πολιτικές από μόνες τους, δεν είναι αρκετές για να αντιμετωπίσουν τις προκλήσεις που προκύπτουν σε παγκόσμιο επίπεδο και γι'αυτό το λόγο, προτείνουν μια συντονισμένη προσέγγιση από τη Διεθνή Κοινότητα, προκειμένου να επιτευχθούν αξιόπιστες και βιώσιμες λύσεις. Αυτή η προσέγγιση, στοχεύει στη δημιουργία μιας Ειρηνικής Παγκόσμιας Κοινότητας, μέσα στην οποία, θα έχει διασφαλιστεί το Μέλλον των Γενεών που έρχονται.

Δημοκρατία

Στόχος των Φιλελεύθερων Σοσιαλιστών, είναι να ενισχύσουν τους Δημοκρατικούς Θεσμούς και να προωθήσουν την Ενεργή Πολιτική Συμμετοχή των πολιτών.

Κατανοούν τη Δημοκρατία, ως έναν Θεμελιώδη Πυλώνα για την προστασία της Ελευθερίας και της Ισότητας στην Κοινωνία.

Η προσέγγισή τους προς τη Δημοκρατία, περιλαμβάνει τη δημιουργία μηχανισμών που ενθαρρύνουν τη συμμετοχή των πολιτών στη λήψη αποφάσεων και τη διαμόρφωση των πολιτικών. Μέσω της προώθησης της Διαφάνειας, της διαφοροποίησης των μέσων ενημέρωσης και της ενίσχυσης των δημοσίων συζητήσεων, προσπαθούν να διασφαλίσουν ότι η Δημοκρατία, λειτουργεί προς όφελος όλων των πολιτών.

Επιπλέον, θεωρούν ότι η Δημοκρατία δεν πρέπει να περιορίζεται μόνο στις εκλογές, αλλά πρέπει να ενσωματώνει και άλλες μορφές συμμετοχής, όπως οι λαϊκές διαβουλεύσεις, οι πολιτικές συναντήσεις και οι δημόσιες διαδικασίες λήψης αποφάσεων. Με αυτόν τον τρόπο, επιδιώκουν να ενισχύσουν τον δημοκρατικό χαρακτήρα της Κοινωνίας και να εξασφαλίσουν την αντιπροσωπευτικότητα και τη συμμετοχή των πολιτών σε όλα τα επίπεδα λήψης αποφάσεων.

ΙΣΤΟΡΙΚΟ ΠΛΑΙΣΙΟ – ΣΥΝΤΟΜΗ ΑΝΑΦΟΡΑ

Ο Φιλελεύθερος Σοσιαλισμός, αναδύθηκε ως αντίδραση στις ακραίες εκδηλώσεις του Καπιταλισμού και στις αποτυχίες του Κρατικού Σοσιαλισμού. Στοχεύει στη δημιουργία μιας μέσης οδού που ισορροπεί ανάμεσα στην Ατομική Ελευθερία και την Κοινωνική Δικαιοσύνη.

Η επιρροή του, προέρχεται από τις φιλοσοφικές συλλογικές, αρχικά του John Stuart Mill και στη συνέχεια των John Rawls (Ατομική Ελευθερία στον Πολιτικό Φιλελευθερισμό), και Amartya Sen (Κοινωνική Δικαιοσύνη σε ένα Φιλελεύθερο Σύστημα), καθώς και από πολιτικά κινήματα όπως η Σοσιαλ-Δημοκρατία.

Πρόκειται πρακτικά, για μια πολιτική ιδεολογία που συνδυάζει τις Αρχές του Κλασικού Φιλελευθερισμού με τις Αρχές του Σοσιαλισμού. Σε αυτήν την προσέγγιση, η Ατομική Ελευθερία, προωθείται παράλληλα με τη διασφάλιση της Κοινωνικής Δικαιοσύνης και της Οικονομικής Ισότητας. Έτσι, η ιδεολογία αυτή διασφαλίζει τη δημιουργία μιας Ισορροπημένης Κοινωνίας, όπου οι Ατομικές Ελευθερίες συμβιβάζονται με την Κοινωνική Ευημερία και τη Δικαιοσύνη.

Το ιστορικό πλαίσιο αυτής της Ιδεολογίας περιλαμβάνει τις εξής βασικές εξελίξεις και επιρροές:

19ΟΣ ΑΙΩΝΑΣ: ΑΠΑΡΧΕΣ ΚΑΙ ΑΝΑΠΤΥΞΗ

Κλασικός Φιλελευθερισμός

Ο Κλασικός Φιλελευθερισμός που διαμορφώθηκε κατά τον 19ο αιώνα, αποτελεί μια σημαντική πολιτική και φιλοσοφική παράδοση που επηρέασε σημαντικά την ανάπτυξη των Κοινωνικών και Οικονομικών Ιδεών.

Κεντρικό σημείο αυτής της παράδοσης είναι η υπεράσπιση της Ατομικής Ελευθερίας και των Δικαιωμάτων του Ατόμου έναντι της Κρατικής παρέμβασης και της κοινωνικής πίεσης.

Ο John Stuart Mill, ένας από τους σημαντικότερους εκπροσώπους αυτής της παράδοσης, προωθούσε την Ελευθερία του Ατόμου ως αναγκαίο όρο για την ανάπτυξη της Κοινωνίας.

Ωστόσο, παρά την έμφασή του στην Ατομική Ελευθερία, ο Mill είχε επίσης ευαισθησία στις Κοινωνικές ανισότητες και τις αδικίες που προκύπτουν από αυτές.

Για τον λόγο αυτόν, υποστήριζε μέτρα προοδευτικής φορολογίας και κρατικής παρέμβασης με σκοπό τη μείωση των κοινωνικών ανισοτήτων και τη διασφάλιση της δίκαιης κατανομής των ευκαιριών.

Οι ιδέες αυτές, αποτελούν τη βάση του Φιλελευθερισμού που διαμορφώθηκε στον 19ο αιώνα, προσφέροντας ένα αντίβαρο μεταξύ της Ατομικής Ελευθερίας και της Κοινωνικής Δικαιοσύνης. Αυτή η ιδεολογία, επηρέασε την ανάπτυξη πολιτικών συστημάτων και προκάλεσε σημαντικές συζητήσεις σχετικά με τον ρόλο του Κράτους στην Κοινωνία και την Οικονομία.

Αναδυόμενος Σοσιαλισμός

Ο Αναδυόμενος Σοσιαλισμός, αντιπροσώπευε μια αντίθετη προσέγγιση στην οργάνωση της Κοινωνίας σε σχέση με τον κλασικό φιλελευθερισμό.

Κατά τον 19ο αιώνα συγκεκριμένα, η ανάπτυξη των σοσιαλιστικών ιδεών είχε ως στόχο την αναδιανομή του πλούτου και την προαγωγή της Κοινωνικής Δικαιοσύνης.

Ο Karl Marx και ο Friedrich Engels αποτέλεσαν δύο από τους πιο επιδραστικούς σοσιαλιστές της εποχής τους.

Με το έργο τους "Κομμουνιστικό Μανιφέστο" (The Communist Manifesto) το 1848, προώθησαν ένα νέο πρότυπο οργάνωσης της Κοινωνίας που βασιζόταν στις αρχές του επιστημονικού σοσιαλισμού. Αυτό το έργο, αναδείκνυε τις αδικίες του καπιταλιστικού συστήματος και προέβλεπε μια επανάσταση των εργατών με στόχο την ανατροπή του καπιταλισμού και την ίδρυση μιας κοινωνίας βασισμένης στην κοινή ιδιοκτησία των μέσων παραγωγής, με στόχο την εξάλειψη των κοινωνικών ανισοτήτων και τη Δικαιοσύνη.

Η επιρροή του "Κομμουνιστικού Μανιφέστο" και των ιδεών του Marx και του Engels στον αναδυόμενο σοσιαλισμό ήταν τεράστια, και αποτέλεσε τη βάση για την ανάπτυξη πολλών διαφορετικών μορφών Σοσιαλισμού και Κομμουνισμού στον 20ο αιώνα.

ΑΡΧΕΣ ΤΟΥ 20^ΟΥ ΑΙΩΝΑ: ΕΞΕΛΙΞΗ ΚΑΙ ΕΝΣΩΜΑΤΩΣΗ

Σοσιαλδημοκρατία

Η Σοσιαλδημοκρατία, αναδείχθηκε ως μια πολιτική κίνηση στις αρχές του 20ού αιώνα, ενσωματώνοντας στοιχεία τόσο από τον Σοσιαλισμό όσο και τον Φιλελευθερισμό.

Αυτή η προσέγγιση είχε έντονη εμφάνιση σε χώρες όπως η Γερμανία και η Σουηδία.

Οι Σοσιαλδημοκράτες προώθησαν δημοκρατικές μεταρρυθμίσεις και κρατική παρέμβαση με σκοπό την προστασία των εργαζομένων και την εξάλειψη των κοινωνικών ανισοτήτων.

Με τις πολιτικές που προώθησαν οι Σοσιαλδημοκράτες, προώθησαν και ενίσχυσαν Κοινωνικά προγράμματα, όπως την πρόσβαση στην υγειονομική περίθαλψη και την εκπαίδευση, καθώς και την προστασία των εργαζομένων μέσω Νόμων περί Εργασίας και Κοινωνικής Ασφάλισης.

Στις Χώρες όπου Κυβέρνησαν Σοσιαλδημοκρατικές Κυβερνήσεις, όπως η Γερμανία και η Σουηδία, δημιουργήθηκαν προηγμένα συστήματα κοινωνικής πρόνοιας και προστασίας των εργαζομένων, τα οποία συνέβαλαν στη δημιουργία πιο ισότιμων κοινωνιών. Αυτές οι πολιτικές παρεμβάσεις στην Οικονομία και την Κοινωνία, συμβάλλουν στη διαμόρφωση ενός πλαισίου που συνδυάζει τις Αρχές της Οικονομικής αποτελεσματικότητας με την Κοινωνική Δικαιοσύνη και την Ισότητα.

ΜΕΤΑΠΟΛΕΜΙΚΗ ΠΕΡΙΟΔΟΣ
ΕΔΡΑΙΩΣΗ ΚΑΙ ΕΞΑΠΛΩΣΗ

Κράτος Πρόνοιας, Μετά τον Δεύτερο Παγκόσμιο Πόλεμο, πολλές Ευρωπαϊκές Χώρες, υιοθέτησαν την προσέγγιση του Κράτους Πρόνοιας. Αυτή η πολιτική φιλοσοφία συνδύαζε τις αρχές του Φιλελευθερισμού με τις Σοσιαλιστικές ιδέες της κοινωνικής ασφάλισης και της Δημόσιας Παροχής Υπηρεσιών. Στόχος ήταν η δημιουργία ενός Κράτους που θα παρείχε ένα δίχτυ ασφαλείας για τους πολίτες του, εξασφαλίζοντας την πρόσβαση σε βασικές υπηρεσίες και παροχές.

Αυτό συμπεριλάμβανε την Κοινωνική Ασφάλιση για την προστασία από τη φτώχεια και την ανεργία, τη δημόσια υγειονομική περίθαλψη και την εκπαίδευση. Μέσω αυτών των προγραμμάτων, το Κράτος προστάτευε την Κοινωνική Συνοχή και προσπαθούσε να διασφαλίσει ότι κανείς δεν θα έμενε πίσω λόγω κοινωνικών ή οικονομικών περιορισμών. Αυτή η προσέγγιση έπαιξε σημαντικό ρόλο στη διαμόρφωση του κοινωνικοοικονομικού τοπίου της μεταπολεμικής Ευρώπης και στην ενίσχυση της Κοινωνικής Συνοχής.

Βρετανική Εργατική Κυβέρνηση, Η Κυβέρνηση του Clement Attlee στη Βρετανία (1945-1951) αντιπροσώπευε μια από τις πλέον σημαντικές περιόδους στη Βρετανική ιστορία των μεταπολεμικών ετών. Ήταν μια περίοδος που χαρακτηρίστηκε από ευρείες κοινωνικές μεταρρυθμίσεις που επηρέασαν βαθιά την πολιτική και κοινωνική δομή της χώρας.

Η Εργατική Κυβέρνηση του Attlee, εισήγαγε το Εθνικό Σύστημα Υγείας (NHS), το οποίο ήταν μια πρωτοποριακή κοινωνική μεταρρύθμιση που εξασφάλιζε τη δωρεάν παροχή υγειονομικής περίθαλψης σε όλους τους πολίτες. Επίσης, προχώρησε στην εθνικοποίηση βασικών βιομηχανιών, όπως του ορυχείου άνθρακα και του σιδηρουργείου, με σκοπό τη δημιουργία μιας πιο ισότιμης και δίκαιης Κοινωνίας. Αυτές οι πολιτικές επιβλήθηκαν με σκοπό την αντιμετώπιση της φτώχειας και των κοινωνικών ανισοτήτων που είχαν εμφανιστεί κατά τη διάρκεια της Μεγάλης Ύφεσης και του πολέμου.

Αυτές οι μεταρρυθμίσεις διαμόρφωσαν την Κοινωνία της Βρετανίας για δεκαετίες και συνέβαλαν στην ίδρυση ενός κράτους πρόνοιας που θεωρείται παγκοσμίως ως παράδειγμα για τη δημιουργία ενός δίκαιου, ισότιμου και φιλελεύθερου κοινωνικού συστήματος.

ΥΣΤΕΡΟΣ 20ος ΚΑΙ ΑΡΧΕΣ 21ου ΑΙΩΝΑ
ΣΥΓΧΡΟΝΕΣ ΕΞΕΛΙΞΕΙΣ

Τρίτος Δρόμος

Ο "Τρίτος Δρόμος" αναπτύχθηκε από τον Βρετανό Κοινωνιολόγο και Πολιτικό Lord Anthony Giddens, ως μια πολιτική προσέγγιση που προσπαθούσε να συνδυάσει στοιχεία του Νεοφιλελευθερισμού με Παραδοσιακά Σοσιαλιστικές Αξίες. Αυτή η ιδέα προέκυψε κατά τη δεκαετία του 1990 και υποστηρίχθηκε από πολιτικούς όπως ο Tony Blair στη Μεγ. Βρετανία και ο Bill Clinton στις ΗΠΑ.

Σε γενικές γραμμές, ο "Τρίτος Δρόμος" ανέδειξε τη σημασία της αγοράς και της επιχειρηματικότητας για την οικονομική ανάπτυξη, αλλά ταυτόχρονα προσπάθησε να διασφαλίσει ότι οι κοινωνικές ανάγκες δεν παραμελούνται.

Αυτό περιλάμβανε την υιοθέτηση πολιτικών που προώθησαν την ελεύθερη αγορά, την ανάπτυξη της επιχειρηματικότητας και τη μείωση των γραφειοκρατικών εμποδίων, ενώ ταυτόχρονα προωθούσε κοινωνικές πολιτικές που ενίσχυαν την Αλληλεγγύη και την Κοινωνική Δικαιοσύνη, όπως η παροχή ευκαιριών στους αποκλεισμένους και η ενίσχυση του δημόσιου τομέα σε κρίσιμους τομείς όπως η υγεία και η εκπαίδευση. Σε γενικές γραμμές, ο Anthony Giddens, με τη διατύπωση της θεωρίας του «Τρίτου Δρόμου», απορρίπτει συνολικά και την Παραδοσιακή Σοσιαλιστική προσέγγιση και την Νεοφιλελεύθερη.

Ο «Τρίτος Δρόμος», σύμφωνα με τους υποστηρικτές του, είναι μία «Ριζοσπαστική-Κεντρική» εναλλακτική πρόταση, τόσο σε σχέση με τον Καπιταλισμό, όσο και με τις παραδοσιακές μορφές Σοσιαλισμού, συμπεριλαμβανομένου του Μαρξιστικού και Κρατικού Φιλελευθερισμού.

Παγκοσμιοποίηση και Κοινωνική Δικαιοσύνη

Η παγκοσμιοποίηση και οι προκλήσεις που συνεπάγεται, όπως η αυξανόμενη ανισότητα και η κλιματική αλλαγή, έχουν διαμορφώσει τη σύγχρονη προσέγγιση του Φιλελεύθερου Σοσιαλισμού. Οι σύγχρονοι Φιλελεύθεροι Σοσιαλιστές, αντιλαμβάνονται την ανάγκη για διεθνή συνεργασία στην επίτευξη λύσεων σε Παγκόσμια προβλήματα.

Μια βασική προτεραιότητα για τους Φιλελεύθερους Σοσιαλιστές είναι η πράσινη ανάπτυξη και η αειφόρος ανάπτυξη. Αυτό σημαίνει την προώθηση περιβαλλοντικά φιλικών πολιτικών την υποστήριξη ανανεώσιμων πηγών ενέργειας και την προώθηση πρακτικών που σέβονται το φυσικό περιβάλλον.

Επιπλέον, οι Φιλελεύθεροι Σοσιαλιστές δίνουν έμφαση στην καταπολέμηση της φτώχειας τόσο σε Εθνικό όσο και σε παγκόσμιο επίπεδο.

Αυτό σημαίνει την υιοθέτηση πολιτικών που ενισχύουν την κοινωνική Αλληλεγγύη, παρέχοντας πρόσβαση στις βασικές ανάγκες όλων των ανθρώπων, όπως η εκπαίδευση, η υγεία και η κοινωνική πρόνοια.

Τέλος, οι Φιλελεύθεροι Σοσιαλιστές προωθούν την προάσπιση των Ανθρωπίνων Δικαιωμάτων σε Παγκόσμιο επίπεδο, εργαζόμενοι για τη διασφάλιση της Ισότητας, της Ελευθερίας και της Δικαιοσύνης για όλους τους ανθρώπους, ανεξαρτήτως Εθνικότητας ή Κοινωνικής τάξης.

Μέσω αυτών των πολιτικών, προσπαθούν να εξισορροπήσουν τις ανισότητες και να δημιουργήσουν πολιτικές, που θα προωθούν έναν πιο Δίκαιο κόσμο.

ΦΙΛΕΛΕΥΘΕΡΙΣΤΗΣ Η ΦΙΛΕΛΕΥΘΕΡΙΖΩΝ?

Ο όρος "Φιλελευθεριστής" χρησιμοποιείται για να αναφερθεί σε ένα άτομο ή μια ομάδα ανθρώπων που υποστηρίζουν τις Αρχές του Φιλελευθερισμού και εφαρμόζουν τις ιδέες του, όπως την Ατομική Ελευθερία, την Ελεύθερη αγορά, την μείωση του κράτους και την προστασία των Δικαιωμάτων των Μειονοτήτων, στην πολιτική τους δράση.

Αντίθετα, ο όρος "Φιλελευθερίζων" αναφέρεται σε ένα άτομο που προσπαθεί να επιβάλει τις Αρχές του Φιλελευθερισμού σε μια Κοινωνία χωρίς να λαμβάνει υπόψη του τους συνεκτικούς, Κοινωνικούς και Πολιτικούς παράγοντες που έχουν δημιουργηθεί μέσα στους κόλπους της Κοινωνίας.

ΕΙΔΗ ΦΙΛΕΛΕΥΘΕΡΙΣΜΟΥ

Ο Φιλελευθερισμός, ως μια Πολιτική και Κοινωνική φιλοσοφία που δίνει έμφαση στην Ελευθερία του Ατόμου, την Ελευθερία της Αγοράς και τα Δικαιώματα των Πολιτών, κατά την ιστορική του εξέλιξη, διασπάστηκε σε διάφορες σχολές σκέψης, με κάθε μία να έχει τις δικές της προσεγγίσεις δίνοντας έμφαση, σε διαφορετικές πτυχές της Ελευθερίας και της Δικαιοσύνης.

Αυτά, είναι μερικά, από τα κύρια είδη Φιλελευθερισμού:

ΚΛΑΣΙΚΟΣ ΦΙΛΕΛΕΥΘΕΡΙΣΜΟΣ

Ο Κλασικός Φιλελευθερισμός είναι μια Πολιτική και Κοινωνική Φιλοσοφία που αναπτύχθηκε κατά τον 17ο και 18ο αιώνα και παραμένει επιδραστική μέχρι σήμερα.

Η ιδεολογία του, επικεντρώνεται σε βασικές Αρχές που υποστηρίζουν την Ατομική και Οικονομική Ελευθερία, την Περιορισμένη Κρατική Παρέμβαση και την Προάσπιση των Ατομικών Δικαιωμάτων.

Οι κύριοι εκπρόσωποι του Κλασικού Φιλελευθερισμού είναι στοχαστές όπως ο John Locke, ο Adam Smith και ο John Stuart Mill.

Ο Κλασικός Φιλελευθερισμός, με τις θεμελιώδεις Αρχές της Ατομικής Ελευθερίας, της Ελεύθερης Αγοράς, της Περιορισμένης Κυβερνητικής Παρέμβασης και της Ατομικής Ευθύνης, συνεχίζει να επηρεάζει τις σύγχρονες Κοινωνίες και τα Πολιτικά Συστήματα Παγκοσμίως.

Η Ιδεολογία του, προσφέρει ένα πλαίσιο για την κατανόηση της Ελευθερίας και της Δικαιοσύνης που έχει διαμορφώσει την πορεία της Δυτικής πολιτικής και οικονομικής σκέψης.

Βασικές Αρχές Κλασικού Φιλελευθερισμού

Ατομική Ελευθερία και Δικαιώματα

Φυσικά Δικαιώματα, Οι Κλασικοί Φιλελεύθεροι, πιστεύουν, ότι κάθε άτομο έχει έμφυτα Δικαιώματα στη Ζωή, την Ελευθερία και την Ιδιοκτησία.

Αυτά τα Δικαιώματα, θεωρούνται απαραβίαστα και πρέπει να προστατεύονται από το Κράτος.

Η Αυτοδιάθεση, αποτελεί Θεμελιώδη Αρχή για μια Δίκαιη Κοινωνία, όπου τα άτομα μπορούν να αναπτύσσονται πλήρως και να επιδιώκουν την ευτυχία τους με τον τρόπο που θεωρούν κατάλληλο.

Το Δικαίωμα της Αυτοδιάθεσης είναι Βασικό Ζητούμενο στην κλασική Φιλελεύθερη θεωρία και αναφέρεται στην ικανότητα των ατόμων να καθορίζουν τη ζωή τους χωρίς να υπόκεινται σε άδικες εξωτερικές επιβολές.

Αυτοδιάθεση, σημαίνει ότι κάθε άτομο έχει την ελευθερία να κάνει τις δικές του επιλογές και να λαμβάνει αποφάσεις που επηρεάζουν την προσωπική του ζωή, την καριέρα, τις σχέσεις και τις πεποιθήσεις του. Αυτή η Ελευθερία πρέπει να προστατεύεται και να διασφαλίζεται από το Κράτος και την Κοινωνία.

Το Δικαίωμα της Αυτοδιάθεσης εμπεριέχει Τρεις (3) Κεντρικούς Όρους, την :

Προσωπική Αυτονομία, όπου κάθε άτομο έχει το Δικαίωμα να ζει τη ζωή του όπως το ίδιο επιλέγει, χωρίς εξωτερικές παρεμβάσεις, εφόσον δεν βλάπτει τους άλλους.

Ελευθερία Επιλογής, Η οποία αφορά τη δυνατότητα να επιλέγει το άτομο τον τρόπο ζωής του, την εκπαίδευσή του, την εργασία του και άλλες πτυχές της ζωής του σύμφωνα με τις προτιμήσεις και τις αξίες του και την

Πολιτική και Κοινωνική Συμμετοχή, σύμφωνα με την οποία, το δικαίωμα του Ατόμου να συμμετέχει στη λήψη αποφάσεων που επηρεάζουν τη ζωή του, τόσο σε πολιτικό όσο και σε κοινωνικό επίπεδο, ενισχύοντας την αίσθηση του «Ανήκειν κάπου» και της συνεισφοράς στην κοινότητα.

Κυβέρνηση με Περιορισμένη Εξουσία

Ο Ρόλος του Κράτους

Σύμφωνα με τη Φιλελεύθερη προσέγγιση, το Κράτος, υπάρχει (πέραν των υπολοίπων υποχρεώσεών του) και για να προστατεύει τα φυσικά δικαιώματα των Πολιτών.

Η Εξουσία του Κράτους, είναι περιορισμένη και βασίζεται -πρωτίστως- στη συναίνεση του Λαού. Εάν το Κράτος, επεκτείνει τη δράση του πέρα από το όριο που του έχει θέσει ο Λαός, με τη Βούλησή του και την Ετυμηγορία του, τότε αυτό, συνιστά υπέρμετρη παρέμβαση και μπορεί να οδηγήσει σε περιορισμό των Ατομικών Ελευθεριών και στη δημιουργία ενός αυταρχικού καθεστώτος.

Σε κάθε περίπτωση, η Κρατική Εξουσία, πρέπει να περιορίζεται ώστε να επιτρέπει την Ελεύθερη Ανάπτυξη της Ατομικής Πρωτοβουλίας και της Προσωπικής Ευθύνης, συμβάλλοντας έτσι στη δημιουργία μιας Ανεπτυγμένης και Ελεύθερης Κοινωνίας.

Διάκριση των Εξουσιών

Η εξουσία πρέπει να διαχωρίζεται και να εξισορροπείται μέσω θεσμικών ελέγχων και ισορροπιών για να αποτρέπεται η κατάχρηση εξουσίας.

Ο διαχωρισμός των εξουσιών αποτελεί Θεμελιώδη Αρχή του Κλασικού Φιλελευθερισμού, με σκοπό την αποτροπή της κατάχρησης εξουσίας και την προώθηση της Δικαιοσύνης και της Ελευθερίας.

Σύμφωνα με αυτήν την Αρχή, η εξουσία πρέπει να διαχωρίζεται σε τρεις διακριτούς κλάδους: τη **Νομοθετική,** την **Εκτελεστική,** και τη **Δικαστική.**

Κάθε κλάδος διαθέτει συγκεκριμένες αρμοδιότητες και λειτουργίες και υπόκειται σε θεσμικούς ελέγχους και ισορροπίες, διασφαλίζοντας ότι κανένας κλάδος δεν μπορεί να κυριαρχήσει ή να καταχραστεί την εξουσία του.

Η Νομοθετική Εξουσία

Είναι υπεύθυνη για τη θέσπιση Νόμων και τη διαμόρφωση πολιτικής. Αυτή η εξουσία ασκείται από τα Μέλη του Κοινοβουλίου τα οποία αποτελούν και το Νομοθετικό Σώμα, δηλαδή, τους εκλεγμένους Αντιπροσώπους των Πολιτών.

Η Εκτελεστική Εξουσία

Είναι υπεύθυνη για την εφαρμογή των Νόμων και τη διαχείριση των καθημερινών υποθέσεων του Κράτους.

Λειτουργεί, μέσα σε ένα πλαίσιο Θεσμικών Ελέγχων και Ισορροπιών προκειμένου να αποτρέπει φαινόμενα Κατάχρησης Εξουσίας.

Στην Εκτελεστική Εξουσία, περιλαμβάνεται ο Πρόεδρος της Κυβέρνησης (Πρωθυπουργός) με το Υπουργικό Συμβούλιο, καθώς και τις Δημόσιες Υπηρεσίες.

Η Δικαστική Εξουσία

Είναι υπεύθυνη για την ερμηνεία των Νόμων και την Απονομή της Δικαιοσύνης.

Περιλαμβάνει το Δικαστικό Σύστημα και τα Δικαστήρια, τα οποία λειτουργούν ανεξάρτητα από τις άλλες δύο Εξουσίες.

Βασική υποχρέωση της Δικαστικής εξουσίας, είναι να διασφαλίζει, κατά πάντα χρόνο και τόπο, ότι οι ενέργειες της Κυβέρνησης, είναι συμμορφούμενες προς το Σύνταγμα και τους Νόμους του Κράτους.

Οι θεσμικοί έλεγχοι και οι ισορροπίες, που πρέπει να τηρούνται, γνωστοί και ως "checks and balances," επιτρέπουν σε κάθε εξουσία να ελέγχει και να περιορίζει τις άλλες δύο, αποτρέποντας την υπερ-συγκέντρωση και την κατάχρηση εξουσίας. Για παράδειγμα, το Κοινοβούλιο μπορεί να ελέγχει την Εκτελεστική εξουσία μέσω της διαδικασίας έγκρισης του προϋπολογισμού ή της ψήφου δυσπιστίας, ενώ τα δικαστήρια μπορούν να ελέγχουν τη Συνταγματικότητα των Νόμων.

Αυτός ο μηχανισμός διασφαλίζει ότι η εξουσία παραμένει υπόλογη και ότι τα Δικαιώματα των πολιτών προστατεύονται.

Μέσω της Διάκρισης των εξουσιών και των θεσμικών ελέγχων και ισορροπιών, ο κλασικός Φιλελευθερισμός προωθεί μια ισορροπημένη και δίκαιη Διακυβέρνησης, που υπηρετεί τα συμφέροντα της Κοινωνίας και αποτρέπει την αυθαιρεσία.

Ελεύθερη Αγορά – «Το Αόρατο Χέρι»

Η θεωρία του "Αόρατου Χεριού" παραμένει ακόμη και τώρα, μια Θεμελιώδης Ιδέα στην Οικονομική Επιστήμη, επηρεάζοντας τις πολιτικές και τις αντιλήψεις σχετικά με τη λειτουργία των αγορών και τον ρόλο του Κράτους στην Οικονομία. Αναδεικνύει την πίστη στην αυτορρύθμιση των αγορών και την πεποίθηση ότι η ελευθερία στην οικονομική δραστηριότητα μπορεί να οδηγήσει σε μία γενική ευημερία.

Η ιδέα του "Αόρατου Χεριού," όπως διατυπώθηκε από τον Adam Smith, αποτελεί μια Κεντρική Αρχή της Κλασικής Οικονομικής Θεωρίας.

 Σύμφωνα με αυτήν την έννοια, οι ελεύθερες αγορές, όταν αφεθούν να λειτουργούν χωρίς κρατικές παρεμβάσεις, κατευθύνουν φυσικά τους πόρους προς την πιο αποδοτική χρήση μέσω του μηχανισμού της προσφοράς και της ζήτησης.

Στην **Αυτορρύθμιση της Αγοράς,** σύμφωνα με τον Smith, τα άτομα που ενεργούν με βάση το δικό τους συμφέρον, συμβάλλουν άθελά τους στην οικονομική ευημερία της Κοινωνίας.

Οι αποφάσεις των ατόμων σχετικά με την παραγωγή και την κατανάλωση αγαθών και υπηρεσιών, όταν λαμβάνονται σε ένα ελεύθερο και ανταγωνιστικό περιβάλλον, οδηγούν σε μια ισορροπία όπου οι πόροι κατανέμονται με τον πιο αποδοτικό τρόπο.

Κατά την **Προσφορά και Ζήτηση**, το "Αόρατο Χέρι" λειτουργεί μέσω του συγκεκριμένου μηχανισμού. Οι τιμές των αγαθών και των υπηρεσιών καθορίζονται από τις αλληλεπιδράσεις μεταξύ των παραγωγών και των καταναλωτών. Όταν η ζήτηση για ένα προϊόν αυξάνεται, η τιμή του αυξάνεται επίσης, δίνοντας κίνητρο στους παραγωγούς να αυξήσουν την προσφορά.

Αντίθετα, όταν η ζήτηση μειώνεται, οι τιμές πέφτουν και οι παραγωγοί μειώνουν την προσφορά. Αυτός ο μηχανισμός βοηθά στην εξισορρόπηση της αγοράς.

Κατά την **Αποδοτική Κατανομή των Πόρων**, το "Αόρατο Χέρι" προάγει την αποδοτική κατανομή των πόρων, διότι οι παραγωγοί επιδιώκουν να μεγιστοποιήσουν τα κέρδη τους παράγοντας τα αγαθά και τις υπηρεσίες που είναι περισσότερο επιθυμητά από τους καταναλωτές. Αυτό, οδηγεί σε καινοτομία, αύξηση της παραγωγικότητας και τελικά σε οικονομική ανάπτυξη, τέλος, κατά την εφαρμογή της **Περιορισμένης Κρατικής Παρέμβασης**, ο Adam Smith, υποστήριξε ότι η Κρατική παρέμβαση θα πρέπει να περιορίζεται σε τομείς, όπου οι ελεύθερες αγορές αποτυγχάνουν να αποδώσουν τα επιθυμητά αποτελέσματα, όπως η προστασία των ατομικών δικαιωμάτων, η διασφάλιση της Δικαιοσύνης και η παροχή δημόσιων αγαθών που δεν μπορούν να προσφερθούν αποδοτικά από την Αγορά.

Η ιδιωτική **Ιδιοκτησία**, θεωρείται Ακρογωνιαίος Λίθος της Οικονομικής Ελευθερίας και αναπόσπαστο μέρος της λειτουργίας μιας δυναμικής και αναπτυσσόμενης Οικονομίας.

Μέσω της ενίσχυσης της Ατομικής Ελευθερίας, της παροχής κινήτρων για παραγωγικότητα και καινοτομία, της προαγωγής της οικονομικής αποτελεσματικότητας και της διασφάλισης των Δικαιωμάτων, η ιδιωτική ιδιοκτησία συμβάλλει σημαντικά στην ευημερία και την πρόοδο της Κοινωνίας.

Ατομική Ευθύνη και Πρωτοβουλία

Αυτονομία

Η αυτονομία ενθαρρύνει τα άτομα να αναλαμβάνουν την ευθύνη για τις πράξεις και τις αποφάσεις τους, προωθώντας την προσωπική τους ευημερία και ανάπτυξη.

Η ενίσχυση της αυτονομίας οδηγεί σε μια πιο υπεύθυνη, δημιουργική και ενεργή Κοινωνία, όπου η προσωπική και συλλογική ευημερία είναι αλληλένδετες και αλληλοϋποστηριζόμενες.

Η έννοια της αυτονομίας αποτελεί κεντρικό στοιχείο σε πολλές Φιλοσοφικές και Κοινωνικές θεωρίες.

Επιχειρηματικότητα

Η Ιδιωτική Ιδιοκτησία, στην Επιχειρηματικότητα, είναι ένας από τους θεμελιώδεις πυλώνες της οικονομικής ελευθερίας, θεωρείται δε, κινητήριος δύναμη για την οικονομική ανάπτυξη και την καινοτομία. Η ιδέα αυτή στηρίζεται στις εξής Αρχές:

Ενίσχυση της Ατομικής Ελευθερίας

Η ιδιωτική ιδιοκτησία παρέχει στους ανθρώπους την ελευθερία να χρησιμοποιούν, να διαχειρίζονται και να μεταβιβάζουν τα περιουσιακά τους στοιχεία όπως επιθυμούν. Με αυτόν τον τρόπο, ενισχύεται η ατομική ανεξαρτησία και η προσωπική ευθύνη, επιτρέποντας στα άτομα να λαμβάνουν αποφάσεις που αντανακλούν τις προτιμήσεις και τους στόχους τους.

Κίνητρα για Παραγωγικότητα και Καινοτομία

Η δυνατότητα κατοχής και εκμετάλλευσης ιδιωτικής ιδιοκτησίας, δημιουργεί κίνητρα για επενδύσεις και καινοτομία.

Οι ιδιοκτήτες, είναι πιο πιθανόν να βελτιώσουν και να αναπτύξουν τα περιουσιακά τους στοιχεία, γνωρίζοντας ότι μπορούν να ωφεληθούν από τα αποτελέσματα των προσπαθειών τους. Αυτό οδηγεί σε αυξημένη παραγωγικότητα και οικονομική ανάπτυξη.

Οικονομική Αποτελεσματικότητα

Η ιδιωτική ιδιοκτησία, συμβάλλει επίσης, στην οικονομική αποτελεσματικότητα μέσω της βελτιστοποίησης της χρήσης των πόρων. Οι ιδιοκτήτες έχουν κίνητρο να χρησιμοποιούν τους πόρους τους με τον πιο αποδοτικό τρόπο, προκειμένου να μεγιστοποιήσουν την αξία και τα οφέλη τους. Με αυτόν τον τρόπο, βοηθούν στη μείωση της σπατάλης και στην αύξηση της συνολικής αποδοτικότητας της Οικονομίας.

Προστασία των Δικαιωμάτων

Η Προστασία των Δικαιωμάτων της Ιδιοκτησίας είναι ζωτικής σημασίας για τη διατήρηση μιας σταθερής και Δίκαιης Κοινωνίας.

Οι σαφείς και ασφαλείς τίτλοι ιδιοκτησίας επιτρέπουν στους ανθρώπους να επενδύουν με εμπιστοσύνη, να συνάπτουν συμβάσεις και να συμμετέχουν στην οικονομική δραστηριότητα χωρίς τον φόβο της αυθαίρετης κατάσχεσης ή της παραβίασης των Δικαιωμάτων τους.

Δημιουργία Αγορών

Η ιδιωτική ιδιοκτησία είναι απαραίτητη για τη λειτουργία των αγορών. Επιτρέπει τη δημιουργία τιμών μέσω της προσφοράς και της ζήτησης, διευκολύνοντας τις συναλλαγές και τη διανομή των πόρων στην Οικονομία.

Οι αγορές, με τη σειρά τους, προάγουν τον ανταγωνισμό και την καινοτομία, ενισχύοντας την οικονομική ανάπτυξη.

Κοινωνικό Συμβόλαιο

Η Θεωρία του Locke

Ο John Locke, είναι ο Φιλοσοφικός θεμελιωτής του Κοινωνικού Συμβολαίου, όπου με το έργο του «Two Treatises of Government» (Δεύτερη Πραγματεία περί Κυβερνήσεως) (1689), αναπτύσσει τις ιδέες της Ατομικής Ελευθερίας, της Ιδιωτικής Ιδιοκτησίας και της Κυβερνητικής Εξουσίας, βασισμένης στη συναίνεση των Πολιτών.

Η διατύπωση της Θεωρίας του Κοινωνικού Συμβολαίου, υπήρξε μία από τις πιο επιδραστικές ιδέες στην Πολιτική Φιλοσοφία. Σύμφωνα με τον Locke, οι Κυβερνήσεις δημιουργούνται μέσω ενός Κοινωνικού Συμβολαίου, βάσει του οποίου οι Πολίτες συμφωνούν να παραχωρήσουν ένα μέρος της φυσικής τους ελευθερίας στο Κράτος, προκειμένου να διασφαλιστεί η προστασία των Θεμελιωδών Δικαιωμάτων τους, όπως το Δικαίωμα στη Ζωή, την Ελευθερία και την Ιδιοκτησία.

Η Θεωρία του Κοινωνικού Συμβολαίου του John Locke, είχε βαθιά επιρροή στην ανάπτυξη των Δημοκρατικών θεσμών και της Φιλελεύθερης πολιτικής σκέψης.

Οι ιδέες του για τα φυσικά δικαιώματα, την περιορισμένη κυβερνητική εξουσία και τη συναίνεση των Πολιτών αποτέλεσαν θεμέλια για τις πολιτικές φιλοσοφίες και τα πολιτικά συστήματα της νεωτερικότητας.

Ειδικότερα, οι Αρχές του John Locke, επηρέασαν την ανάπτυξη του Αμερικανικού Συντάγματος και τις αρχές του Διαφωτισμού, συμβάλλοντας στη διαμόρφωση των σύγχρονων Δημοκρατικών Κοινωνιών.

Επιγραμματικά αναφέρουμε τις έξι (6) Θεμελιώδεις Αρχές της Θεωρίας του Locke:

Φυσική Κατάσταση: Πριν από τη δημιουργία της οργανωμένης Κοινωνίας, οι άνθρωποι ζούσαν σε μια φυσική κατάσταση απόλυτης ελευθερίας και ισότητας, όπου είχαν το δικαίωμα να πράττουν σύμφωνα με τη λογική τους. Σε αυτήν την κατάσταση, τα φυσικά δικαιώματα ήταν απόλυτα και ανεπιφύλακτα.

Φυσικά Δικαιώματα: Ο Locke θεωρούσε ότι κάθε άτομο έχει έμφυτα δικαιώματα, όπως το Δικαίωμα στη Ζωή, την Ελευθερία και την Ιδιοκτησία. Αυτά τα Δικαιώματα, είναι απαραβίαστα και πρέπει να προστατεύονται από το Κράτος.

Κοινωνικό Συμβόλαιο: Για την εξασφάλιση της προστασίας των Δικαιωμάτων τους, οι άνθρωποι «συνάπτουν» ένα Κοινωνικό Συμβόλαιο, συμφωνώντας να μεταβιβάσουν ορισμένες από τις Ελευθερίες τους σε μια Κεντρική Εξουσία, η οποία έχει την ευθύνη να διασφαλίσει την Τάξη και τη Δικαιοσύνη.

Ρόλος του Κράτους: Το Κράτος δημιουργείται και υπάρχει, για να προστατεύει τα φυσικά Δικαιώματα των πολιτών. Η Εξουσία του, είναι περιορισμένη και βασίζεται στη συναίνεση των Πολιτών. Εάν το Κράτος αποτύχει να προστατεύσει τα Δικαιώματά τους ή ενεργήσει τυραννικά, οι Πολίτες έχουν το δικαίωμα να το ανατρέψουν.

Συναίνεση και Νομιμοποίηση: Η Νομιμοποίηση της Κρατικής Εξουσίας, προέρχεται από τη συναίνεση των Πολιτών. Η Κυβέρνηση πρέπει να λειτουργεί, με βάση τη βούληση των Πολιτών και να διασφαλίζει την προστασία και την προαγωγή των Δικαιωμάτων τους.

Διάκριση Εξουσιών: Ο Locke, υποστήριζε τη Διάκριση των Εξουσιών ως μέσο για την αποφυγή της κατάχρησης εξουσίας. Η εξουσία πρέπει να κατανέμεται σε διάφορους θεσμούς, οι οποίοι θα ελέγχουν και θα ισορροπούν ο ένας τον άλλο, προκειμένου να προστατεύεται η Ελευθερία των Πολιτών.

Εφαρμογές και Επιδράσεις

Δημοκρατικοί Θεσμοί

Οι Αρχές του Κλασικού Φιλελευθερισμού, όπως διατυπώθηκαν από στοχαστές όπως ο John Locke και ο Adam Smith, έχουν επηρεάσει βαθιά την ανάπτυξη των σύγχρονων Δημοκρατικών Θεσμών και της Συνταγματικής Διακυβέρνησης.

Ο κλασικός Φιλελευθερισμός έθεσε τα θεμέλια για μια πολιτική φιλοσοφία που προάγει την Ατομική Ελευθερία, την Ισότητα ενώπιον του Νόμου και τη Διακυβέρνησης μέσω της συναίνεσης των Πολιτών. Αυτές οι αρχές ενσωματώθηκαν στους Θεσμούς και τις διαδικασίες των σύγχρονων Δημοκρατιών, συμβάλλοντας στη διαμόρφωση πολιτικών συστημάτων που σέβονται και προστατεύουν τα Δικαιώματα των Πολιτών.

Ελεύθερη Αγορά

Η Ελεύθερη Αγορά, αποτελεί μια Κεντρική έννοια του Φιλελευθερισμού και έχει διαδραματίσει καθοριστικό ρόλο στην ανάπτυξη του Καπιταλισμού και της Παγκόσμιας εμπορικής δραστηριότητας.

Η Θεμελιώδης Αρχή πίσω από την Ελεύθερη Αγορά, είναι ότι οι Οικονομικές Αποφάσεις λαμβάνονται από άτομα και επιχειρήσεις, με ελάχιστες Κρατικές παρεμβάσεις, επιτρέποντας έτσι την ελεύθερη διακίνηση αγαθών, υπηρεσιών και κεφαλαίων.

Θεμελιώδεις Αρχές της Ελεύθερης Αγοράς

Αυτόνομες Οικονομικές Αποφάσεις

Η Ελεύθερη Αγορά, επιτρέπει στα άτομα και τις επιχειρήσεις να λαμβάνουν ανεξάρτητες αποφάσεις για την παραγωγή και την κατανάλωση αγαθών και υπηρεσιών.

Αυτή η αυτονομία προωθεί την καινοτομία και την αποδοτικότητα, καθώς οι συμμετέχοντες στην αγορά ανταγωνίζονται για να καλύψουν τις ανάγκες και τις προτιμήσεις των καταναλωτών.

Ανταγωνισμός

Ο ανταγωνισμός θεωρείται κρίσιμος για την επίτευξη οικονομικής αποδοτικότητας και ανάπτυξης. Σε μια ελεύθερη αγορά, οι επιχειρήσεις ανταγωνίζονται μεταξύ τους για την προσέλκυση πελατών, γεγονός που οδηγεί σε βελτίωση της ποιότητας των προϊόντων και των υπηρεσιών, μείωση των τιμών και προώθηση της καινοτομίας.

Μηχανισμός της Προσφοράς και της Ζήτησης

Ο μηχανισμός της προσφοράς και της ζήτησης κατευθύνει τους πόρους προς τις πλέον αποδοτικές χρήσεις τους. Οι τιμές καθορίζονται από την αλληλεπίδραση της προσφοράς και της ζήτησης, αντικατοπτρίζοντας τις προτιμήσεις των καταναλωτών και την διαθεσιμότητα των πόρων.

Επιδράσεις της Ελεύθερης Αγοράς

Ανάπτυξη του Καπιταλισμού

Η Ελεύθερη Αγορά αποτέλεσε την κινητήρια δύναμη για την ανάπτυξη του Καπιταλισμού.

Ο Καπιταλισμός, βασισμένος στην ιδιωτική ιδιοκτησία των μέσων παραγωγής και τη λειτουργία των αγορών, επιτρέπει την συγκέντρωση και την επανεπένδυση κεφαλαίου, οδηγώντας σε οικονομική ανάπτυξη και αύξηση της παραγωγικότητας.

Παγκόσμια Εμπορική Δραστηριότητα

Η Ελεύθερη Αγορά έχει επίσης συμβάλει στη διεύρυνση της παγκόσμιας εμπορικής δραστηριότητας.

Η Φιλελεύθερη Οικονομία ενθαρρύνει το διεθνές εμπόριο, επιτρέποντας στις Χώρες, να ειδικεύονται στην παραγωγή αγαθών και υπηρεσιών στα οποία έχουν συγκριτικό πλεονέκτημα.

Αυτό οδηγεί σε μεγαλύτερη ποικιλία προϊόντων, χαμηλότερες τιμές και βελτίωση του βιοτικού επιπέδου.

Καινοτομία και Τεχνολογική Πρόοδος

Οι ανταγωνιστικές πιέσεις σε μια ελεύθερη αγορά προάγουν την καινοτομία και την τεχνολογική πρόοδο.

Οι επιχειρήσεις επενδύουν σε έρευνα και ανάπτυξη για να αποκτήσουν ανταγωνιστικό πλεονέκτημα, γεγονός που οδηγεί σε νέα προϊόντα και βελτιωμένες διαδικασίες παραγωγής.

Κριτική και Προκλήσεις

Παρά τα οφέλη της Ελεύθερης Αγοράς, υπάρχουν και σημαντικές προκλήσεις και κριτικές:

Ανισότητες

Η Ελεύθερη Αγορά, μπορεί να οδηγήσει σε οικονομικές ανισότητες, καθώς τα οφέλη της οικονομικής ανάπτυξης δεν κατανέμονται πάντα ομοιόμορφα μεταξύ των Κοινωνικών Τάξεων.

Η συγκέντρωση του πλούτου σε λίγους μπορεί να δημιουργήσει κοινωνικές και οικονομικές ανισορροπίες.

Αποτυχίες της Αγοράς

Οι Ελεύθερες Αγορές δεν είναι πάντα αποδοτικές. Μπορούν να εμφανιστούν αποτυχίες της αγοράς, όπως μονοπώλια, αρνητικά εξωτερικά συμβάντα, όπου η Κρατική παρέμβαση μπορεί να είναι απαραίτητη για την διόρθωση των στρεβλώσεων.

Περιβαλλοντικές Επιπτώσεις

Η ανεξέλεγκτη οικονομική δραστηριότητα, μπορεί να έχει αρνητικές επιπτώσεις στο περιβάλλον.

Η Ελεύθερη Αγορά από μόνη της δεν λαμβάνει υπόψιν της, τις περιβαλλοντικές συνέπειες της παραγωγής και της κατανάλωσης, γεγονός που απαιτεί ρυθμιστικές παρεμβάσεις για την προστασία του περιβάλλοντος.

Ανθρώπινα Δικαιώματα

Ο κλασικός Φιλελευθερισμός έχει διαδραματίσει σημαντικό ρόλο στη διαμόρφωση των σύγχρονων αντιλήψεων για τα ανθρώπινα δικαιώματα και την Ελευθερία του Λόγου.

Κεντρικές έννοιες του Φιλελευθερισμού, όπως η ιδέα της Ατομικής Ελευθερίας, η έμφαση στην Αξία του Ατόμου και η Προστασία των Ατομικών Δικαιωμάτων, έχουν διαδραματίσει καίριο ρόλο στη διαμόρφωση της σημερινής κατανόησης των ανθρωπίνων Δικαιωμάτων.

ΚΟΙΝΩΝΙΚΟΣ ΦΙΛΕΛΕΥΘΕΡΙΣΜΟΣ

Ο Κοινωνικός Φιλελευθερισμός, είναι μια Πολιτική και Κοινωνική Φιλοσοφία, που εξελίχθηκε από τον κλασικό Φιλελευθερισμό, εστιάζοντας περισσότερο στην Κοινωνική Δικαιοσύνη και στην εξασφάλιση Ίσων Ευκαιριών για όλους τους Πολίτες.

Η ιδεολογία αυτή, συνδυάζει την προώθηση της Ατομικής Ελευθερίας με τη δέσμευση για Κοινωνική Ευημερία, υποστηρίζοντας μια πιο ενεργή παρέμβαση του Κράτους στην Κοινωνία και την Οικονομία.

Ο Κοινωνικός Φιλελευθερισμός, προσφέρει μια ισορροπημένη προσέγγιση που συνδυάζει την Ατομική Ελευθερία με την Κοινωνική Δικαιοσύνη.

Αναγνωρίζει τη σημασία της Ελεύθερης Αγοράς, αλλά τονίζει την ανάγκη για Κρατική παρέμβαση ώστε να εξασφαλιστούν ίσες ευκαιρίες και να μειωθούν οι ανισότητες.

Με την έμφαση στην Κοινωνική Ευθύνη και την Αλληλεγγύη, ο Κοινωνικός Φιλελευθερισμός, επιδιώκει να δημιουργήσει μια Δίκαιη και Βιώσιμη Κοινωνία όπου όλοι οι πολίτες έχουν τη δυνατότητα να ζουν με αξιοπρέπεια και να αναπτύσσουν πλήρως τα ταλέντα και τις ικανότητές τους.

Βασικές Αρχές

Κοινωνικού Φιλελευθερισμού

Ατομική Ελευθερία και Δικαιώματα

Αυτοδιάθεση

Η έννοια της Αυτοδιάθεσης, στον Κοινωνικό Φιλελευθερισμό, εστιάζει στην Ατομική Ελευθερία και την ιδέα ότι η πραγματική ελευθερία περιλαμβάνει τη δυνατότητα των ατόμων να ζουν τη ζωή τους με αξιοπρέπεια και να εκπληρώνουν κατά το πλήρες τις επιθυμίες τους.

Συνεπώς, ο Κοινωνικός Φιλελευθερισμός, υποστηρίζει την Ελευθερία των Ατόμων να λαμβάνουν αποφάσεις για τη ζωή τους και να διαμορφώνουν το πεπρωμένο τους, με σεβασμό στην αξία και την αυτονομία τους.

Αυτό περιλαμβάνει την ελεύθερη επιλογή του επαγγέλματος, την πολιτιστική και θρησκευτική ποικιλομορφία, καθώς και την ικανότητα να εκφράζουν τις απόψεις τους χωρίς φόβο καταστολής ή διώξεων.

Προστασία Δικαιωμάτων

Η προστασία των Ατομικών Δικαιωμάτων, είναι άλλη μία Θεμελιώδης Αρχή στον Κοινωνικό Φιλελευθερισμό.

Περιλαμβάνει την εξασφάλιση Δικαιωμάτων όπως η Ελευθερία της έκφρασης, η Θρησκευτική Ελευθερία, το Δικαίωμα στην Ιδιοκτησία και η Προστασία της Ιδιωτικής Ζωής.

Αυτό σημαίνει ότι οι κυβερνήσεις πρέπει να δημιουργούν Νομικά και θεσμικά πλαίσια που θα εξασφαλίζουν την Ελευθερία και τα Δικαιώματα όλων των Πολιτών χωρίς διακρίσεις.

Ισότητα Ευκαιριών

Κοινωνική Δικαιοσύνη

Η Κοινωνική Δικαιοσύνη αποτελεί, επίσης, ένα σημαντικό στοιχείο του Κοινωνικού Φιλελευθερισμού.

Είναι η Αρχή που προωθεί πολιτικές που εξασφαλίζουν Ίσες Ευκαιρίες για όλους τους πολίτες, ανεξάρτητα από την Κοινωνική ή Οικονομική τους κατάσταση.

Η Κοινωνική Δικαιοσύνη, περιλαμβάνει τη διασφάλιση της πρόσβασης στην εκπαίδευση, την υγεία και την εργασία, καθώς και την παροχή κοινωνικών υπηρεσιών και προγραμμάτων που θα βοηθήσουν τους πολίτες που έχουν ανάγκη.

Στόχος είναι να μειωθούν οι κοινωνικές ανισότητες και να εξαλειφθούν οι διακρίσεις, προάγοντας έτσι ένα πιο Ισότιμο και Δίκαιο κοινωνικό περιβάλλον.

Καταπολέμηση Διακρίσεων

Η Καταπολέμηση των Διακρίσεων, είναι ένα σημαντικό μέτρο που προωθείται από τον Κοινωνικό Φιλελευθερισμό.

Περιλαμβάνει την εφαρμογή πολιτικών που αναγνωρίζουν και προστατεύουν τα Δικαιώματα κάθε ατόμου, ανεξάρτητα από το Φύλο, τη Φυλή, τη Θρησκεία, τον σεξουαλικό προσανατολισμό και άλλα χαρακτηριστικά.

Συχνά συμπεριλαμβάνει την θέσπιση νόμων που απαγορεύουν τις διακρίσεις σε διάφορους τομείς, όπως η εργασία, η εκπαίδευση, η στέγαση και άλλοι.

Η προώθηση της ισότητας και της Διαφάνειας σε όλους τους τομείς της Κοινωνίας αποτελεί βασικό στόχο του Φιλελεύθερου Κοινωνικού μοντέλου.

Ενεργή Παρέμβαση του Κράτους

Κοινωνικό Κράτος

Το Κοινωνικό Κράτος, αντιπροσωπεύει μια προσέγγιση όπου το Κράτος, αναλαμβάνει τις ευθύνες για την παροχή βασικών υπηρεσιών και την προστασία των πολιτών του, όπως η υγειονομική περίθαλψη, η εκπαίδευση, η κοινωνική ασφάλιση και η πρόνοια.

Ο στόχος είναι να εξασφαλιστεί ότι κανένα άτομο δεν θα παραμείνει απόλυτα αποκλεισμένο από τις βασικές ανάγκες και τις ευκαιρίες της Κοινωνίας, λόγω οικονομικών περιορισμών.

Το Κοινωνικό Κράτος επίσης, στοχεύει στη μείωση των κοινωνικών ανισοτήτων και στη διασφάλιση της Κοινωνικής Δικαιοσύνης.

Προοδευτική Φορολογία

Η Προοδευτική Φορολογία, είναι ένα σύστημα φορολογίας, όπου οι φόροι επιβάλλονται σε διαφορετικά επίπεδα, ανάλογα με το εισόδημα των φορολογουμένων ή τις οικονομικές τους συνθήκες.

Στην Προοδευτική Φορολογία, συνήθως, ο φόρος, είναι υψηλότερος για τα άτομα με μεγαλύτερα εισοδήματα, ενώ χαμηλότερη ή μηδενική για τα άτομα με χαμηλότερα εισοδήματα.

Αυτό το σύστημα, στοχεύει στη μείωση των οικονομικών ανισοτήτων και στην αναδιανομή του πλούτου προς τα φτωχότερα στρώματα της Κοινωνίας.

Με την επιβολή, υψηλότερων φόρων στα πλουσιότερα στρώματα, προσδοκάται να εξισορροπηθούν οι ανισότητες και να δημιουργηθούν, περισσότερο δίκαιες οικονομικές συνθήκες.

Οικονομική Ελευθερία με Ρυθμίσεις

Ρύθμιση της Αγοράς

Η Ρύθμιση της Αγοράς, αποτελεί σημαντικό στοιχείο του Κοινωνικού Φιλελευθερισμού.

Ενώ αναγνωρίζεται η σημασία της ελεύθερης αγοράς για την οικονομική ανάπτυξη και την καινοτομία, υπάρχει επίσης η αντίληψη ότι ορισμένες φορές η αγορά χρειάζεται ρύθμιση για να διασφαλίζεται ο δίκαιος ανταγωνισμός και να αποτρέπονται οι καταχρήσεις εξουσίας από τις μεγάλες επιχειρήσεις.

Αυτό μπορεί να επιτευχθεί μέσω νομοθεσίας και ρυθμίσεων που περιορίζουν τις μονοπωλιακές πρακτικές, προωθούν τη διαφάνεια στις συναλλαγές και προστατεύουν τα συμφέροντα των καταναλωτών.

Εργατικά Δικαιώματα

Τα Εργατικά Δικαιώματα, αποτελούν σημαντικό μέρος του Κοινωνικού Φιλελευθερισμού, καθώς επιδιώκουν να προστατεύσουν τα Δικαιώματα και το Επίπεδο Ευημερίας των εργαζομένων.

Αυτά, συμπεριλαμβάνουν, το Δικαίωμα των εργαζομένων στη συλλογική διαπραγμάτευση με τους εργοδότες τους για δίκαιους μισθούς και ασφαλείς συνθήκες εργασίας, καθώς και άλλα Δικαιώματα όπως η προστασία από απολύσεις χωρίς δίκαιο λόγο και η διασφάλιση της ισότητας στην εργασία.

Κοινωνική Ευθύνη και Αλληλεγγύη

Κοινωνική Συνοχή

Η Κοινωνική Συνοχή, σύμφωνα με τον Κοινωνικό Φιλελευθερισμό, προάγει την Αλληλεγγύη και την ισότητα ευκαιριών, μέσω πολιτικών που ενισχύουν την Κοινωνική ασφάλεια, όπως η παροχή κοινωνικών προνοιών και η προαγωγή της πρόσβασης σε βασικές υπηρεσίες όπως η υγεία και η εκπαίδευση, μειώνονται οι ανισότητες και ενισχύεται η Κοινωνική Συνοχή.

Συμμετοχική Δημοκρατία

Η Συμμετοχική Δημοκρατία επιδιώκει να δώσει στους πολίτες μεγαλύτερη φωνή και επιρροή στις διαδικασίες λήψης αποφάσεων, ενισχύοντας τη διαφάνεια και τη Λογοδοσία των κυβερνητικών οργάνων.

Μέσω μηχανισμών όπως οι δημόσιες διαβουλεύσεις, οι ανοικτές διαδικασίες λήψης αποφάσεων και η ενθάρρυνση της συμμετοχής των πολιτών στις κοινοβουλευτικές και κοινοτικές διαδικασίες, η συμμετοχική δημοκρατία ενισχύει τη νομιμότητα και την αποτελεσματικότητα της Κυβέρνησης.

Ιστορική Ανάπτυξη

Αφετηρία

Η ανάπτυξη του Κοινωνικού Φιλελευθερισμού έχει τις ρίζες του στον 19ο αιώνα, κατά τη διάρκεια της βιομηχανικής επανάστασης και των κοινωνικών αναταραχών που συνόδευσαν την ανάπτυξη του καπιταλισμού.

Οι Φιλελεύθεροι στοχαστές της εποχής, όπως οι Adam Smith και John Stuart Mill, υπογράμμισαν τη σημασία της Ατομικής Ελευθερίας και της Οικονομικής Αυτονομίας.

Κατά τη διάρκεια του 19ου αιώνα, οι φιλελεύθερες σκέψεις εξελίχθηκαν στον Κοινωνικό Φιλελευθερισμό, ο οποίος ανέδειξε την ανάγκη περιορισμένης κρατικής παρέμβασης για τη διόρθωση των κοινωνικών ανισοτήτων και την προώθηση της Κοινωνικής Δικαιοσύνης.

Μετά τη Μεγάλη Ύφεση του 1929, ο Κοινωνικός Φιλελευθερισμός πήρε σάρκα και οστά μέσω πολιτικών που εστίασαν στην ανάπτυξη Κοινωνικών Προγραμμάτων Πρόνοιας και στην ρύθμιση της αγοράς, όπως η Νέα Συμφωνία (New Deal) του Προέδρου των ΗΠΑ, Franklin Roosevelt.

Στον 20ό αιώνα, ο Κοινωνικός Φιλελευθερισμός εξελίχθηκε σε διάφορες μορφές, συμπεριλαμβανομένης της Σοσιαλδημοκρατίας και του Τρίτου Δρόμου, οι οποίες προσπάθησαν να συνδυάσουν τις Φιλελεύθερες Αρχές με πιο προοδευτικές κοινωνικές πολιτικές.

Κύριοι Θεμελιωτές

Μέσω των έργων τους, σημαντικοί στοχαστές όπως ο John Stuart Mill, ο Thomas Hill Green και ο Leonard Hobhouse συνέβαλαν σε μεγάλο βαθμό στη διαμόρφωση της Φιλοσοφίας του Κοινωνικού Φιλελευθερισμού, εστιάζοντας στη σημασία της Κοινωνικής Δικαιοσύνης και της κρατικής παρέμβασης για την επίλυση των κοινωνικών προβλημάτων.

Ο John Stuart Mill, ήταν ένας από τους πιο επιφανείς Σκεπτικιστές του Φιλελευθερισμού και των Δικαιωμάτων του Ατόμου. Με την έρευνά του έθεσε τις βάσεις για την ανάπτυξη προοδευτικών ιδεών σχετικά με την Ελευθερία και τη Δικαιοσύνη.

Ο Thomas Hill Green, με τη θεωρία του για τον ιδεαλισμό του κράτους, υποστήριξε την ιδέα, ότι το Κράτος πρέπει να επέμβει για να διορθώσει τις ανισότητες και να προστατεύσει τα δικαιώματα των αδυνάτων, ενώ ο Leonard Hobhouse επέκτεινε αυτές τις ιδέες, υποστηρίζοντας ότι το Κράτος πρέπει να ενεργεί ως Δύναμη για την προώθηση της Κοινωνικής Δικαιοσύνης και της ευημερίας του Λαού.

Εφαρμογές και Επιδράσεις

Ευρωπαϊκά Κοινωνικά Κράτη.

Οι Αρχές του Κοινωνικού Φιλελευθερισμού, έχουν επηρεάσει την ανάπτυξη των Ευρωπαϊκών Κοινωνικών Κρατών, τα οποία χαρακτηρίζονται από την παροχή εκτεταμένων Κοινωνικών Προνοιών και Υπηρεσιών.

Αυτές οι Χώρες, εφαρμόζουν πολιτικές που στοχεύουν στην εξάλειψη της φτώχειας, την παροχή Κοινωνικής Ασφάλισης, την πρόσβαση σε υψηλής ποιότητας υπηρεσίες υγείας και εκπαίδευσης, καθώς και στην προστασία των εργαζομένων.

Τα Κοινωνικά Κράτη, συχνά χαρακτηρίζονται από υψηλό επίπεδο φορολογίας, το οποίο χρησιμοποιείται για τη χρηματοδότηση των κοινωνικών προνοιών και υπηρεσιών.

Νέα Συμφωνία (New Deal)

Το New Deal, ήταν ένα ευρύ φάσμα οικονομικών και κοινωνικών πολιτικών που υιοθετήθηκαν στις Ηνωμένες Πολιτείες κατά τη δεκαετία του 1930, κατά τη διάρκεια της Προεδρίας του Franklin Delano Roosevelt.

Το New Deal αποσκοπούσε στην αντιμετώπιση των συνεπειών της Μεγάλης Ύφεσης (Great Depression), μιας από τις χειρότερες οικονομικές ύφεσης στην ιστορία των Ηνωμένων Πολιτειών.

Οι πολιτικές του New Deal, περιλάμβαναν τη θέσπιση προγραμμάτων οικονομικής ανάκαμψης, όπως η δημιουργία θέσεων εργασίας μέσω του Works Progress Administration (WPA) και του Civilian Conservation Corps (CCC), την ίδρυση του Social Security System για την παροχή Κοινωνικής Ασφάλισης, την ρύθμιση του τραπεζικού συστήματος και των χρηματοπιστωτικών αγορών, καθώς και άλλες μεταρρυθμίσεις για την ανάκαμψη της Οικονομίας και την προστασία των πολιτών από τις σκληρές συνθήκες της ύφεσης. Το New Deal θεωρείται ως μια από τις πλέον σημαντικές περιόδους στην ιστορία των Ηνωμένων Πολιτειών, καθώς επηρέασε τον ρόλο του κράτους στην Οικονομία και την Κοινωνία.

Στις Ηνωμένες Πολιτείες, οι πολιτικές της Νέας Συμφωνίας του Franklin Delano Roosevelt αποτελούν παράδειγμα Κοινωνικού Φιλελευθερισμού, με επίκεντρο την οικονομική ανασυγκρότηση και την Κοινωνική Προστασία.

ΝΕΟΦΙΛΕΛΕΥΘΕΡΙΣΜΟΣ

Ο Νεοφιλελευθερισμός, είναι μια ιδεολογία που έχει επηρεάσει σημαντικά την πολιτική και οικονομική σκέψη από τα τέλη του 20ο αιώνα και μετά.

Αναπτύχθηκε ως αντίδραση στις παραδοσιακές μορφές φιλελευθερισμού και συνήθως υποστηρίζει μια πιο ελεύθερη αγορά, μειώνοντας την παρέμβαση του κράτους στην Οικονομία και εστιάζοντας στην Ατομική Ελευθερία και την ιδιωτική ιδιοκτησία.

Οι βασικές αρχές του νεοφιλελευθερισμού περιλαμβάνουν:

Ελεύθερη Αγορά και Ιδιωτική Ιδιοκτησία: Υποστήριξη της ελεύθερης αγοράς ως αποτελεσματικού μηχανισμού κατανομής πόρων και υποστήριξη της ιδιωτικής ιδιοκτησίας ως βασικού Δικαιώματος και πηγής καινοτομίας και ανάπτυξης.

Μείωση Ρυθμίσεων και Παρεμβάσεων του Κράτους: Προώθηση της ελάχιστης Κρατικής παρέμβασης στην Οικονομία και αντίθεση στις υπερβολικές ρυθμίσεις και στη γραφειοκρατία.

Φορολογική Μείωση και Διαφάνεια: Μείωση των φορολογικών επιβαρύνσεων και προώθηση της φορολογικής ελάφρυνσης, σε συνδυασμό με τη Διαφάνεια στη διαχείριση των δημόσιων πόρων.

Ελευθερία Ατομικής Επιλογής: Προάγει την Ατομική Ελευθερία και αυτονομία, ενθαρρύνοντας τις ατομικές επιλογές και την προσωπική ευθύνη.

ΛΙΜΠΕΡΤΑΡΙΑΝΙΣΜΟΣ (LIBERTARIANISM)

Ο Λιμπερταριανισμός, ως Ιδεολογία, έχει κεντρικό άξονα την Ατομική Ελευθερία και την Ιδιωτική Ιδιοκτησία, προωθώντας, ένα υποκειμενικό μοντέλο Κοινωνίας όπου οι ατομικές επιλογές και η αυτονομία έχουν ύψιστη σημασία.

Η ιδεολογία αυτή, προέκυψε από τον Φιλελευθερισμό και έχει εξελιχθεί σε ένα ευρύ φάσμα θεωρητικών και πολιτικών θέσεων.

Οι βασικές αρχές του Λιμπερταριανισμού περιλαμβάνουν:

Ατομική Ελευθερία: Η Ατομική Ελευθερία, θεωρείται η υψηλότερη αξία, και κάθε περιορισμός της από το Κράτος ή άλλα επιμέρους θεσμικά όργανα, θεωρείται απαράδεκτος.

Ιδιωτική Ιδιοκτησία: Η ιδιωτική ιδιοκτησία, θεωρείται θεμελιώδης για την Ατομική Ελευθερία και την αυτονομία. Οι Λιμπερταριανοί υποστηρίζουν το δικαίωμα των ατόμων να κατέχουν, να χρησιμοποιούν και να διαθέτουν ελεύθερα τα ιδιωτικά τους αγαθά.

Ελεύθερη Αγορά: Οι Λιμπερταριανοί επίσης, υποστηρίζουν την ελεύθερη αγορά ως τον πιο αποτελεσματικό τρόπο κατανομής πόρων και προώθησης της ευημερίας.

Μικρότερος Ρόλος του Κράτους: Η Λιμπερταριανή ιδεολογία, προτείνει ένα πολύ περιορισμένο ρόλο του Κράτους, με περιορισμένες λειτουργίες όπως η διατήρηση της Δικαιοσύνης, η προστασία από εξωτερικές απειλές και η διατήρηση των Ατομικών Δικαιωμάτων.

Επικράτηση του Ατομικού Δικαιώματος: Η έννοια του Ατομικού Δικαιώματος είναι κεντρική στην ιδεολογία του Λιμπερταριανισμού, με την Αρχή, ότι τα άτομα έχουν αναπόσπαστα Δικαιώματα που δεν πρέπει να παραβιάζονται από το Κράτος ή άλλους.

Προοδευτικός Φιλελευθερισμός: Ο Προοδευτικός Φιλελευθερισμός αντιπροσωπεύει μια Ιδεολογία που συνδυάζει τις Αρχές του Φιλελευθερισμού με μια δέσμευση προς την Κοινωνική Δικαιοσύνη και την προστασία των αδυνάτων.

Βασικά χαρακτηριστικά του Προοδευτικού Φιλελευθερισμού περιλαμβάνουν:

Κοινωνική Δικαιοσύνη: Οι Προοδευτικοί Φιλελεύθεροι, υποστηρίζουν την ιδέα ότι η Κοινωνική Δικαιοσύνη πρέπει να συνδυάζεται με την Ατομική Ελευθερία, με προγράμματα κοινωνικής πρόνοιας, όπως η παροχή υπηρεσιών υγείας, εκπαίδευσης και κοινωνικής ασφάλισης, που να διασφαλίζουν την ισότητα ευκαιριών και την ελάφρυνση της φτώχειας.

Περιβαλλοντική Προστασία: Οι Προοδευτικοί Φιλελεύθεροι, τονίζουν τη σημασία της περιβαλλοντικής προστασίας και της βιώσιμης ανάπτυξης. Υποστηρίζουν πολιτικές που προάγουν την προστασία του περιβάλλοντος και τη μείωση των εκπομπών αερίων του θερμοκηπίου.

Κοινωνική Πολιτική: Προτεραιότητα δίνεται σε Πολιτικές που ενισχύουν τα Κοινωνικά Δικαιώματα, όπως η ισότητα των φύλων, η προστασία των μειονοτήτων και η αντιμετώπιση των διακρίσεων.

Εκπροσώπηση των Αδύνατων: Οι Προοδευτικοί Φιλελεύθεροι επιδιώκουν να ενισχύσουν τη Φωνή και τα Δικαιώματα των Αδυνάτων και των Ευάλωτων ομάδων της Κοινωνίας, προκειμένου να διασφαλίσουν την Ισότητα και τη Δικαιοσύνη.

ΚΛΑΣΙΚΟΣ ΡΕΠΟΥΜΠΛΙΚΑΝΙΣΜΟΣ

Ο Κλασικός Ρεπουμπλικανισμός, αποτελεί μια ιδεολογία που συνδυάζει αρχές του Κλασικού Φιλελευθερισμού με έμφαση στη Δημοκρατία, την οργάνωση της Κυβέρνησης και την προστασία των ατομικών Δικαιωμάτων.

Οι βασικές Αρχές του Κλασικού Ρεπουμπλικανισμού περιλαμβάνουν:

Ατομική Ελευθερία: Οι Κλασικοί Ρεπουμπλικάνοι υποστηρίζουν την Ατομική Ελευθερία ως βασική αξία και θεμέλιο της Κοινωνίας, περιλαμβανομένων της ελευθερίας του λόγου, της συνείδησης και της επιλογής.

Περιορισμένη Κυβέρνηση: Οι Ρεπουμπλικάνοι υποστηρίζουν την Αρχή της περιορισμένης Κυβέρνησης, με την άποψη, ότι η Κυβέρνηση πρέπει να επέμβει μόνο όπου είναι απαραίτητο, όπως στην προστασία των Δικαιωμάτων και τη διατήρηση της τάξης και της Δικαιοσύνης.

Οικονομική Ελευθερία: Οι Κλασικοί Ρεπουμπλικάνοι, υποστηρίζουν την Ελεύθερη Αγορά και την Ιδιωτική Ιδιοκτησία ως βασικά στοιχεία της Οικονομίας, πιστεύοντας ότι οι ιδιωτικές επιχειρήσεις και η αγορά είναι πιο αποτελεσματικές από τον δημόσιο τομέα στην παροχή αγαθών και υπηρεσιών.

Εθνική Υπερηφάνεια και Άμυνα: Οι Ρεπουμπλικάνοι, τονίζουν τη σημασία της Εθνικής Υπερηφάνειας, της Δύναμης και της Ασφάλειας του Έθνους, δίνοντας προτεραιότητα, στην άμυνα της Χώρας και τη στήριξη των στρατιωτικών δυνάμεων.

Παράδοση και Πολιτισμική Ταυτότητα: Οι Κλασικοί Ρεπουμπλικάνοι, τονίζουν τη σημασία της διατήρησης της παράδοσης και της πολιτισμικής ταυτότητας, ενισχύοντας τις Αξίες και τις Παραδόσεις που θεωρούνται Θεμελιώδεις για την Κοινωνία.

ΟΙΚΟΛΟΓΙΚΟΣ ΦΙΛΕΛΕΥΘΕΡΙΣΜΟΣ

Ο Οικολογικός Φιλελευθερισμός αποτελεί μια Ιδεολογία, που συνδυάζει τις αρχές του Φιλελευθερισμού με την οικολογική συνείδηση και τη δέσμευση προς την προστασία του περιβάλλοντος. Στηρίζεται στην ιδέα ότι η οικολογική βιωσιμότητα και η προστασία του περιβάλλοντος είναι συμβατές με τις αρχές του φιλελευθερισμού και την Ατομική Ελευθερία.

Οι Αρχές του Οικολογικού Φιλελευθερισμού περιλαμβάνουν:

Οικολογική Αειφορία: Η ανάπτυξη και η οικονομική δραστηριότητα πρέπει να γίνονται με τρόπο που να μην απειλεί την ικανότητα των μελλοντικών γενεών να ικανοποιούν τις ανάγκες τους.

Αυτό περιλαμβάνει τη δέσμευση στη μείωση της ρύπανσης, την προώθηση της ανανεώσιμης ενέργειας και τη διατήρηση της βιοποικιλότητας.

Περιβαλλοντική Δικαιοσύνη: Οι Φιλελεύθεροι Οικολόγοι προωθούν πολιτικές που διασφαλίζουν τη Δικαιοσύνη και την ισότητα στην προστασία του περιβάλλοντος, δίνοντας έμφαση στην ανάγκη να μην επηρεάζονται περισσότερο οι φτωχότερες και πιο ευάλωτες κοινωνικές ομάδες.

Ατομική Ελευθερία: Προτεραιότητα δίνεται στην Ατομική Ελευθερία και στο Δικαίωμα των Ατόμων, να λαμβάνουν αποφάσεις για το περιβάλλον και τον τρόπο ζωής τους, με προϋπόθεση, ότι δεν προκαλούν βλάβη στους άλλους ή στο περιβάλλον.

Βιώσιμη Ανάπτυξη: Η ιδεολογία αυτή, υποστηρίζει την ανάπτυξη που λαμβάνει υπόψη τις οικολογικές πτυχές και εξασφαλίζει τη βιωσιμότητα των φυσικών πόρων για μελλοντικές γενιές.

Ελεύθερη Αγορά με Περιβαλλοντικές Κατευθυντήριες Γραμμές: Οι Φιλελεύθεροι Οικολόγοι, προτείνουν πολιτικές που προάγουν την ελεύθερη αγορά, αλλά με περιβαλλοντικούς κανόνες και ρυθμίσεις που εξασφαλίζουν την προστασία του περιβάλλοντος.

Δικαιώματα των Ζώων και της Φύσης: Αναγνωρίζει τα Δικαιώματα των Ζώων και της Φύσης, προωθώντας πολιτικές που προστατεύουν τα άγρια ζώα, τα οικοσυστήματα και τη βιοποικιλότητα.

Περιορισμός της Ανθρώπινης Παρέμβασης: Υποστηρίζει πολιτικές που περιορίζουν την ανθρώπινη επέμβαση στο φυσικό περιβάλλον και την υπερβολική εκμετάλλευση των φυσικών πόρων.

ΚΛΕΠΤΟΚΡΑΤΙΚΟΣ ΦΙΛΕΛΕΥΘΕΡΙΣΜΟΣ

Ο Κλεπτοκρατικός Φιλελευθερισμός, αντιπροσωπεύει μια ακραία μορφή του Φιλελευθερισμού, όπου η ελευθερία και η ιδιωτική ιδιοκτησία χρησιμοποιούνται ως μέσο για την εξασφάλιση εξουσίας και πλούτου από ένα μικρό ποσοστό της Κοινωνίας, συχνά σε βάρος της ευημερίας της μεγάλης πλειοψηφίας.

Ο όρος "Κλεπτοκρατικός Φιλελευθερισμός" αναφέρεται στην κατάσταση όπου οι Αρχές της Αγοράς και της Ελεύθερης Επιχειρηματικότητας, συνδυάζονται με τη διαφθορά και την καταστροφή των Δημοσίων Θεσμών από τις Ελίτ του Κράτους.

Συγκεκριμένα, ο Κλεπτοκρατικός Φιλελευθερισμός αναφέρεται σε μια πολιτική και οικονομική πραγματικότητα, όπου οι πλουσιότεροι και ισχυρότεροι, έχουν τη δυνατότητα να επηρεάζουν και να διαμορφώνουν τους Νόμους και τις πολιτικές που επηρεάζουν την Οικονομία, με σκοπό την προστασία των συμφερόντων τους.

Στο πλαίσιο αυτό, οι Κυβερνήσεις δίδουν προτεραιότητα στην αγορά και στους ισχυρούς οικονομικούς φορείς, εις βάρος των συμφερόντων των πολιτών και του κοινού καλού.

Επιπλέον, η διαφθορά και η απουσία δημοκρατικών μηχανισμών ελέγχου επιτρέπουν στις ελίτ να πλουτίζουν σε βάρος της Κοινωνίας και της Οικονομίας.

Ο Κλεπτοκρατικός Φιλελευθερισμός, συνδέεται με την αύξηση της ανισότητας και της φτώχειας, καθώς οι πλούσιοι εκμεταλλεύονται την αγορά και την ελεύθερη επιχειρηματικότητα για να εξασφαλίσουν ακόμα περισσότερα κέρδη, ενώ οι φτωχοί και οι αδύναμοι δεν έχουν τη δυνατότητα να ανταγωνιστούν σε αυτή την αγορά και να προστατεύσουν τα συμφέροντά τους.

Τέλος, ο Κλεπτοκρατικός Φιλελευθερισμός συνδέεται με την αποδυνάμωση του Δημόσιου Τομέα και των Δημοκρατικών Θεσμών, καθώς οι Οικονομικές Ελίτ, εξουσιάζουν τα πολιτικά συστήματα.

Οι βασικές αρχές του Κλεπτοκρατικού Φιλελευθερισμού περιλαμβάνουν:

Εκμετάλλευση και Κερδοσκοπία: Οι Κλεπτοκράτες εκμεταλλεύονται τις Οικονομικές Ελευθερίες και την έλλειψη κανονισμών για να αποκομίσουν μέγιστο κέρδος για τον εαυτό τους, συχνά μέσω της κερδοσκοπίας και της εκμετάλλευσης των εργαζομένων και των καταναλωτών.

Ανισότητα και Εκμετάλλευση: Η ανισότητα στην κατανομή του πλούτου είναι βαθιά ριζωμένη, με ένα μικρό ποσοστό των πλουσίων κλεπτοκρατών να επωφελείται εις βάρος της μεγάλης πλειοψηφίας των ανθρώπων που ζουν σε συνθήκες φτώχειας και ανασφάλειας.

Διαφθορά και Αντιδημοκρατικές Πρακτικές: Οι κλεπτοκράτες συχνά χρησιμοποιούν την Εξουσία και το πλούτο τους για να επηρεάσουν τις πολιτικές αποφάσεις και να προωθήσουν τα συμφέροντά τους, συχνά μέσω διαφθοράς και αντιδημοκρατικών πρακτικών.

Έλλειψη Κοινωνικής Συνείδησης: Οι κλεπτοκράτες είναι συχνά αδιάφοροι ή αναισθητοποιημένοι στις κοινωνικές συνέπειες των πράξεών τους, επιδιώκοντας αποκλειστικά τον προσωπικό τους πλουτισμό χωρίς να λαμβάνουν υπόψη τις επιπτώσεις στους άλλους.

ΑΠΟΛΥΤΑΡΧΙΚΟΣ ΦΙΛΕΛΕΥΘΕΡΙΣΜΟΣ

Ο όρος Απολυταρχικός Φιλελευθερισμός, είναι από μόνος του αντιφατικός και χρησιμοποιείται, για να περιγράψει ένα Πολιτικό και Οικονομικό Σύστημα, που συνδυάζει στοιχεία Φιλελευθερισμού με Αυταρχικά χαρακτηριστικά. Επί της ουσίας, είναι μια Ιδεολογία που συνδυάζει τις Αρχές του Φιλελευθερισμού με την πεποίθηση ότι ο Κράτος θα πρέπει να είναι πλήρως αποκεντρωμένο και να μην έχει καμία αρμοδιότητα στους τομείς της Οικονομίας και της Κοινωνίας. Αυτό σημαίνει ότι ο Απολυταρχικός Φιλελευθερισμός πιστεύει ότι το Κράτος δεν θα πρέπει να επεμβαίνει στις Αγορές, να ρυθμίζει τις τιμές ή να παρέχει κοινωνικές υπηρεσίες, όπως υγεία, παιδεία και κοινωνική πρόνοια, περιορίζοντας, με αυτόν τον τρόπο, τα Θεμελιώδη Δικαιώματα, του Ανθρώπου.

Οι Απολυταρχικοί Φιλελεύθεροι υποστηρίζουν ότι οι Αγορές θα πρέπει να είναι ελεύθερες και ανοικτές, χωρίς περιορισμούς ή κανονιστικά πλαίσια, και ότι η ιδιωτική ιδιοκτησία θα πρέπει να προστατεύεται και να αναγνωρίζεται ως θεμελιώδες δικαίωμα.

Επιπλέον, οι Απολυταρχικοί Φιλελεύθεροι πιστεύουν ότι οι φορολογίες θα πρέπει να είναι χαμηλές και να περιορίζονται σε απαραίτητες δαπάνες, όπως η άμυνα.

ΌΡΔΟ-ΦΙΛΕΛΕΥΘΕΡΙΣΜΟΣ

Ο Όρδο-Φιλελευθερισμός ανήκει στη Γερμανική Σχολή σκέψης και αναπτύχθηκε μετά τον Δεύτερο Παγκόσμιο Πόλεμο.

Έχει τις ρίζες του στον κλασικό φιλελευθερισμό αλλά ενσωματώνει την ιδέα ότι το Κράτος πρέπει να διατηρεί έναν ενεργό ρόλο στη διασφάλιση της λειτουργίας των Αγορών.

Ο Όρδο-Φιλελευθερισμός, ως ιδεολογία, συνδυάζει τις Αρχές του Φιλελευθερισμού με την αποδοχή ή ακόμα και την προώθηση της αυταρχικής ή δικτατορικής εξουσίας.

Συχνά χαρακτηρίζεται από την επιδίωξη της ελευθερίας σε οικονομικό επίπεδο, ενώ ταυτόχρονα υποστηρίζει αυταρχικές ή αντιδημοκρατικές μορφές Κυβέρνησης, για τη διατήρηση της τάξης και της εξουσίας.

Οι βασικές αρχές του Όρδο-Φιλελευθερισμού περιλαμβάνουν:

Οικονομικός Φιλελευθερισμός: Υποστηρίζεται η Ελεύθερη Αγορά, η μείωση των φορολογικών επιβαρύνσεων και η απορρύθμιση της αγοράς.

Οι Φιλελεύθερες οικονομικές πολιτικές, είναι συχνά Κεντρικές στην ατζέντα του Όρδο-Φιλελευθερισμού.

Δυνατό Κράτος: Ενισχύεται η εξουσία του κράτους για τη διατήρηση της τάξης και της Ασφάλειας.

Αυτό συχνά οδηγεί σε αντιδημοκρατικές πρακτικές, όπως η περιορισμένη ελευθερία του λόγου και οι περιορισμοί στα πολιτικά δικαιώματα.

Εθνικισμός και Αυταρχισμός: Υποστηρίζεται η προστασία της εθνικής ταυτότητας και η ενίσχυση του εθνικού κράτους.

Οι Όρδο-Φιλελεύθεροι συχνά υιοθετούν αυταρχικές πρακτικές και εκφράζουν αντιδημοκρατικές απόψεις για να διατηρήσουν την εξουσία.

Διαφθορά και Αντικοινωνική Συμπεριφορά: Η διαφθορά και η αντικοινωνική συμπεριφορά συχνά αποτελούν μέρος της ιδεολογίας, με την ανάδειξη ομάδων ή ατόμων που επωφελούνται από την Εξουσία και την απαξίωση των Κοινωνικών Αξιών και Ηθών.

ΘΡΗΣΚΕΥΤΙΚΟΣ ΦΙΛΕΛΕΥΘΕΡΙΣΜΟΣ

Ο Θρησκευτικός Φιλελευθερισμός είναι μια ιδεολογία που συνδυάζει τις Αρχές του Φιλελευθερισμού με τον σεβασμό και την ανοχή προς τις θρησκευτικές πεποιθήσεις των ατόμων.

Βασικό στοιχείο του Θρησκευτικού Φιλελευθερισμού είναι η πεποίθηση ότι η θρησκευτική Πίστη είναι μια προσωπική υπόθεση και ότι η κράτη και οι νομοθετικές αρχές πρέπει να διατηρούν τον χαρακτήρα τους αμερόληπτους ως προς τις θρησκευτικές πεποιθήσεις των πολιτών.

Οι Αρχές του Θρησκευτικού Φιλελευθερισμού περιλαμβάνουν:

Ελευθερία Θρησκευτικής Έκφρασης: Οι Θρησκευτικά Φιλελεύθεροι υποστηρίζουν την Ελευθερία των ατόμων να πραγματοποιούν την θρησκευτική τους λατρεία χωρίς παρεμβολές ή διακρίσεις από το Κράτος ή άλλες θρησκευτικές ομάδες.

Διαχωρισμός Εκκλησίας και Κράτους: Υποστηρίζεται ο διαχωρισμός της Εκκλησίας από το Κράτος, με την Εκκλησία να μην επηρεάζει τη Νομοθεσία ή τις δημόσιες πολιτικές αποφάσεις.

Σεβασμός προς τις Θρησκευτικές Διαφορές: Προωθείται ο σεβασμός προς τις θρησκευτικές πεποιθήσεις και πρακτικές όλων των ατόμων, ανεξαρτήτως θρησκευτικού πεισματισμού ή απουσίας αυτού.

Διαλογική Προσέγγιση: Προωθείται ο διάλογος και η κατανόηση μεταξύ θρησκευτικών και μη-θρησκευτικών Κοινοτήτων, με σκοπό την προαγωγή της κοινωνικής ειρήνης και αλληλοσεβασμού.

ΚΑΛΛΙΤΕΧΝΙΚΟΣ ΦΙΛΕΛΕΥΘΕΡΙΣΜΟΣ

Ο Καλλιτεχνικός Φιλελευθερισμός είναι μια ιδεολογία που επιδιώκει την προστασία και την ελευθερία της έκφρασης και της δημιουργικότητας στον τομέα των τεχνών και του πολιτισμού.

Βασικός στόχος του Καλλιτεχνικού Φιλελευθερισμού είναι η προαγωγή της πολυμορφίας και της ποικιλομορφίας στον πολιτισμό, καθώς και η προστασία της ανεξαρτησίας των καλλιτεχνών και των δημιουργών από τυχόν περιορισμούς ή καταπίεση.

Οι βασικές Αρχές του Καλλιτεχνικού Φιλελευθερισμού περιλαμβάνουν:

Ελευθερία Έκφρασης: Ο Καλλιτεχνικός Φιλελευθερισμός υποστηρίζει την απόλυτη ελευθερία έκφρασης για τους καλλιτέχνες, χωρίς περιορισμούς ή λογοκρισία.

Οι καλλιτέχνες έχουν το δικαίωμα να εκφράζουν τις ιδέες και τις απόψεις τους μέσα από το έργο τους χωρίς φόβο αντιδράσεων ή κυρώσεων.

Πολυμορφία και Ποικιλομορφία: Ο Καλλιτεχνικός Φιλελευθερισμός αξιοποιεί και προωθεί την πολυμορφία στον κόσμο των τεχνών και του πολιτισμού, αναγνωρίζοντας την αξία της διαφορετικότητας και της πολυπολιτισμικότητας.

Κριτική Σκέψη και Καινοτομία: Ο Καλλιτεχνικός Φιλελευθερισμός ενθαρρύνει την κριτική σκέψη και την καινοτομία στον τομέα των τεχνών και του πολιτισμού, προωθώντας την αναζήτηση νέων δρόμων έκφρασης και δημιουργίας.

Προστασία Καλλιτεχνών και Δημιουργών: Ο Καλλιτεχνικός Φιλελευθερισμός αγωνίζεται για την προστασία της ανεξαρτησίας και των Δικαιωμάτων των καλλιτεχνών και των δημιουργών από πιθανές πιέσεις ή περιορισμούς εκ μέρους των αρχών ή της Κοινωνίας.

ΣΥΓΧΡΟΝΕΣ ΕΦΑΡΜΟΓΕΣ

Στη σύγχρονη πολιτική, Κόμματα και Κινήματα που ενστερνίζονται τον Φιλελεύθερο Σοσιαλισμό συχνά προωθούν πολιτικές για την:

- Πρόσβαση στην υγειονομική περίθαλψη και την εκπαίδευση για όλους.
- Προοδευτική Φορολογία και αναδιανομή του πλούτου.
- Προστασία των Δικαιωμάτων των εργαζομένων.
- Περιβαλλοντική Δικαιοσύνη και βιώσιμη ανάπτυξη.
- Υποστήριξη της κοινωνικής πρόνοιας και των δημόσιων υπηρεσιών.

Ο Φιλελεύθερος Σοσιαλισμός, στοχεύει να δημιουργήσει μια Κοινωνία, όπου όλοι οι πολίτες μπορούν να ζουν ελεύθερα, με αξιοπρέπεια και ισότητα, ενώ ταυτόχρονα να προωθείται η οικονομική και κοινωνική ευημερία όλων.

ΒΑΣΙΚΕΣ ΑΡΧΕΣ

Συνδυασμός Φιλελεύθερων και Σοσιαλιστικών Ιδεών: Ελευθερία, Ισότητα, Δικαιοσύνη

Ο Φιλελεύθερος Σοσιαλισμός, ως Ιδεολογία που επιδιώκει να συνδυάσει τις θεμελιώδεις Αρχές του Φιλελευθερισμού και του Σοσιαλισμού, εστιάζει κυρίως σε τρεις βασικές αξίες: την Ελευθερία, την Ισότητα και τη Δικαιοσύνη.

Η σύνθεση αυτών των ιδεών, προσπαθεί να επιτύχει μια Κοινωνία που προάγει την Ατομική Ελευθερία και ταυτόχρονα, διασφαλίζει την Κοινωνική και Οικονομική Δικαιοσύνη.

Η Ελευθερία, αποτελεί κεντρικό στοιχείο του Φιλελευθερισμού και περιλαμβάνει τα Ατομικά Δικαιώματα και τις Πολιτικές Ελευθερίες, όπως η Ελευθερία της Έκφρασης, της Θρησκείας, της Συνάθροισης και του Τύπου.

Ο Φιλελεύθερος Σοσιαλισμός επεκτείνει αυτή την έννοια της Ελευθερίας για να συμπεριλάβει:

Την Ατομική Αυτονομία, σύμφωνα με την οποία, οι άνθρωποι, πρέπει να έχουν την Ελευθερία να κάνουν τις δικές τους επιλογές και να καθορίζουν τη ζωή τους χωρίς αδικαιολόγητους περιορισμούς.

Την Οικονομική Ελευθερία, εξασφαλίζοντας πρόσβαση σε βασικές ανάγκες όπως η Υγεία, η Εκπαίδευση και η Στέγαση, επιτρέποντας στους ανθρώπους να ζουν με αξιοπρέπεια και να έχουν ίσες ευκαιρίες για προσωπική και επαγγελματική ανάπτυξη.

Την Ισότητα, Η οποία είναι κεντρική ιδέα στον Σοσιαλισμό και αναφέρεται στην Ισότητα των Ευκαιριών και στην κατανομή των πόρων.

Επιπλέον, ο Φιλελεύθερος Σοσιαλισμός, προσπαθεί να επιτύχει ισότητα μέσω:

Της Ισότητας των Ευκαιριών, όλοι οι άνθρωποι να έχουν ίσες ευκαιρίες να πετύχουν στη ζωή, ανεξάρτητα από την κοινωνική ή οικονομική τους θέση, συμπεριλαμβανομένης, της πρόσβασης σε ποιοτική εκπαίδευση και υγειονομική περίθαλψη.

Της Οικονομικής Ισότητα, με μείωση των οικονομικών ανισοτήτων μέσω Προοδευτικής Φορολογίας, Κοινωνικής Πρόνοιας και Αναδιανομής του Πλούτου, διασφαλίζοντας ότι όλοι έχουν τα απαραίτητα για μια αξιοπρεπή ζωή.

Της Κοινωνικής Ισότητας, μέσω της καταπολέμησης των διακρίσεων και των ανισοτήτων που βασίζονται στη Φυλή, το Φύλο, τη Θρησκεία, τον Σεξουαλικό προσανατολισμό ή οποιονδήποτε άλλον παράγοντα.

Της Δικαιοσύνης, τόσο της Κοινωνικής όσο και της Οικονομικής, η οποία είναι μία Αξία που γεφυρώνει τις Φιλελεύθερες και Σοσιαλιστικές Ιδέες.

Ο Φιλελεύθερος Σοσιαλισμός επιδιώκει:

Την Κοινωνική Δικαιοσύνη, μέσω της προώθησης της Δικαιοσύνης στην Κοινωνία, δια των Πολιτικών που διασφαλίζουν ότι όλοι οι πολίτες έχουν πρόσβαση στις ίδιες ευκαιρίες και προστατεύονται από εκμετάλλευση και αδικία.

Την Οικονομική Δικαιοσύνη, μέσω της δημιουργίας ενός Δίκαιου Οικονομικού Συστήματος, που αναγνωρίζει και ανταμείβει την εργασία, ενώ ταυτόχρονα προστατεύει τους πιο ευάλωτους και μειώνει τις οικονομικές ανισότητες.

Τη Νομική Δικαιοσύνη, μέσω της διασφάλισης, ότι όλοι οι πολίτες έχουν ίση πρόσβαση στη Δικαιοσύνη και προστατεύονται από τον Νόμο, ανεξάρτητα από την Κοινωνική ή Οικονομική τους κατάσταση.

ΣΥΝΔΥΑΣΜΟΣ ΤΩΝ ΙΔΕΩΝ

Ο Φιλελεύθερος Σοσιαλισμός επιδιώκει να ενσωματώσει την Ελευθερία, την Ισότητα και τη Δικαιοσύνη σε μια συνεκτική πολιτική πλατφόρμα. Αυτό γίνεται μέσω:

Της Συμμετοχικής Δημοκρατίας, με την ενίσχυση της Δημοκρατικής συμμετοχής των πολιτών σε όλα τα επίπεδα Διακυβέρνησης, για να εξασφαλιστεί ότι οι πολιτικές, αντανακλούν τις ανάγκες και τις επιθυμίες του Λαού.

Των Οικονομικών Ρυθμίσεων της Αγοράς, για την αποφυγή μονοπωλίων και την προώθηση του θεμιτού ανταγωνισμού, ενώ ταυτόχρονα προστατεύονται οι εργαζόμενοι και οι καταναλωτές.

Των Κοινωνικών Πολιτικών, με την υιοθέτηση πρακτικών, που εξασφαλίζουν την πρόσβαση σε βασικές υπηρεσίες και στην προστασία των πιο ευάλωτων μελών της Κοινωνίας.

Ο Φιλελεύθερος Σοσιαλισμός, λοιπόν, όπως είναι εύλογα αντιληπτός, είναι μια σύνθεση Ιδεών που επιδιώκουν να δημιουργήσουν μια Δίκαιη και Ισότιμη Κοινωνία όπου η Ατομική Ελευθερία και η Κοινωνική Ευημερία, είναι και αλληλένδετες και αλληλοσυμπληρούμενες.

Ο ΡΟΛΟΣ ΤΟΥ ΚΡΑΤΟΥΣ ΣΤΟΝ ΦΙΛΕΛΕΥΘΕΡΟ ΣΟΣΙΑΛΙΣΜΟ ΩΣ ΡΥΘΜΙΣΤΗΣ ΤΗΣ ΑΓΟΡΑΣ ΚΑΙ ΠΡΟΣΤΑΤΗΣ ΤΩΝ ΑΤΟΜΙΚΩΝ ΔΙΚΑΙΩΜΑΤΩΝ

Στον Φιλελεύθερο Σοσιαλισμό, το Κράτος διαδραματίζει έναν διττό και κρίσιμο ρόλο:

- ως Ρυθμιστής της Αγοράς και
- ως Προστάτης των Ατομικών Δικαιωμάτων.

Αυτοί οι δύο ρόλοι, είναι αλληλένδετοι και συμβάλλουν στην επίτευξη μιας ισορροπημένης και Δίκαιης Κοινωνίας, όπου η ελευθερία και η ισότητα μπορούν να συνυπάρχουν.

Ρυθμιστής της Αγοράς

Η Αγορά, παρότι είναι απαραίτητη για την οικονομική ανάπτυξη και την καινοτομία, μπορεί να οδηγήσει σε ανισότητες και εκμετάλλευση εάν δεν ρυθμιστεί κατάλληλα. Εδώ λοιπόν, το Κράτος παρεμβαίνει ως Ρυθμιστής, για να διασφαλίσει τη Δικαιοσύνη και την Ισορροπία.

Προστασία από Μονοπώλια

Το Κράτος πρέπει να θεσπίζει Νόμους κατά των μονοπωλίων και της συγκέντρωσης της οικονομικής δύναμης, σε λίγους, προκειμένου να προάγει τον ανταγωνισμό και να προστατεύει, τους καταναλωτές και τις μικρές επιχειρήσεις, από παράνομες και αθέμιτες πρακτικές.

Εργασιακά Δικαιώματα

Βασική υποχρέωση του Κράτους, είναι να ρυθμίζει τις συνθήκες εργασίας, θεσπίζοντας κατώτατους μισθούς και ασφαλείς συνθήκες εργασίας, λειτουργώντας παράλληλα, ως Θεματοφύλακας Δικαιωμάτων των εργαζομένων, όπως η απεργία και η ελεύθερη συλλογική διαπραγμάτευση.

Περιβαλλοντική Προστασία

Να εφαρμόζει περιβαλλοντικούς κανονισμούς για να μειώσει τη ρύπανση και να προωθήσει την αειφόρο ανάπτυξη, διασφαλίζοντας ότι οι επιχειρηματικές δραστηριότητες δεν επιβαρύνουν το περιβάλλον και την υγεία των πολιτών.

Κοινωνική Πρόνοια

Να αναπτύσσει και να χρηματοδοτεί προγράμματα κοινωνικής πρόνοιας, όπως την υγειονομική περίθαλψη, την εκπαίδευση και την κοινωνική ασφάλιση, για να διασφαλίσει ότι όλοι οι πολίτες έχουν πρόσβαση στις βασικές ανάγκες της ζωής.

ΠΡΟΣΤΑΤΗΣ ΤΩΝ ΑΤΟΜΙΚΩΝ ΔΙΚΑΙΩΜΑΤΩΝ

Το Κράτος στον Φιλελεύθερο Σοσιαλισμό δεν περιορίζεται μόνο στη ρύθμιση της αγοράς, αλλά είναι επίσης ο Κύριος Προστάτης των Ατομικών Δικαιωμάτων.

Αυτό, περιλαμβάνει τη διασφάλιση όλων των Ατομικών Ελευθεριών και την προώθηση της Κοινωνικής Δικαιοσύνης, όπως αυτά αναφέρονται παρακάτω:

Πολιτικά Δικαιώματα

Προστατεύει τα Θεμελιώδη Δικαιώματα των πολιτών, όπως η Ελευθερία του Λόγου, της Θρησκείας, του Συνέρχεσθαι και του

Τύπου. Αυτά τα Δικαιώματα, είναι απαραίτητα για τη Δημοκρατική Συμμετοχή και την Προσωπική Αυτονομία.

Κοινωνικά Δικαιώματα

Διασφαλίζει το Δικαίωμα στην Εκπαίδευση, την Υγειονομική Περίθαλψη, την Εργασία και την Κοινωνική Ασφάλιση. Αυτά τα δικαιώματα, εξασφαλίζουν ότι όλοι οι πολίτες μπορούν να συμμετέχουν πλήρως και ισότιμα στην Κοινωνία.

Προστασία από Διακρίσεις

Θεσπίζει Νόμους κατά των διακρίσεων με βάση το Φύλο, τη Φυλή, την Εθνικότητα, τη Θρησκεία, την Αναπηρία, τον Σεξουαλικό προσανατολισμό και άλλους παράγοντες, προωθώντας την Ισότητα και τον Σεβασμό προς όλους.

Διαφάνεια και Λογοδοσία

Προωθεί τη Διαφάνεια και τη Λογοδοσία σε όλα τα επίπεδα της Διακυβέρνησης και των Δημόσιων Υπηρεσιών, διασφαλίζοντας ότι η Εξουσία, ασκείται δίκαια και προς το συμφέρον των πολιτών.

Στον Φιλελεύθερο Σοσιαλισμό, το Κράτος είναι απαραίτητος Ρυθμιστής της Αγοράς και Προστάτης των Ατομικών Δικαιωμάτων.

Μέσω της ρύθμισης της Οικονομίας, το Κράτος επιδιώκει να μειώσει τις ανισότητες και να προωθήσει την Κοινωνική Δικαιοσύνη. Ταυτόχρονα, προστατεύοντας τα ατομικά δικαιώματα, εξασφαλίζει ότι όλοι οι πολίτες μπορούν να ζουν ελεύθερα και με αξιοπρέπεια.

Ο συνδυασμός λοιπόν, αυτών των ρόλων, συμβάλλει στη δημιουργία μιας Κοινωνίας που ενσωματώνει την Ελευθερία, την Ισότητα και τη Δικαιοσύνη, εξασφαλίζοντας την Ευημερία όλων των Πολιτών.

ΚΕΦΑΛΑΙΟ Β' : ΘΕΜΕΛΙΩΔΕΙΣ ΑΡΧΕΣ ΜΙΑΣ ΑΝΟΙΚΤΗΣ ΚΟΙΝΩΝΙΑΣ

ΘΕΜΕΛΙΩΔΕΙΣ ΑΡΧΕΣ ΜΙΑΣ ΑΝΟΙΚΤΗΣ ΚΟΙΝΩΝΙΑΣ

Μια Ανοικτή Κοινωνία, είναι μια Κοινωνία που στηρίζεται στις Αρχές της Ελευθερίας, της Διαφάνειας, της Δικαιοσύνης και της Δημοκρατίας. Η έννοια αυτή, προέρχεται από τις Ιδέες του Αυστριακού Φιλοσόφου Karl Popper, ο οποίος επεσήμανε τη σημασία της ευρύνοιας και της κριτικής σκέψης για την πρόοδο και την ευημερία των κοινωνιών.

Οι Αρχές μιας Ανοικτής Κοινωνίας περιλαμβάνουν:

Ελευθερία της Έκφρασης

Η Ελευθερία της Έκφρασης, αποτελεί κεντρική έννοια για μια Ανοικτή, Ανεκτική και Δημοκρατική Κοινωνία.

Περιλαμβάνει το Δικαίωμα των ατόμων, να εκφράζουν τις απόψεις τους, να δημοσιοποιούν τις ιδέες τους και να συμμετέχουν στον δημόσιο διάλογο χωρίς τον φόβο της καταπίεσης ή της λογοκρισίας.

Αυτή η Ελευθερία είναι απαραίτητη για την προώθηση της καινοτομίας, της τέχνης και της επιστήμης, καθώς επιτρέπει την ανταλλαγή απόψεων και ιδεών, που είναι κρίσιμη για την κοινωνική και πολιτιστική ανάπτυξη.

Η δυνατότητα της ελεύθερης έκφρασης, ενισχύει τη Δημόσια συζήτηση και τη διαμόρφωση ενημερωμένων αποφάσεων, συμβάλλοντας έτσι στη λειτουργία μιας δυναμικής και υγιούς Δημοκρατίας.

Διαφάνεια και Λογοδοσία

Η Διαφάνεια στη Διακυβέρνηση και σε όλες τις δημόσιες διαδικασίες, είναι βασική Αρχή μιας Ανοικτής Κοινωνίας.

Οι πολίτες, πρέπει να έχουν πρόσβαση στις πληροφορίες και να μπορούν να ελέγχουν τις πράξεις της Κυβέρνησης και των Δημοσίων Θεσμών (Υπηρεσίες, Ανεξάρτητες Αρχές κτλ).

Η Λογοδοσία, διασφαλίζει ότι οι φορείς της εξουσίας είναι υπεύθυνοι για τις πράξεις τους και ότι η εξουσία δεν καταχράται.

Πολιτική και Κοινωνική Συμμετοχή

Μια Ανοικτή Κοινωνία, ενθαρρύνει την ενεργή συμμετοχή των πολιτών, στην πολιτική και την κοινωνική ζωή.

Αυτό περιλαμβάνει την προώθηση της δημοκρατικής συμμετοχής, την υποστήριξη των μη κυβερνητικών οργανώσεων και την ενθάρρυνση της εθελοντικής δράσης.

Η συμμετοχή των πολιτών, σε διάφορες δράσεις, ενισχύει τη Δημοκρατία και ενδυναμώνει την Κοινωνική Συνοχή, καθώς δημιουργεί έναν πιο ενημερωμένο και ενεργό πληθυσμό που μπορεί να συμβάλλει ουσιαστικά, στη διαμόρφωση πολιτικών και κοινωνικών πρωτοβουλιών.

Μέσω της συμμετοχής, οι πολίτες έχουν τη δυνατότητα να επηρεάζουν τις αποφάσεις που σχετίζονται με τις ζωές τους, ενισχύοντας έτσι τη Διαφάνεια, την ευθύνη και τη Λογοδοσία των κυβερνητικών οργάνων.

Σεβασμός στα Ανθρώπινα Δικαιώματα

Η Προστασία και ο Σεβασμός των Ανθρωπίνων Δικαιωμάτων είναι απαραίτητα συστατικά για μια Ανοικτή Κοινωνία.

Τα Ανθρώπινα Δικαιώματα, διασφαλίζουν την αξιοπρέπεια και την ισότητα των ατόμων, αποτελώντας Θεμελιώδη Αρχή για κάθε Δίκαιη και Ανοιχτή Κοινωνία.

Επιπλέον, αυτά τα Δικαιώματα, είναι απαραίτητα για την προαγωγή της Δικαιοσύνης και της Ειρήνης, εντός του κόλπου της Κοινωνίας.

Κριτική Σκέψη και Εκπαίδευση

Η προώθηση της Κριτικής, Αναλυτικής Σκέψης και της Εκπαίδευσης είναι κεντρικά στοιχεία μιας Ανοικτής Κοινωνίας.

Η εκπαίδευση πρέπει να ενθαρρύνει την ελεύθερη σκέψη, την αναζήτηση της αλήθειας και την κατανόηση του κόσμου.

Μια εκπαιδευτική διαδικασία που εστιάζει στην κριτική σκέψη, δίνει στους πολίτες τα εργαλεία να αμφισβητούν τις κατεστημένες απόψεις και να συμβάλλουν στην Κοινωνική Καινοτομία.

Αυτό, ενισχύει τη Δημοκρατία, καθώς οι πολίτες με ανεπτυγμένη κριτική σκέψη, είναι σε θέση να αξιολογούν τις πολιτικές και κοινωνικές αποφάσεις, να συμμετέχουν ενεργά στον δημόσιο διάλογο και να συμβάλλουν στην εξέλιξη της Κοινωνίας.

Η εκπαίδευση που ενσωματώνει την κριτική σκέψη, προάγει επίσης την Ακαδημαϊκή Ελευθερία και την Επιστημονική έρευνα, δημιουργώντας ένα περιβάλλον όπου η γνώση και η καινοτομία μπορούν να «ανθίσουν».

ΔΙΚΑΙΟΣΥΝΗ ΚΑΙ ΚΟΙΝΩΝΙΚΗ ΠΡΟΝΟΙΑ

Η Δικαιοσύνη και η Κοινωνική Πρόνοια, αποτελούν Θεμελιώδεις Αξίες για τη διασφάλιση της Ισότητας και της Αλληλεγγύης σε μια Ανοικτή Κοινωνία.

Το Κράτος έχει την υποχρέωση να εξασφαλίζει την πρόσβαση σε βασικές υπηρεσίες όπως η Υγεία, η Εκπαίδευση και η Κοινωνική Ασφάλιση, διασφαλίζοντας ότι κανένας πολίτης «δεν μένει πίσω».

Μέσα από πολιτικές που στοχεύουν στη μείωση των κοινωνικών και οικονομικών ανισοτήτων, η Κοινωνική Δικαιοσύνη μπορεί να επιτευχθεί, προάγοντας την Κοινωνική Ειρήνη και Συνοχή.

Η Υγεία, ως βασικό δικαίωμα, πρέπει να είναι προσβάσιμη σε όλους, ανεξαρτήτως οικονομικής κατάστασης, διασφαλίζοντας την ευημερία του πληθυσμού.

Παράλληλα, η εκπαίδευση πρέπει να είναι Δωρεάν και Υψηλής ποιότητας, παρέχοντας Ίσες ευκαιρίες σε όλους, να αναπτύξουν τις δυνατότητές τους και να συμβάλλουν με τις σκέψεις και τις δράσεις τους, στην αμοιβαία ανάπτυξη της Κοινωνίας.

Η Κοινωνική Ασφάλιση, δεν θα πρέπει να είναι ένας φοροεισπρακτικός μηχανισμός, αλλά ένα δίχτυ προστασίας, για τους πολίτες της Χώρας, όταν βρεθούν, σε έκτακτη στιγμή, πχ ανεργία, ασθένεια κτλ ή σε μόνιμη περίοδο ανάγκης, όπως γηρατειά.

Η Κοινωνική Πρόνοια, λοιπόν, δεν είναι μόνο ένα εργαλείο για την αντιμετώπιση της Φτώχειας και της Ανισότητας, αλλά και ένα Μέσο για την ενίσχυση της Κοινωνικής Αλληλεγγύης.

Μέσω της Δικαιοσύνης και της Πρόνοιας, η Κοινωνία μπορεί να διατηρήσει τη συνοχή της και να προάγει την Ειρήνη και την Ευημερία, διασφαλίζοντας ότι όλοι οι πολίτες αισθάνονται ότι είναι μέρος μιας Κοινότητας που τους στηρίζει και τους φροντίζει.

ΑΝΟΧΗ ΚΑΙ ΠΟΛΥΠΟΛΙΤΙΣΜΙΚΟΤΗΤΑ

Ο Σεβασμός και η Ανοχή προς τη διαφορετικότητα, είναι απαραίτητα στοιχεία για μια αξιόπιστη και συμπεριληπτική, Ανοικτή Κοινωνία.

Η πολυπολιτισμικότητα, μπολιάζει, εμπλουτίζει την Κοινωνία, με διάφορα Ήθη και Έθιμα άλλων περιοχών και προωθεί την κατανόηση και τη συνεργασία μεταξύ των ανθρώπων.

Η Θέσπιση των Κανόνων λειτουργίας και η τήρησή τους από όλους ανεξαιρέτως, βάζει το Θεσμικό, Νομικό πλαίσιο μέσα στο οποίο, λειτουργεί η ανοχή, είτε ως προσωπική, είτε ως μέρος του Κοινωνικού συνόλου, προκειμένου να δημιουργήσει τις προϋποθέσεις για την «κτίσιμο» δεσμών, με σκοπό την θεμελίωση και ανάπτυξη, μιας Ειρηνικής και Αρμονικής συμβίωσης, μεταξύ των μελών της Κοινωνίας.

Συμπερασματικά, θα μπορούσαμε να πούμε ότι οι Θεμελιώδεις Αρχές μιας Ανοικτής Κοινωνίας, είναι αλληλένδετες και αλληλοϋποστηριζόμενες.

Μια Κοινωνία που ενστερνίζεται αυτές τις Αρχές, προωθεί την Ελευθερία, την Ισότητα και τη Δικαιοσύνη, ενώ ενθαρρύνει τους πολίτες της, να συμμετέχουν ενεργά στη διαμόρφωση του μέλλοντός τους, μέσω της Διαφάνειας, της Λογοδοσίας και της Προστασίας των Ανθρωπίνων Δικαιωμάτων.

Μια Ανοικτή Κοινωνία, διασφαλίζει ότι όλοι οι πολίτες της, μπορούν να ζουν με αξιοπρέπεια και ασφάλεια.

ΕΙΣΑΓΩΓΗ ΣΤΙΣ ΙΔΕΕΣ
ΤΟΥ KARL POPPER

Ο Αυστριακός Karl Popper, είναι ένας από τους πιο επιδραστικούς φιλοσόφους του 20ού αιώνα, ο οποίος, ανέπτυξε μια σειρά σημαντικών ιδεών που ανέδειξαν τη σημασία της κριτικής σκέψης και της ανοικτής συζήτησης στην Κοινωνία.

Η προσέγγισή του περιλαμβάνει ένα συνδυασμό λογικής, φιλοσοφίας της επιστήμης και της Κοινωνιολογίας, καθιστώντας τον, έναν από τους πρωτοπόρους της σύγχρονης σκέψης.

Μέσα από τις έννοιες του Ανοιχτού Διαλόγου, της επιστημονικής μεθοδολογίας και της αμφισβήτησης των αυθεντιών, ο Popper καλλιέργησε ένα περιβάλλον ορθολογισμού και ελεύθερης έκφρασης ιδεών.

Στην εισαγωγή των Ιδεών του, εστιάζει στη σημασία της κριτικής σκέψης ως εργαλείο για την αναζήτηση της αλήθειας και την ανάπτυξη της Κοινωνίας.

Οι κύριες ιδέες του Popper, οι οποίες αναφέρονται παρακάτω συνοπτικά, επηρέασαν βαθιά τη Φιλοσοφική σκέψη και την Κοινωνία με τους εξής τρόπους:

Αναζήτηση της Αλήθειας μέσω της Κριτικής Σκέψης

Ο Popper, υποστήριζε ό,τι η αλήθεια μπορεί να ανακαλυφθεί μόνο μέσω της συνεχούς αναζήτησης, αμφισβήτησης και επικριτικής αξιολόγησης των ιδεών μας.

Αυτή η προσέγγιση ενθάρρυνε τους ανθρώπους να αμφισβητούν τις παραδοσιακές πεποιθήσεις και να αναζητούν νέες προσεγγίσεις στη σκέψη και στην επίλυση προβλημάτων.

Ανοικτός Διάλογος και Ελεύθερη Έκφραση

Ο Popper, υποστήριξε την ανάγκη για ένα Ανοιχτό και Ελεύθερο περιβάλλον, όπου οι άνθρωποι μπορούν να εκφράζουν τις ιδέες τους ελεύθερα και να ανταλλάσσουν τις απόψεις τους, χωρίς τον φόβο της καταδίκης ή της εκδίκησης. Με αυτόν τον τρόπο, ενίσχυσε την ανάπτυξη της Δημοκρατίας και της Πολιτικής Συμμετοχής.

Φιλοσοφία της Επιστήμης

Μεγάλη επίδραση, είχε επίσης, στη Φιλοσοφία της Επιστήμης, υπογραμμίζοντας τη σημασία της δοκιμής και της επικύρωσης των θεωριών μέσω της εμπειρίας και της παρατήρησης. Αυτό με τη σειρά του, οδήγησε σε μια πιο αυστηρή και αντικειμενική προσέγγιση της Επιστήμης.

Ο Popper, υποστήριζε την ανάγκη να αποφεύγουμε την τάση να εμμένουμε σε δογματικές πεποιθήσεις και να είμαστε έτοιμοι να αναθεωρούμε τις ιδέες μας βάσει των νέων δεδομένων και της νέας εμπειρίας.

Οι ιδέες του Karl Popper, είχαν μια μεγάλη επίδραση στη σκέψη και την Κοινωνία, προωθώντας ένα πλαίσιο όπου η κριτική σκέψη και η ελεύθερη έκφραση ιδεών θεωρούνται θεμελιώδεις για την πρόοδο και την ανάπτυξη.

ΠΩΣ ΜΙΑ ΑΝΟΙΚΤΗ ΚΟΙΝΩΝΙΑ, ΕΝΘΑΡΡΥΝΕΙ ΤΗΝ ΚΡΙΤΙΚΗ ΣΚΕΨΗ, ΤΗΝ ΕΛΕΥΘΕΡΙΑ ΤΟΥ ΛΟΓΟΥ ΚΑΙ ΤΗΝ ΚΑΙΝΟΤΟΜΙΑ.

Μια Ανοικτή Κοινωνία, είναι ένα περιβάλλον όπου οι άνθρωποι, έχουν την ελευθερία να εκφράζουν τις ιδέες τους, να επικρίνουν τις απόψεις των άλλων και να εξερευνούν νέες ιδέες και καινοτομίες.

Υπάρχουν αρκετοί τρόποι με τους οποίους μια Ανοικτή Κοινωνία ενθαρρύνει την κριτική σκέψη, την ελευθερία του λόγου και την καινοτομία.

Σε κοινωνιολογική βάση, μια Ανοικτή Κοινωνία διευκολύνει την ανάπτυξη της κριτικής σκέψης, της ελευθερίας του λόγου και της καινοτομίας μέσω πολλών παραγόντων, όπως:

Η Πολυμορφία και Διαφορετικότητα, η οποίες είναι ουσιώδη στοιχεία μιας Ανοικτής Κοινωνίας, καθώς η ποικιλία πολιτισμών, ιδεολογιών και απόψεων επεκτείνει το φάσμα των ιδεών και προωθεί την ανταλλαγή απόψεων.

Αυτή η πολυφωνία, λειτουργεί ως έναυσμα της κριτικής σκέψης, ενθαρρύνοντας την καινοτομία και την αναθεώρηση παλαιότερων, κατεστημένων αντιλήψεων.

Σε μια Ανοικτή Κοινωνία, η αποδοχή και ο σεβασμός της διαφορετικότητας, ενισχύουν την Κοινωνική Συνοχή και την αίσθηση του «Ανήκειν» μέσα σε ένα σύνολο.

Οι πολίτες, ενθαρρύνονται να εκφράζουν τις απόψεις τους ελεύθερα και να συμβάλλουν στον δημόσιο διάλογο, προωθώντας την αμοιβαία κατανόηση και την ειρηνική συνύπαρξη.

Αυτή η δυναμική δημιουργεί ένα περιβάλλον όπου η δημιουργικότητα και η καινοτομία μπορούν να «ανθήσουν», καθώς οι διαφορετικές προοπτικές συναντώνται και συνδυάζονται.

Η ποικιλία των πολιτισμών και των ιδεολογιών, προσφέρει επίσης, ευκαιρίες για διαπολιτισμική μάθηση και ανάπτυξη, επιτρέποντας στους πολίτες να διευρύνουν τους ορίζοντές τους και να κατανοήσουν καλύτερα τον κόσμο γύρω τους. Μέσα από την αποδοχή της διαφορετικότητας και την ενθάρρυνση της πολυφωνίας, μια Ανοικτή Κοινωνία, μπορεί να διατηρήσει την ζωντάνια και τη δυναμικότητά της, προωθώντας την πρόοδο και την ευημερία όλων των μελών της.

Εκπαίδευση και Κοινωνική Δομή

Η εκπαίδευση στην Ανοικτή Κοινωνία, εστιάζεται στη δημιουργία, κριτικής σκέψης και στην ανάπτυξη ευρύνοων αντιλήψεων.

Παράλληλα, Κοινωνικοί θεσμοί όπως τα Πανεπιστήμια, διαδραματίζουν καίριο ρόλο στη διαμόρφωση της συλλογικής σκέψης και της καινοτομίας.

Στην Ανοικτή Κοινωνία, η εκπαίδευση δεν περιορίζεται απλώς στην παροχή γνώσεων, αλλά στοχεύει και στην καλλιέργεια της ικανότητας των ατόμων να σκέφτονται κριτικά, να αξιολογούν πληροφορίες και να αμφισβητούν κατεστημένες απόψεις.

Η προσέγγιση μέσω της εκπαίδευσης, προάγει τη διαρκή μάθηση και την προσαρμοστικότητα, απαραίτητα στοιχεία για την αντιμετώπιση των σύγχρονων Κοινωνικών και Οικονομικών προκλήσεων.

Τα Πανεπιστήμια, ως Θεσμοί Γνώσης και Έρευνας, έχουν κεντρικό ρόλο στη διαμόρφωση της συλλογικής σκέψης και στην προώθηση της καινοτομίας. Λειτουργούν ως

κέντρα ανταλλαγής ιδεών και διαλόγου, προσφέροντας ένα περιβάλλον, όπου οι φοιτητές και οι ερευνητές, μπορούν να αναπτύξουν νέες ιδέες και να συμβάλουν στην επιστημονική και κοινωνική πρόοδο. Μέσα από την προώθηση της διαθεματικότητας και της συνεργασίας, τα Πανεπιστήμια ενισχύουν την παραγωγή νέας γνώσης και τη διάδοσή της στην Κοινωνία.

Επιπλέον, η εκπαίδευση σε μία Ανοικτή Κοινωνία, ενσωματώνει Αξίες όπως η Αλληλεγγύη, η Ανεκτικότητα και ο Σεβασμός στη Διαφορετικότητα.

Αξίες, οι οποίες, βοηθούν στην «οικοδόμηση» μιας Κοινωνικής Δομής, που προάγει τη Δικαιοσύνη και την Ισότητα, διασφαλίζοντας ότι όλοι οι πολίτες, έχουν πρόσβαση στις ίδιες ευκαιρίες για μάθηση και ανάπτυξη.

Μέσω αυτής της ολιστικής προσέγγισης, η εκπαίδευση, συμβάλλει στην ενδυνάμωση των πολιτών και στη δημιουργία μιας βιώσιμης και ειρηνικής Κοινωνίας.

Ελευθερία του Λόγου και ΜΜΕ

Η Ελευθερία της Έκφρασης ενισχύει τη δυνατότητα των ανθρώπων να αντιμετωπίζουν θέματα και να εκφράζουν τις απόψεις τους.

Τα Μέσα Μαζικής Ενημέρωσης διαδραματίζουν σημαντικό ρόλο στη διάδοση ιδεών και τη διαμόρφωση της Κοινής Γνώμης.

Η Ελευθερία του Λόγου, είναι ένας Θεμελιώδης Πυλώνας μιας Ανοικτής Κοινωνίας, επιτρέποντας στους πολίτες, να εκφράζουν ελεύθερα τις σκέψεις τους, να συμμετέχουν σε δημόσιες συζητήσεις και να κρίνουν τις πράξεις της Κυβέρνησης και των άλλων θεσμών.

Η Ελευθερία, είναι απαραίτητη για την προώθηση της Διαφάνειας και της Λογοδοσίας, καθώς και για την ενθάρρυνση της καινοτομίας και της πολιτιστικής ανάπτυξης.

Τα Μέσα Μαζικής Ενημέρωσης (ΜΜΕ) διαδραματίζουν κεντρικό ρόλο στη διασφάλιση της Ελευθερίας της έκφρασης, προσφέροντας μια πλατφόρμα για τη διάδοση πληροφοριών και απόψεων. Μέσω της δημοσιογραφίας, τα ΜΜΕ μπορούν να ελέγχουν την εξουσία, να αποκαλύπτουν αδικίες και να ενημερώνουν τους πολίτες για σημαντικά θέματα της επικαιρότητας.

Η ανεξάρτητη και πολυφωνική δημοσιογραφία είναι κρίσιμη για την υγιή λειτουργία μιας Δημοκρατίας, επιτρέποντας στους πολίτες, να είναι ενημερωμένοι και να συμμετέχουν ενεργά στις δημοκρατικές διαδικασίες.

Επιπλέον, τα ΜΜΕ έχουν τη Δύναμη να διαμορφώνουν την Κοινή Γνώμη και να επηρεάζουν τις Κοινωνικές και Πολιτικές αλλαγές. Μέσα από την παροχή ποικιλίας απόψεων και την προώθηση του δημόσιου διαλόγου, τα ΜΜΕ συμβάλλουν στην ανάπτυξη μιας πολυφωνικής και ανεκτικής Κοινωνίας. Η δυνατότητα πρόσβασης σε αξιόπιστες και ποιοτικές πληροφορίες επιτρέπει στους πολίτες να λαμβάνουν τεκμηριωμένες αποφάσεις και να συμμετέχουν ουσιαστικά στην πολιτική και κοινωνική ζωή.

Ωστόσο, είναι επίσης σημαντικό, να υπάρχουν μηχανισμοί για την προστασία από την παραπληροφόρηση και την προπαγάνδα, που μπορούν να υπονομεύσουν τη Δημοκρατία και την Κοινωνική Συνοχή.

Η εκπαίδευση στην κριτική σκέψη και στην αξιολόγηση της πληροφορίας που μεταδίδουν τα Μέσα Ενημέρωσης, είναι απαραίτητη για να ενισχυθεί η ικανότητα των πολιτών να «φιλτράρουν» τις πληροφορίες που λαμβάνουν και να διακρίνουν την αλήθεια από την παραπληροφόρηση.

Σε μια Ανοικτή Κοινωνία, η Ελευθερία του Λόγου και η Ανεξαρτησία των ΜΜΕ είναι έννοιες αλληλένδετες, εξασφαλίζοντας την ελευθερία της έκφρασης και την υγιή λειτουργία της Δημοκρατίας.

Ανταλλαγή Ιδεών

Η ανοικτή ανταλλαγή ιδεών διευκολύνει την επίλυση προβλημάτων και την ανάπτυξη καινοτόμων λύσεων, ενισχύοντας τη δυνατότητα επίλυσης κοινωνικών προκλήσεων.

Η ανοιχτή ανταλλαγή ιδεών είναι θεμελιώδης για την πρόοδο μιας Κοινωνίας. Όταν οι πολίτες έχουν την ελευθερία να μοιράζονται τις σκέψεις τους και να συζητούν ανοιχτά, δημιουργείται ένα περιβάλλον που ευνοεί τη δημιουργικότητα. Μέσα από τον δημόσιο διάλογο και τη συνεργασία, αναδεικνύονται νέες προσεγγίσεις και λύσεις σε σύνθετα προβλήματα.

Η ποικιλία των απόψεων και η αλληλεπίδραση διαφορετικών ιδεών, συμβάλλουν στην ανάπτυξη πιο ολοκληρωμένων και αποτελεσματικών λύσεων. Οι διαφορετικές προοπτικές, μπορούν να εντοπίσουν και να διορθώσουν τυχόν αδυναμίες ή ελλείψεις σε μια ιδέα, βελτιώνοντας την τελική εφαρμογή της. Αυτή η διαδικασία, οδηγεί σε πιο ανθεκτικές και καινοτόμες λύσεις που μπορούν να αντιμετωπίσουν αποτελεσματικά τις κοινωνικές προκλήσεις.

Επιπλέον, η ανοικτή ανταλλαγή ιδεών, ενισχύει την Κοινωνική Συνοχή και την αίσθηση του «Ανήκειν κάπου», σε ένα υποσύνολο ή σύνολο ανθρώπων, με κοινά ενδιαφέροντα, στόχους, οράματα και επιδιώξεις.

Όταν οι πολίτες νιώθουν ότι οι απόψεις τους είναι σεβαστές και ότι μπορούν να συμμετέχουν ενεργά στη λήψη αποφάσεων, ενδυναμώνονται και αναπτύσσουν ένα ισχυρότερο αίσθημα ευθύνης απέναντι στην Κοινωνία τους.

Αυτή η ενεργή συμμετοχή, συμβάλλει στην ενίσχυση της Δημοκρατίας και της Κοινωνικής Συνοχής.

Σε παγκόσμιο επίπεδο, η ανταλλαγή ιδεών και η συνεργασία μεταξύ διαφορετικών πολιτισμών και Χωρών, μπορεί να οδηγήσει σε λύσεις που υπερβαίνουν τα Εθνικά σύνορα και αντιμετωπίζουν παγκόσμιες προκλήσεις, όπως η κλιματική αλλαγή, η φτώχεια και οι ανισότητες.

Η διεθνής συνεργασία και ο διάλογος προάγουν την αλληλοκατανόηση και την ειρήνη, καθιστώντας δυνατή την αντιμετώπιση κοινών προβλημάτων με πιο ολοκληρωμένες και παγκοσμίως αποδεκτές προσεγγίσεις.

Ελευθερία Έκφρασης

Σε μια Ανοικτή Κοινωνία, οι άνθρωποι έχουν την ελευθερία να εκφράζουν τις ιδέες τους χωρίς τον φόβο της καταδίκης ή της εκδίκησης. Αυτό, δημιουργεί ένα περιβάλλον όπου η κριτική σκέψη είναι ευπρόσδεκτη και οι άνθρωποι μπορούν να αμφισβητούν τις κυρίαρχες απόψεις και πεποιθήσεις.

Η δυνατότητα να εκφράζονται ελεύθερα οι ιδέες και οι απόψεις ενθαρρύνει τη διαρκή αναζήτηση της αλήθειας και τη βελτίωση της γνώσης.

Όταν οι άνθρωποι μπορούν να αμφισβητούν τις κυρίαρχες απόψεις και να εξετάζουν εναλλακτικές προσεγγίσεις, η Κοινωνία ωφελείται από μια ποικιλία σκέψεων που μπορούν να οδηγήσουν σε καινοτομίες και βελτιώσεις σε πολλούς τομείς, από την επιστήμη και την τέχνη μέχρι την πολιτική και την οικονομία.

Επιπλέον, η ελευθερία έκφρασης είναι απαραίτητη για την προώθηση της Διαφάνειας και της Λογοδοσίας.

Όταν οι πολίτες έχουν τη δυνατότητα να επικρίνουν την Κυβέρνηση και τους θεσμούς χωρίς φόβο καταδίκης ή εκδίκησης, δημιουργείται μια δυναμική όπου οι εξουσίες ελέγχονται και λογοδοτούν, συμβάλλοντας με αυτόν τον τρόπο, στη δημιουργία πιο δίκαιων και διαφανών διαδικασιών Διακυβέρνησης.

Η Ελευθερία Έκφρασης, προάγει επίσης την Κοινωνική Συνοχή και την ανθεκτικότητα.

Όταν οι άνθρωποι αισθάνονται ότι μπορούν να εκφραστούν ελεύθερα και ότι οι απόψεις τους λαμβάνονται υπόψη, ενισχύεται η αίσθηση της συμμετοχής και της ένταξης στην Κοινωνία. Αυτό μειώνει τις εντάσεις και τις συγκρούσεις, καθώς οι διαφορές μπορούν να εκφράζονται και να συζητούνται ανοιχτά και ειρηνικά.

Η προστασία της ελευθερίας έκφρασης είναι απαραίτητη για την προάσπιση των ανθρωπίνων δικαιωμάτων. Όταν οι άνθρωποι μπορούν να μιλούν ελεύθερα, μπορούν επίσης να υπερασπίζονται τα δικαιώματά τους και να αγωνίζονται για την ισότητα και τη Δικαιοσύνη. Η Ελευθερία Έκφρασης είναι επομένως κεντρική για την ανάπτυξη και την προστασία όλων των Δικαιωμάτων σε μια δημοκρατική Κοινωνία.

Πολυμορφία Ιδεών

Μια Ανοικτή Κοινωνία, επιδιώκει και προωθεί την ύπαρξη πολλαπλών ιδεών και απόψεων. Η ποικιλία αυτή οδηγεί σε ενεργές συζητήσεις και διαλόγους, καθώς και στην ανάπτυξη πιο πλούσιων και περιεκτικών ιδεών.

Η πολυμορφία των ιδεών είναι βασική για τη δυναμική και τη βιωσιμότητα μιας Ανοικτής Κοινωνίας.

Όταν επιτρέπεται και ενθαρρύνεται η έκφραση διαφορετικών απόψεων και προσεγγίσεων, δημιουργείται ένα περιβάλλον όπου οι ιδέες μπορούν να συγκρούονται, να εξετάζονται κριτικά και να εξελίσσονται. Ο ενεργός διάλογος ενισχύει τη συλλογική νοημοσύνη και προάγει την καινοτομία.

Η ύπαρξη πολλαπλών ιδεών και απόψεων, συμβάλλει επίσης στην ανθεκτικότητα της Κοινωνίας. Σε έναν κόσμο που αλλάζει διαρκώς και αντιμετωπίζει ποικίλες προκλήσεις, η ικανότητα να προσαρμοζόμαστε και να βρίσκουμε νέες λύσεις είναι ζωτικής σημασίας.

Η ποικιλία ιδεών, παρέχει μια ευρεία βάση από την οποία μπορούμε να αντλήσουμε για να αντιμετωπίσουμε νέα προβλήματα και να αναπτύξουμε δημιουργικές και αποτελεσματικές λύσεις.

Επιπλέον, η προώθηση της πολυμορφίας των ιδεών ενισχύει τη δημοκρατική συμμετοχή. Όταν οι άνθρωποι αισθάνονται ότι οι απόψεις τους ακούγονται και ότι έχουν τη δυνατότητα να συμβάλλουν στον δημόσιο διάλογο, είναι πιο πιθανό να συμμετέχουν ενεργά στην κοινωνική και πολιτική ζωή. Αυτό οδηγεί σε μια ζωντανότερη και πιο συμμετοχική Δημοκρατία, όπου οι αποφάσεις λαμβάνονται με γνώμονα τις ανάγκες και τις προτιμήσεις μιας ευρύτερης βάσης πολιτών.

Ελεύθερη Πρόσβαση στη Πληροφορία

Σε μια Ανοικτή Κοινωνία, η πληροφορία είναι ελεύθερα προσβάσιμη και διαθέσιμη για όλους. Αυτό ενισχύει την ικανότητα των ανθρώπων να ερευνούν νέες ιδέες και να αμφισβητούν τα υπάρχοντα πρότυπα.

Η ελεύθερη πρόσβαση στην πληροφορία, είναι ζωτικής σημασίας για τη λειτουργία μιας Ανοικτής και Δημοκρατικής Κοινωνίας. Όταν η πληροφορία είναι διαθέσιμη σε όλους, δημιουργείται ένα διαφανές περιβάλλον όπου οι πολίτες μπορούν να ενημερώνονται, να μορφώνονται και να συμμετέχουν ενεργά στον δημόσιο διάλογο.

Η πρόσβαση στην πληροφορία, επιτρέπει στους ανθρώπους να ερευνούν νέες ιδέες και να διευρύνουν τους ορίζοντές τους. Αυτό είναι ιδιαίτερα σημαντικό σε μια Κοινωνία που προάγει την κριτική σκέψη και την καινοτομία.

Η δυνατότητα να αναζητούν και να βρίσκουν πληροφορίες από διάφορες πηγές, ενισχύει την ικανότητα των πολιτών να αμφισβητούν τα κατεστημένα πρότυπα και να συμβάλλουν στη δημιουργία νέων, πιο προηγμένων και δίκαιων προσεγγίσεων.

Επιπλέον, η ελεύθερη πρόσβαση στην πληροφορία ενισχύει τη Διαφάνεια και τη Λογοδοσία των Κυβερνήσεων και των Οργανισμών. Όταν οι πολίτες έχουν τη δυνατότητα να ελέγχουν και να αξιολογούν τις δράσεις και τις αποφάσεις των ηγετών τους, αυξάνεται η εμπιστοσύνη στη Δημόσια Διοίκηση και μειώνεται η διαφθορά.

Η Διαφάνεια αυτή, είναι απαραίτητη για την υγιή λειτουργία της Δημοκρατίας και την προστασία των Δικαιωμάτων των πολιτών.

Η ελεύθερη πρόσβαση στην πληροφορία συμβάλλει επίσης στην Κοινωνική Ισότητα.

Όταν όλοι έχουν τη δυνατότητα να αποκτούν γνώσεις και να ενημερώνονται, μειώνονται οι ανισότητες στην εκπαίδευση και την εργασία. Η πληροφορία, γίνεται ένας δημοκρατικός πόρος που μπορεί να χρησιμοποιηθεί από όλους για την προσωπική και επαγγελματική τους ανάπτυξη.

Τέλος, η ελεύθερη πρόσβαση στην πληροφορία, προάγει επίσης, την πολιτιστική καινοτομία και τη δημιουργικότητα. Οι καλλιτέχνες, οι επιστήμονες και οι δημιουργοί όλων των ειδών, μπορούν να αντλήσουν έμπνευση από ένα ευρύ φάσμα ιδεών και πληροφοριών, δημιουργώντας νέα έργα και καινοτομίες που εμπλουτίζουν την Κοινωνία.

Αυτός ο πλούτος ιδεών και γνώσεων συμβάλλει στη συνεχή πρόοδο και την ευημερία της Κοινωνίας.

Κοινωνική Ανοχή

Μια Ανοικτή Κοινωνία, ενθαρρύνει την ανοχή προς τις διαφορετικές απόψεις και πεποιθήσεις. Δημιουργεί ένα κλίμα, όπου οι άνθρωποι αισθάνονται άνετα να εκφράζουν τις ιδέες τους χωρίς να φοβούνται την κοινωνική απαξία.

Η Ανοικτή Κοινωνία παρέχει ένα πλούσιο και δυναμικό περιβάλλον όπου η κριτική σκέψη, η Ελευθερία του Λόγου και η Καινοτομία ανθούν και ενθαρρύνονται.

Σε αυτό το περιβάλλον, οι πολίτες ενθαρρύνονται να σκέφτονται κριτικά, να αναζητούν την αλήθεια και να προτείνουν νέες ιδέες.

Η ανοιχτή ανταλλαγή απόψεων και η συμμετοχή στον διάλογο ενισχύουν τη συλλογική νοημοσύνη και συμβάλλουν στην κοινωνική πρόοδο και την ευημερία. Η ανοχή και η προώθηση της ποικιλομορφίας των ιδεών είναι καίριας σημασίας για την ανάπτυξη μιας υγιούς και καινοτόμου Κοινωνίας, που αντιμετωπίζει με επιτυχία τις προκλήσεις του μέλλοντος.

ΠΟΛΙΤΙΚΗ ΣΥΜΜΕΤΟΧΗ
ΚΑΙ ΔΗΜΟΚΡΑΤΙΑ

Η Πολιτική Συμμετοχή και η Δημοκρατία, αποτελούν δύο Βασικές Αρχές που διαμορφώνουν τον τρόπο λειτουργίας και την οργάνωση μιας Κοινωνίας.

Ποια είναι όμως, η Αξία και η σημασία τους;

ΠΟΛΙΤΙΚΗ ΣΥΜΜΕΤΟΧΗ

Η Πολιτική Συμμετοχή αναφέρεται στη συμμετοχή των πολιτών στην πολιτική διαδικασία και τη λήψη αποφάσεων σχετικά με τη Διακυβέρνησης της Κοινωνίας.

Η συμμετοχή, μπορεί να εκφράζεται μέσω της ψήφου σε εκλογές, της συμμετοχής σε πολιτικά κόμματα ή οργανώσεις, της συμμετοχής σε διαδηλώσεις ή ακόμα και μέσω της δημιουργίας πολιτικών ομάδων ή κινημάτων (Lobby).

Η Πολιτική Συμμετοχή είναι ουσιώδης για τη Δημοκρατία, καθώς επιτρέπει στους πολίτες να έχουν φωνή στις αποφάσεις που επηρεάζουν τις ζωές τους και την Κοινωνία τους.

Επιπλέον, η Πολιτική Συμμετοχή ενισχύει την αίσθηση της κοινωνικής ευθύνης ενδυναμώνοντας και συσπειρώνοντας την κοινωνική συνεκτικότητα.

Στην Πολιτική Συμμετοχή, έχουμε:

Διαμόρφωση των Αποφάσεων

Η συμμετοχή των πολιτών στην πολιτική διαδικασία εξασφαλίζει ότι οι αποφάσεις λαμβάνονται με βάση τις ανάγκες και τις απόψεις του Λαού. Οι πολίτες που συμμετέχουν ενεργά, έχουν τη δυνατότητα να επηρεάσουν τη διαμόρφωση πολιτικών ενεργειών, να εκφράσουν τις ανησυχίες τους και να συμβάλλουν στη διαμόρφωση ενός καλύτερου μέλλοντος.

Μέσα από διαδικασίες όπως οι εκλογές, τα δημοψηφίσματα και οι δημόσιες διαβουλεύσεις, οι πολίτες μπορούν να διατυπώνουν τις προτιμήσεις τους και να διασφαλίζουν ότι οι πολιτικές αποφάσεις είναι αντιπροσωπευτικές και δίκαιες.

Δημιουργία Νομιμότητας

Η συμμετοχή στην πολιτική διαδικασία ενισχύει την αίσθηση της Νομιμότητας των πολιτικών αποφάσεων. Όταν οι πολίτες εμπλέκονται ενεργά στη λήψη των αποφάσεων, αυτές οι αποφάσεις, αντικατοπτρίζουν καλύτερα τις Αξίες και τις ανάγκες της Κοινωνίας.

Η Νομιμότητα των αποφάσεων εξαρτάται από την εμπιστοσύνη των πολιτών στους θεσμούς και την αίσθηση ότι οι απόψεις τους λαμβάνονται υπόψιν.

Η ενεργή συμμετοχή συμβάλλει στη δημιουργία αυτής της εμπιστοσύνης και ενισχύει τη δέσμευση των πολιτών προς τη Δημοκρατία.

Ενίσχυση της Δημοκρατίας

Η Πολιτική Συμμετοχή, είναι ουσιώδης για τη λειτουργία της Δημοκρατίας.

Οι πολίτες που συμμετέχουν, αισθάνονται ενσωματωμένοι στη διαδικασία της λήψης αποφάσεων και αισθάνονται μεγαλύτερη ευθύνη για την πορεία της Κοινωνίας τους.

Η Συμμετοχή, ενισχύει τη Δημοκρατία, καθιστώντας την πιο ζωντανή και πιο ανθεκτική στις προκλήσεις.

Η ενεργή συμμετοχή των πολιτών, προωθεί την ανάπτυξη μιας ισχυρής και ενημερωμένης Κοινωνίας, όπου οι πολίτες είναι ενήμεροι για τα πολιτικά θέματα, αλληλεπιδρούν με τους εκλεγμένους αντιπροσώπους τους και προάγουν τη Διαφάνεια και την υπευθυνότητα στη Διακυβέρνηση.

Η συμμετοχή των πολιτών στη λήψη αποφάσεων, στη δημιουρ-
γία νομιμότητας και στην ενίσχυση της Δημοκρατίας είναι θεμε-
λιώδη στοιχεία για τη διαμόρφωση μιας υγιούς και λειτουργικής
Δημοκρατικής Κοινωνίας.

Με τη συμμετοχή τους, οι πολίτες, συμβάλλουν στην οικο-δό-
μηση μιας Δίκαιης, Ισχυρής και Ανθεκτικής Δημοκρατίας, που
ανταποκρίνεται στις ανάγκες και τις φιλοδοξίες όλων των μελών
της Κοινωνίας.

ΔΗΜΟΚΡΑΤΙΑ

Η Δημοκρατία, είναι ως γνωστών, ένα πολιτικό σύστημα όπου η
Εξουσία, προέρχεται και ασκείται από τον Λαό, είτε Άμεσα, είτε
μέσω Αντιπροσώπων.

Στη Δημοκρατία, οι πολίτες έχουν το δικαίωμα να συμμετέχουν
στη λήψη, όλων των Αποφάσεων που επηρεάζουν τη ζωή τους,
είτε με τη ψήφο τους, είτε με άλλους τρόπους.

Για να πούμε πως έχουμε πλήρη εφαρμογή της Δημοκρατίας, σε
κάθε περίπτωση, θα πρέπει να πληρούνται στο σύνολό τους, οι
ακόλουθες περιπτώσεις:

Λαϊκή Κυριαρχία

Θεμέλιο του Δημοκρατικού Πολιτεύματος, είναι η Λαϊκή Κυριαρ-
χία και όλες οι Εξουσίες της, πηγάζουν από τον Λαό, Υπέρ του
Λαού και του Έθνους.

Αυτή η Αρχή, διασφαλίζει ότι οι πολίτες έχουν τον έλεγχο της Κυβέρνησης και των Αποφάσεων που λαμβάνονται για την Κοινωνία.

Η έκφραση της Λαϊκής Κυριαρχίας, μέσω των εκλογών ή των δημοψηφισμάτων, ως γνήσια αποτύπωση της έκφρασης της θέλησης των πολιτών να επιλέγουν τους αντιπροσώπους τους, καθιστά, αυτή καθ' αυτή την Αρχή της Λαϊκής Κυριαρχίας, ως τη Κύρια, Βασική και αναντικατάστατη προϋπόθεση για δράση προς προάσπισή της με κάθε πρόσφορο σύννομο μέσο, καθώς μέσω αυτής της πρακτικής, μετουσιώνεται με απτές πράξεις, η Άμεση Δημοκρατία.

Ισότητα

Όλοι οι πολίτες έχουν Ίσα Δικαιώματα, Υποχρεώσεις και Ίσες Ευκαιρίες να συμμετέχουν στην πολιτική ζωή.

Η Αρχή της Ισότητας, διασφαλίζει ότι δεν υπάρχουν διακρίσεις με βάση το φύλο, τη φυλή, τη θρησκεία, τον σεξουαλικό προσανατολισμό ή οποιοδήποτε άλλο χαρακτηριστικό.

Οι πολίτες, στο σύνολό τους, πρέπει να έχουν τη δυνατότητα να συμμετέχουν ενεργά στη δημόσια ζωή και να επωφελούνται από τις ευκαιρίες που προσφέρει η Κοινωνία.

Ελευθερία του Λόγου και της Έκφρασης

Οι πολίτες, μπορούν να εκφράζουν ελεύθερα τις απόψεις τους και να διαμαρτύρονται.

Η Ελευθερία του Λόγου και της Έκφρασης είναι Θεμελιώδη Δικαιώματα σε μια Δημοκρατία, επιτρέποντας στους πολίτες να συμμετέχουν στον Δημόσιο διάλογο, να ασκούν κριτική στην Κυβέρνηση και να προωθούν τις ιδέες τους χωρίς φόβο ή λογοκρισία.

Δικαιοσύνη και Νόμος

Ο Νόμος, ως ένα Σύστημα Αρχών, θεσπίζεται από τις αρμόδιες Αρχές, όπως το Κράτος, ή οι Διεθνείς Οργανισμοί, με σκοπό τη ρύθμιση της Κοινωνικής συμπεριφοράς και την προαγωγή της Δικαιοσύνης.

Οι Νόμοι ισχύουν εξίσου για όλους και προστατεύουν τα δικαιώματα των πολιτών.

Το Κράτος Δικαίου, είναι μια βασική Αρχή που εξασφαλίζει ότι κανείς δεν είναι υπεράνω του Νόμου και ότι η Δικαιοσύνη εφαρμόζεται χωρίς διακρίσεις.

Η Δικαιοσύνη και η αμεροληψία των Νόμων διασφαλίζουν την προστασία των Ατομικών Δικαιωμάτων και την Κοινωνική Συνοχή, προάγοντας μια Δίκαιη και Ευνομούμενη Κοινωνία.

Αυτές οι βασικές Αρχές, αποτελούν τον Θεμέλιο Λίθο μιας Δημοκρατικής Κοινωνίας, όπου η Ελευθερία, η Ισότητα και η Δικαιοσύνη είναι κεντρικές Αξίες που καθοδηγούν τη λειτουργία του Κράτους και την Κοινωνική ζωή.

Η Δημοκρατία, μέσω της Λαϊκής Κυριαρχίας, της Ισότητας, της Ελευθερίας του Λόγου και της Δικαιοσύνης, προσφέρει το πλαίσιο για την ενεργή συμμετοχή των πολιτών και την προάσπιση των Δικαιωμάτων τους.

Λογοδοσία

Η έννοια της Λογοδοσίας, κατέχει κεντρική θέση στη σύγχρονη δημοκρατική Διακυβέρνηση και αποτελεί Θεμελιώδη Αρχή για τη διασφάλιση της Διαφάνειας και της αποτελεσματικότητας των πολιτικών διαδικασιών.

Οι εκλεγμένοι εκπρόσωποι, φέρουν την ευθύνη για τις πράξεις και τις αποφάσεις τους και οφείλουν να λογοδοτούν ενώπιον του Λαού, από τον οποίο αντλούν τη νομιμοποίηση της εξουσίας τους.

Η Λογοδοσία των εκλεγμένων εκπροσώπων, συνιστά ένα πολύπλευρο και πολυδιάστατο φαινόμενο.

Πρωτίστως, αφορά την πολιτική διάσταση, όπου οι εκπρόσωποι είναι υποχρεωμένοι να ενημερώνουν τους πολίτες για τις ενέργειές τους και να εξηγούν τις αποφάσεις τους.

Αυτό, επιτυγχάνεται μέσω διαφόρων μηχανισμών, όπως οι δημόσιες συνεδριάσεις των Κοινοβουλίων, οι εκθέσεις πεπραγμένων, οι δημόσιες συζητήσεις και οι συνεδριάσεις επιτροπών. Οι πολίτες, έχουν το δικαίωμα να γνωρίζουν τις δράσεις των αντιπροσώπων τους και να εκφράζουν τις απόψεις και τις ανησυχίες τους.

Επιπλέον, η Λογοδοσία, περιλαμβάνει και τη νομική διάσταση.

Οι εκλεγμένοι εκπρόσωποι, είναι υπόλογοι ενώπιον του Νόμου και μπορούν να αντιμετωπίσουν νομικές συνέπειες για τυχόν παραβάσεις ή αδικήματα που διαπράττουν κατά την άσκηση των καθηκόντων τους.

Τα Δικαστικά συστήματα και οι Ανεξάρτητες Αρχές, όπως οι επιτροπές δεοντολογίας, διαδραματίζουν κρίσιμο ρόλο στην επιβολή της Λογοδοσίας. Οι διαδικασίες αυτές διασφαλίζουν ότι κανείς δεν είναι υπεράνω του Νόμου και ότι οι εκπρόσωποι, λειτουργούν με ακεραιότητα και υπευθυνότητα.

Η οικονομική διάσταση της Λογοδοσίας, αναφέρεται στη διαχείριση των δημόσιων πόρων. Οι εκλεγμένοι εκπρόσωποι διαχειρίζονται το δημόσιο χρήμα και είναι υπεύθυνοι για τη δίκαιη και αποτελεσματική χρήση του.

Η δημοσιονομική Διαφάνεια, οι ανεξάρτητοι έλεγχοι και οι διαδικασίες Λογοδοσίας είναι απαραίτητες για την πρόληψη της διαφθοράς και την προώθηση της χρηστής Διακυβέρνησης.

Οι πολίτες, έχουν το δικαίωμα να γνωρίζουν πώς χρησιμοποιού-
νται οι φόροι τους και να απαιτούν υπευθυνότητα από τους δια-
χειριστές των δημοσίων πόρων.

Η Λογοδοσία δεν περιορίζεται μόνο στις πράξεις των εκλεγμέ-
νων εκπροσώπων, αλλά επεκτείνεται και στις αποφάσεις και τις
πολιτικές που αυτοί προωθούν. Οι πολιτικές αυτές πρέπει να εί-
ναι σύμφωνες με τις ανάγκες και τις προσδοκίες των πολιτών και
να εξυπηρετούν το δημόσιο συμφέρον.

Οι εκλογικές διαδικασίες αποτελούν έναν από τους βασικότε-
ρους μηχανισμούς Λογοδοσίας, καθώς μέσω των εκλογών, οι
πολίτες έχουν τη δυνατότητα να επιβραβεύουν ή να τιμωρούν
τους εκπροσώπους τους, αναλόγως των πεπραγμένων τους.

Η Λογοδοσία, ωστόσο, απαιτεί ενεργούς και ενημερωμένους
πολίτες. Η συμμετοχή των πολιτών στις δημοκρατικές διαδικα-
σίες, η ενημέρωση και η κριτική σκέψη αποτελούν προϋποθέ-
σεις για την αποτελεσματική λειτουργία της Λογοδοσίας. Μόνο
μέσα από την ενεργή συμμετοχή και τον έλεγχο των πολιτών
μπορούν να διασφαλιστούν η Διαφάνεια και η υπευθυνότητα
των εκπροσώπων τους.

Αναφέροντας επιγραμματικά, τα είδη των Ελευθεριών μέσα στη
Δημοκρατία, θα μπορούσαμε να πούμε πως αυτά, συνοψίζονται
στα εξής:

Ελευθερία Έκφρασης

Η Ελευθερία της Έκφρασης, επιτρέπει στους πολίτες να εκφράζουν τις απόψεις τους ελεύθερα, χωρίς τον φόβο της καταδίκης ή της καταστολής από το Κράτος ή άλλες Αρχές. Αυτό είναι ένα Θεμελιώδες Δικαίωμα που ενισχύει τον δημόσιο διάλογο και την ανταλλαγή ιδεών στην Κοινωνία.

Ελευθερία Έκφρασης στη Θρησκεία (Ανεξιθρησκεία)

Η Ελευθερία της Θρησκευτικής Πίστης, είναι Απαραβίαστη Συνταγματικά Ελευθερία, η οποία επιτρέπει στους πολίτες, να ασκούν τη Θρησκεία τους ελεύθερα ή να μην ασκούν καμία Θρησκεία χωρίς παρεμβολή του Κράτους. Αυτή η Ελευθερία, είναι κρίσιμη για τη διατήρηση της πολιτιστικής ποικιλομορφίας και του πλουραλισμού.

Ελευθερία Τύπου

Η Ελευθερία του Τύπου εξασφαλίζει την ανεμπόδιστη λειτουργία των Μέσων Ενημέρωσης και τη δυνατότητα της δημοσιογραφίας να ασκεί τον ρόλο της ως θεματοφύλακα της Δημόσιας Ενημέρωσης και Επικριτής της Εξουσίας.

Η Ελευθερία της Συνείδησης

Η Ελευθερία της Συνείδησης, είναι το Δικαίωμα των ατόμων να έχουν τις δικές τους Πεποιθήσεις, Πιστεύω και Αξίες χωρίς την επιβολή ή τον περιορισμό από οποιαδήποτε Αρχή ή οντότητα, είτε αυτή είναι το Κράτος είτε η Κοινωνία γενικότερα. Αυτό σημαίνει, ότι κάθε άτομο έχει το δικαίωμα να πιστεύει στη θρησκεία της επιλογής του, να έχει πολιτικές πεποιθήσεις ή να ασκεί την ατομική του συνείδηση χωρίς τον φόβο καταδίκης ή διώξεων.

Η Ελευθερία της Συνάθροισης

Η Ελευθερία της Συνάθροισης, είναι η δυνατότητα των ατόμων να συναντιούνται ειρηνικά και να σχηματίζουν ομάδες ή οργανώσεις για να προασπίσουν κοινά συμφέροντα, να εκφράζουν απόψεις ή να ασκούν τα δικαιώματά τους.

Αυτό το Δικαίωμα, περιλαμβάνει την ίδρυση πολιτικών κομμάτων, τον σχηματισμό κοινωνικών οργανώσεων, τη διοργάνωση διαμαρτυριών και πορειών, καθώς και άλλες μορφές δημόσιας συγκέντρωσης.

Η Ελευθερία της Δράσης και του Συνεταιρίζεσθε

Η Ελευθερία της Δράσης και του Συνεταιρίζεσθε, αφορά τη δυνατότητα των ατόμων και των οργανώσεων να ενώνονται μεταξύ τους για την υποστήριξη ή την προώθηση συγκεκριμένων πολιτικών απόψεων ή στόχων.

Κάτι τέτοιο, μπορεί να περιλαμβάνει τη δημιουργία πολιτικών κομμάτων, ομάδων πίεσης, συνδικάτων ή άλλων οργανώσεων που ασκούν πολιτική επιρροή ή προωθούν πολιτικές αλλαγές στην Κοινωνία.

Αυτή η Ελευθερία, είναι κρίσιμη για τη λειτουργία της Δημοκρατίας και τη διασφάλιση της πολιτικής ποικιλομορφίας και της αντιπαράθεσης ιδεών.

Η έννοια της Ισότητας

Η έννοια της Ισότητας, είναι βαθιά ριζωμένη στις Αρχές της Δημοκρατίας και της Δικαιοσύνης και αποτελεί θεμέλιο για μια Δίκαιη και Ισότιμη Κοινωνία.

Στο ευρύτερο πλαίσιο, η Ισότητα, αφορά την Ισότητα όλων των Ατόμων, ενώπιον του Νόμου (πρωτίστως) και της Κοινωνίας (δευτερευόντως).

Η Ισότητα, αντιπροσωπεύει έναν πυλώνα βασικών Αξιών στην δημιουργία μιας Δίκαιης και Ισότιμης Κοινωνίας.

Στη βάση της, βρίσκεται η Δημοκρατία και η Δικαιοσύνη, οι οποίες συνιστούν την προϋπόθεση για την πραγματοποίησή της.

Η Ισότητα είναι ουσιαστική για τη Δημοκρατία, καθώς εξασφαλίζει ότι όλοι οι πολίτες έχουν ίση πρόσβαση στα δικαιώματα και τις ευκαιρίες για συμμετοχή στην πολιτική διαδικασία.

Ανεξάρτητα από την εθνική, πολιτική, θρησκευτική, ή άλλη ταυτότητα, όλοι οι πολίτες έχουν το δικαίωμα να εκφράζουν τις απόψεις τους, να συμμετέχουν στις δημοκρατικές διαδικασίες λήψης αποφάσεων και να ασκούν την επιρροή τους στις πολιτικές επιλογές της Κοινωνίας.

Επίσης, η Ισότητα αντιπροσωπεύει τη βασική Αρχή της Δικαιοσύνης, διασφαλίζοντας ότι κάθε άνθρωπος έχει ίση μεταχείριση ενώπιον του Νόμου και της Κοινωνίας.

Εν κατακλείδι, η Ισότητα προσφέρει το βασικό Κοινωνικό και Νομικό πλαίσιο για μια Δίκαιη και Ισότιμη Κοινωνία, όπου οι άνθρωποι μπορούν να ζουν με αξιοπρέπεια, να εξελίσσονται στο μέγιστο δυνατό βαθμό και να συμμετέχουν ενεργά στην πολιτική και κοινωνική ζωή της κοινότητάς τους.

Άλλες τρεις σημαντικές έννοιες, αλληλένδετες με την Ισότητα, είναι η Ισονομία, η Ισηγορία και η Ισοπολιτεία.

Η Ισονομία

Αποτελεί έναν Πυλώνα του Δημοκρατικού συστήματος και της Νομικής Αρχής που ορίζει ότι οι Νόμοι, πρέπει να είναι εφαρμοστέοι με τον ίδιο τρόπο σε όλους τους πολίτες, ανεξαρτήτως της Κοινωνικής, Οικονομικής ή Πολιτικής τους θέσης.

Αυτό σημαίνει ότι κανένας πολίτης δεν πρέπει να έχει ειδικά προνόμια ή να υφίσταται διακρίσεις ενώπιον του Νόμου λόγω της κοινωνικής ή οικονομικής του κατάστασης.

Αυτή η Αρχή διασφαλίζει την Ίση Προστασία των Δικαιωμάτων και των Ελευθεριών όλων των ατόμων, ενισχύοντας έτσι τη Δημοκρατία και την ανθρώπινη αξιοπρέπεια. Ανεξάρτητα από την κοινωνική τους θέση, το πολιτικό κύρος ή την οικονομική τους ισχύ, όλοι οι πολίτες πρέπει να υπόκεινται στον ίδιο νόμο και να τυγχάνουν της ίδιας δικαστικής αντιμετώπισης.

Μέσω της Ισονομίας, το Κράτος εκφράζει τη δέσμευσή του στη διασφάλιση της Δικαιοσύνης και της Ισότητας ενώπιον του Νόμου, δημιουργώντας ένα περιβάλλον όπου όλοι οι πολίτες έχουν ίσες ευκαιρίες και δικαιώματα.

Αυτή η πρακτική, αποτελεί το θεμέλιο για μια Δίκαιη και Ισότιμη Κοινωνία, όπου η Αρχή του Κράτους Δικαίου, πρέπει να εφαρμόζεται δίκαια και ομοιόμορφα σε όλους τους πολίτες.

Η Ισηγορία

Ως έννοια, εκφράζει το Δικαίωμα των ατόμων να συμμετέχουν Ελεύθερα και Ισότιμα στις διαδικασίες λήψης αποφάσεων και στη δημόσια συζήτηση, ανεξαρτήτως της κοινωνικής ή οικονομικής τους κατάστασης. Αυτό σημαίνει ότι κάθε άτομο έχει το δικαίωμα να εκφράζει τις απόψεις του ελεύθερα, να έχει πρόσβαση σε πληροφορίες, να συμμετέχει σε πολιτικές διαδικασίες και να επηρεάζει τις αποφάσεις που τους αφορούν.

Αυτή η Αρχή είναι κρίσιμη για τη λειτουργία της Δημοκρατίας και τη διατήρηση μιας ενεργού και ενημερωμένης πολιτικής συμμετοχής.

Μέσω της Ισηγορίας, οι πολίτες μπορούν να ασκούν τα δικαιώματά τους για να εκφράζουν τις απόψεις τους, να ενημερώνονται για τις διαδικασίες και τα θέματα που τους αφορούν, και να συμμετέχουν στις αποφάσεις που λαμβάνονται σε επίπεδο κοινότητας, περιφέρειας ή κράτους.

Η Ισηγορία επίσης, ενισχύει τη Διαφάνεια και την ευθύνη των κυβερνήσεων και των άλλων δημόσιων οργάνων, καθώς διασφαλίζει, ότι οι αποφάσεις λαμβάνονται με βάση την ευρεία δημόσια συζήτηση και τη συμμετοχή των πολιτών.

Μέσω αυτής της Αρχής, η Κοινωνία εξασφαλίζει την ανάπτυξη της συμμετοχικής και δημοκρατικής πολιτικής κουλτούρας, όπου οι φωνές όλων των πολιτών έχουν αξία και σημασία.

Η Ισοπολιτεία

Επιδιώκει να διασφαλίσει ότι όλες οι φωνές έχουν ίση αξία και επιρροή στη διαμόρφωση των δημόσιων πολιτικών και στη λήψη αποφάσεων που επηρεάζουν τη ζωή των πολιτών, σημαίνοντας παράλληλα, ότι όλοι οι πολίτες έχουν το δικαίωμα να συμμετέχουν ελεύθερα στις πολιτικές διαδικασίες, να εκφράζουν τις απόψεις τους και να επηρεάζουν τις αποφάσεις που λαμβάνονται από τις Κυβερνήσεις και τις Δημόσιες Αρχές.

Μια ουσιαστική πτυχή της Ισοπολιτείας, είναι η δημιουργία μηχανισμών που ενθαρρύνουν την ευρεία συμμετοχή των πολιτών στις πολιτικές διαδικασίες, όπως οι εκλογές, οι δημόσιες συζητήσεις, οι δημόσιες ακροάσεις και οι δημοψηφίσματα.

Η Διαφάνεια και η δημόσια ενημέρωση, είναι επίσης σημαντικές για τη διασφάλιση ότι οι πολίτες έχουν πρόσβαση σε πληροφορίες και διαδικασίες λήψης αποφάσεων.

Συνολικά, η Ισοπολιτεία αποτελεί έναν σημαντικό πυλώνα της Δημοκρατίας, διασφαλίζοντας ότι η εξουσία προέρχεται από το Λαό και αντικατοπτρίζει τις ανάγκες, τις αξίες και τις προτεραιότητές του. Η Ισοπολιτεία ενισχύει την ευρύτητα και την ανεκτικότητα του πολιτικού συστήματος.

Η Ανεκτικότητα, αποτελεί μια βασική Αρχή της Δημοκρατίας και της κοινωνικής οργάνωσης, που υποδηλώνει τη διαθεσιμότητα και την προθυμία να συμπεριλάβει και να ακούσει όλες τις φωνές, από διαφορετικές πηγές και με διαφορετικές απόψεις, στην πολιτική και κοινωνική συζήτηση.

Η Ανεκτικότητα, εκφράζεται μέσω πολλών διαφορετικών πτυχών της κοινωνικής και πολιτικής ζωής, συμπεριλαμβανομένης της Διαφάνειας των δημοσίων διαδικασιών, της ελεύθερης ροής πληροφοριών και ιδεών, και της ευκαιρίας για όλους τους πολίτες να συμμετέχουν ενεργά στην πολιτική διαδικασία.

Μέσα από την ανεκτικότητα, οι πολίτες έχουν τη δυνατότητα να εκφράζουν τις απόψεις τους, να παρέχουν ανάδραση στις αποφάσεις των κυβερνήσεων και των δημόσιων αρχών, και να επηρεάζουν την πολιτική και κοινωνική κατεύθυνση της κοινότητάς τους.

Συνολικά, η ανεκτικότητα διαδραματίζει κρίσιμο ρόλο στην ενίσχυση της δημοκρατικής νοοτροπίας, την ανάπτυξη της κοινωνικής εμπιστοσύνης και την προαγωγή της Διαφάνειας και της Δικαιοσύνης στην Κοινωνία.

Μέσω αυτής της Αρχής, οι κοινότητες διαμορφώνουν ένα περιβάλλον που ενθαρρύνει τη συνεργασία, τον διάλογο και την εξέλιξη προς μια πιο Δίκαιη και Ισότιμη Κοινωνία.

Στη Δημοκρατία, σημαντικότατες είναι επίσης και οι έννοιες της Διαφάνειας, της Λογοδοσίας και της Προστασίας των Μειονοτήτων.

Η Διαφάνεια αναφέρεται στην Αρχή της Ανοικτής και Διαφανούς λειτουργίας των οργανισμών, θεσμών ή διαδικασιών, καθώς και στην πρόσβαση σε πληροφορίες και τη δυνατότητα λήψης Διαφανών αποφάσεων από τους αρμόδιους φορείς.

ΑΝΟΙΚΤΗ ΔΙΑΚΥΒΕΡΝΗΣΗ
ΔΙΑΦΑΝΕΙΑ ΤΩΝ ΔΙΟΙΚΗΤΙΚΩΝ ΔΙΑΔΙΚΑΣΙΩΝ

Η Διαφάνεια απαιτεί την ύπαρξη ανοικτών και διαφανών διαδικασιών λήψης αποφάσεων και Διακυβέρνησης. Οι πολίτες έχουν το δικαίωμα να γνωρίζουν ποιος λαμβάνει τις αποφάσεις, πώς λαμβάνονται αυτές οι αποφάσεις και με ποιον τρόπο επηρεάζουν τη ζωή τους και την Κοινωνία γενικότερα.

Αυτό περιλαμβάνει την παροχή πρόσβασης σε δημόσια έγγραφα, πρακτικά συνεδριάσεων και οικονομικές αναφορές.

Η Διαφάνεια δημιουργεί εμπιστοσύνη μεταξύ των πολιτών και των κυβερνώντων, καθώς οι διαδικασίες γίνονται πιο ανοιχτές και ελέγξιμες.

Διαφάνεια στο Δημόσιο Χρηματοοικονομικό

Η Διαφάνεια στο Δημόσιο Χρηματοοικονομικό σύστημα αποτελεί έναν από τους ακρογωνιαίους λίθους της χρηστής Διακυβέρνησης και της δημοκρατικής λειτουργίας ενός κράτους.

Η σημασία της Διαφάνειας αναδεικνύεται μέσα από πολλαπλές διαστάσεις που αφορούν την εμπιστοσύνη των πολιτών, την καταπολέμηση της διαφθοράς, την αποτελεσματική διαχείριση των πόρων και την ενίσχυση της Κοινωνικής Δικαιοσύνης.

Πρωτίστως, όμως, η Διαφάνεια, ενισχύει την εμπιστοσύνη των πολιτών προς τους δημόσιους θεσμούς. Όταν οι κυβερνήσεις και οι δημόσιες υπηρεσίες λειτουργούν με ανοιχτό και διαφανή τρόπο, οι πολίτες μπορούν να έχουν πρόσβαση στις πληροφορίες σχετικά με τη χρήση των Δημόσιων πόρων και τις οικονομικές αποφάσεις που λαμβάνονται.

Αυτή η πρόσβαση στις πληροφορίες επιτρέπει στους πολίτες να αξιολογούν και να ελέγχουν τις ενέργειες των κυβερνώντων, δημιουργώντας ένα περιβάλλον αμοιβαίας εμπιστοσύνης και υπευθυνότητας.

Επιπλέον, η Διαφάνεια στο Δημόσιο Χρηματοοικονομικό σύστημα είναι κρίσιμη για την καταπολέμηση της διαφθοράς.

Όταν οι διαδικασίες και οι αποφάσεις είναι διαφανείς, μειώνονται οι ευκαιρίες για παράνομες ή ανήθικες πρακτικές. Η δημοσιοποίηση των οικονομικών στοιχείων και των διαδικασιών λήψης αποφάσεων λειτουργεί αποτρεπτικά για τους επίδοξους διαφθορείς, ενώ διευκολύνει τον εντοπισμό και την αντιμετώπιση των παρατυπιών.

Οι Ανεξάρτητοι έλεγχοι και οι μηχανισμοί εποπτείας ενισχύουν περαιτέρω την προστασία του Δημοσίου συμφέροντος.

Η αποτελεσματική διαχείριση των δημόσιων πόρων αποτελεί επίσης σημαντικό αποτέλεσμα της διαφάνειας. Όταν οι διαδικασίες είναι ανοιχτές και προσβάσιμες, οι δημόσιοι πόροι κατανέμονται και χρησιμοποιούνται με τρόπο που μεγιστοποιεί την απόδοση και την αξία για την Κοινωνία. Η διαφάνεια επιτρέπει την καλύτερη παρακολούθηση και αξιολόγηση των δημοσίων έργων και δαπανών, διασφαλίζοντας ότι τα χρήματα των φορολογουμένων αξιοποιούνται με τον καλύτερο δυνατό τρόπο.

Τέλος, η διαφάνεια ενισχύει την Κοινωνική Δικαιοσύνη. Όταν οι πολίτες γνωρίζουν πώς διαχειρίζονται οι δημόσιοι πόροι, μπορούν να διεκδικήσουν πιο δίκαιες και ίσες κατανομές αυτών των πόρων.

Η διαφάνεια προάγει την ισότητα και τη Λογοδοσία, δίνοντας φωνή σε όλους τους πολίτες και επιτρέποντάς τους να συμμετέχουν ενεργά στις δημοκρατικές διαδικασίες.

Διαφάνεια στη Δαπάνη Δημοσίων Κεφαλαίων

Η Διαφάνεια σχετικά με τον τρόπο με τον οποίο δαπανούνται τα Δημόσια κεφάλαια είναι ουσιώδης για την αποτελεσματική και υπεύθυνη διαχείριση των πόρων και την αποτροπή της διαφθοράς, μιας και οι πολίτες πρέπει να έχουν πρόσβαση σε σαφείς και λεπτομερείς πληροφορίες για τις δημόσιες δαπάνες, όπως προϋπολογισμούς, δαπάνες, οικονομικές αναφορές και αποτελέσματα έργων.

Δημοσιοποίηση Προϋπολογισμών

Οι κρατικοί προϋπολογισμοί πρέπει να δημοσιοποιούνται και να είναι εύκολα προσβάσιμοι στους πολίτες, περιλαμβάνοντας, την παροχή αναλυτικών στοιχείων για τις προβλεπόμενες δαπάνες και τα έσοδα του κράτους, καθώς και πληροφορίες για την κατανομή των πόρων σε διάφορους τομείς, όπως η υγεία, η εκπαίδευση, οι υποδομές και η κοινωνική πρόνοια.

Έλεγχος και Εποπτεία

Η ύπαρξη Ανεξάρτητων Ελεγκτικών Μηχανισμών, όπως οι Ελεγκτικές Αρχές και τα Ελεγκτικά Συνέδρια, διασφαλίζει την αποτελεσματική παρακολούθηση και έλεγχο της διαχείρισης των δημόσιων πόρων.

Αυτοί οι μηχανισμοί έχουν την αρμοδιότητα να διενεργούν ελέγχους και να υποβάλλουν εκθέσεις για τη χρηστή διαχείριση και τη νομιμότητα των δαπανών.

Διαφάνεια στις Προμήθειες

Οι διαδικασίες προμηθειών και δημόσιων συμβάσεων πρέπει να είναι διαφανείς και να διενεργούνται με ανοιχτό και ανταγωνιστικό τρόπο.

Η δημοσιοποίηση των όρων και των αποτελεσμάτων των διαγωνισμών, καθώς και των συμβάσεων που ανατίθενται, συμβάλλει στην αποτροπή της διαφθοράς και στην ενίσχυση της εμπιστοσύνης των πολιτών προς τις δημόσιες αρχές.

Συμμετοχικός Προϋπολογισμός

Ο Συμμετοχικός Προϋπολογισμός είναι μια διαδικασία μέσω της οποίας οι πολίτες συμμετέχουν άμεσα στη διαμόρφωση και την κατανομή του προϋπολογισμού της τοπικής αυτοδιοίκησης ή του κράτους.

Αυτή η διαδικασία ενισχύει τη Διαφάνεια και δίνει τη δυνατότητα στους πολίτες να εκφράζουν τις ανάγκες και τις προτεραιότητές τους.

Η Διαφάνεια στη διαχείριση των δημόσιων χρηματοοικονομικών είναι κρίσιμη για την εμπιστοσύνη των πολιτών στις δημόσιες αρχές και για την αποτελεσματική λειτουργία του κράτους. Με την προώθηση της Διαφάνειας, αποτρέπονται φαινόμενα διαφθοράς και σπατάλης, ενώ διασφαλίζεται η χρηστή διαχείριση των δημόσιων πόρων.

Συμμετοχή των Πολιτών

Η Ανοικτή Διακυβέρνηση ενθαρρύνει τη συμμετοχή των πολιτών στη διαδικασία λήψης αποφάσεων. Αυτό μπορεί να επιτευχθεί μέσω δημόσιων διαβουλεύσεων, δημοψηφισμάτων, ηλεκτρονικής Διακυβέρνησης και άλλων μορφών συμμετοχικής Δημοκρατίας.

Η ενεργός συμμετοχή των πολιτών διασφαλίζει ότι οι αποφάσεις αντικατοπτρίζουν τις ανάγκες και τις προτιμήσεις της Κοινωνίας και ενισχύει την αίσθηση της συμμετοχικότητας και της ιδιοκτησίας των πολιτών προς τις πολιτικές και τα προγράμματα που υιοθετούνται.

Πρόσβαση σε Πληροφορίες

Η ελεύθερη πρόσβαση στην πληροφορία είναι βασικό στοιχείο της Ανοικτής Διακυβέρνησης. Οι πολίτες πρέπει να έχουν τη δυνατότητα να ενημερώνονται για τις πολιτικές και τις δραστηριότητες της Κυβέρνησης μέσω εύκολα προσβάσιμων και κατανοητών πληροφοριών, ακόμη και με τη χρήση της τεχνολογίας και των ψηφιακών πλατφορμών για την παροχή πληροφοριών σε πραγματικό χρόνο, καθώς και την ενίσχυση της δημόσιας ενημέρωσης και της Διαφάνειας μέσω των Μέσων Μαζικής Ενημέρωσης και άλλων δημόσιων φορέων.

Ανοικτή Συζήτηση και Συμμετοχή

Η Διαφάνεια προάγει την Ανοικτή Συζήτηση και τη συμμετοχή των πολιτών στις πολιτικές διαδικασίες. Όταν οι πολίτες έχουν πρόσβαση σε πληροφορίες και συμμετέχουν σε διαλόγους, μπορούν να εκφράσουν τις απόψεις τους και να επηρεάσουν τις αποφάσεις που λαμβάνονται από τα Θεσμικά Όργανα.

Υπευθυνότητα και Διαφάνεια

Οι Κυβερνητικοί Αξιωματούχοι και οι Δημόσιοι Υπάλληλοι πρέπει να λογοδοτούν για τις πράξεις τους, τις αποφάσεις τους και τις παραλήψεις τους. Αυτό σημαίνει ότι πρέπει να είναι υπεύθυνοι και να εξηγούν τις ενέργειές τους στους πολίτες.

Οι μηχανισμοί Λογοδοσίας, όπως οι ανεξάρτητες επιτροπές ελέγχου, οι Κοινοβουλευτικές Επιτροπές και τα Δικαστήρια, διασφαλίζουν ότι οι κυβερνητικές πράξεις υπόκεινται σε έλεγχο και μπορούν να εξεταστούν και να κριθούν από τους πολίτες.

Η Λογοδοσία, είναι στενά συνδεδεμένη με τη Διαφάνεια και την υπευθυνότητα. Οι Οργανισμοί, μέσω των Υπευθύνων τους, πρέπει να παρέχουν στο κοινό ανοικτές πληροφορίες σχετικά με τις δράσεις και τις αποφάσεις τους, καθώς και να αναλαμβάνουν την ευθύνη για τις ενέργειές τους και τις παραλήψεις τους.

Στο πλαίσιο της Δημόσιας Διακυβέρνησης, η Λογοδοσία είναι ουσιώδης για την εξουσία που ασκείται από τους εκλεγμένους αντιπροσώπους και τους δημόσιους υπαλλήλους.

Οι πολίτες πρέπει να έχουν πρόσβαση σε πληροφορίες σχετικά με τις δράσεις των διακυβερνήσεων και να μπορούν να αξιολογούν την αποτελεσματικότητα και την ενδεδειγμένη χρήση των δημόσιων πόρων.

ΔΗΜΟΣΙΑ ΥΠΗΡΕΣΙΑ ΚΑΙ ΔΗΜΟΣΙΟΣ ΤΟΜΕΑΣ

Στον Δημόσιο τομέα, η Λογοδοσία είναι καίριας σημασίας για τη διασφάλιση της Διαφάνειας, της Διακυβέρνησης και της αποτελεσματικής χρήσης των δημόσιων πόρων.

Οι δημόσιοι υπάλληλοι και οι δημόσιοι φορείς πρέπει να λογοδοτούν για τις ενέργειές τους, τις παραλήψεις τους και τη διαχείριση των Δημόσιων υποθέσεων.

Ουσιαστικά, η Λογοδοσία αποτελεί μορφή «Κοινωνικής Επιταγής» για τη Δημοκρατία, τη Διαφάνεια και την εμπιστοσύνη των πολιτών προς τους φορείς λήψης αποφάσεων και τους οργανισμούς που επηρεάζουν τις ζωές τους.

Η προστασία των Μειονοτήτων αποτελεί, μία ακόμη Αρχή της Δημοκρατίας και αναγνωρίζεται ως σημαντικό μέσο για τη διασφάλιση της Ισότητας, της Δικαιοσύνης και της Κοινωνικής Συνοχής.

Παρακάτω, παραθέτουμε συνοπτικά, μερικές από τις πτυχές της προστασίας των Μειονοτήτων, όπως:

Δικαιώματα και Ελευθερίες

Η Προστασία των Μειονοτήτων περιλαμβάνει τη διασφάλιση των Δικαιωμάτων και των Ελευθεριών τους, συμπεριλαμβανομένου του Δικαιώματος στην Ελεύθερη Έκφραση, την Ελευθερία της Θρησκείας και την Προστασία από διακρίσεις.

Πολιτιστική Διαφορετικότητα

Η προστασία των μειονοτήτων, αναγνωρίζει και προάγει την πολιτιστική ποικιλομορφία και την πολυπολιτισμικότητα μέσω της διατήρησης και της ανάπτυξης των πολιτιστικών ταυτοτήτων των μειονοτήτων.

Πολιτική Συμμετοχή

Η προστασία των μειονοτήτων συμπεριλαμβάνει επίσης τη διασφάλιση της συμμετοχής τους στις πολιτικές διαδικασίες και την αντιπροσώπευσή τους στους φορείς λήψης αποφάσεων.

Προστασία από Διακρίσεις

Ένα σημαντικό μέρος της προστασίας των μειονοτήτων είναι η αντιμετώπιση και η πρόληψη των διακρίσεων, συμπεριλαμβανομένων των διακρίσεων βάσει της εθνοτικής καταγωγής, της φυλής, της θρησκείας, του γένους, της σεξουαλικής ταυτότητας και άλλων χαρακτηριστικών.

Συνολικά, η προστασία των μειονοτήτων είναι κρίσιμη για τη διασφάλιση της Ισότητας και της Δικαιοσύνης στην Κοινωνία. Αποτελεί βασικό στοιχείο της Δημοκρατίας και της πολιτιστικής πολυμορφίας, το οποίο ενισχύει την Κοινωνική Συνοχή και τον σεβασμό προς την ανθρώπινη αξιοπρέπεια.

ΚΕΦΑΛΑΙΟ Γ' : ΟΙΚΟΝΟΜΙΑ ΚΑΙ ΚΟΙΝΩΝΙΚΗ ΔΙΚΑΙΟΣΥΝΗ

Η σχέση μεταξύ Οικονομίας και Κοινωνικής Δικαιοσύνης αποτελεί ένα πολύπλοκο και ευαίσθητο θέμα που αφορά την κατανομή των πόρων και των ευκαιριών στην Κοινωνία.

Η Οικονομία δεν είναι απλώς ένα σύστημα παραγωγής και διανομής αγαθών, αλλά ένας βασικός παράγοντας που προσδιορίζει το βαθμό της Κοινωνικής Δικαιοσύνης σε μια Κοινωνία.

Επομένως, η κατανομή του πλούτου, η πρόσβαση στις ευκαιρίες και η διασφάλιση των Δικαιωμάτων αποτελούν θεμελιώδεις παράγοντες στην προσπάθεια επίτευξης της Κοινωνικής Δικαιοσύνης μέσω της Οικονομίας.

Η Οικονομική Δικαιοσύνη, διασφαλίζει την Ισότητα των Ευκαιριών και την κατανομή του πλούτου με τρόπο που εξυπηρετεί το Κοινό συμφέρον. Από την άλλη πλευρά, η Κοινωνική Δικαιοσύνη επιδιώκει την αντιμετώπιση των ανισοτήτων και τη διασφάλιση της αξιοπρέπειας και των Δικαιωμάτων όλων των μελών της Κοινωνίας. Καθώς η Οικονομία επηρεάζει την κοινωνική δομή και τις σχέσεις εξουσίας, η έννοια της Κοινωνικής Δικαιοσύνης είναι στενά συνδεδεμένη με τον τρόπο με τον οποίο λειτουργεί η Οικονομία.

Σε αυτό το πλαίσιο, η Οικονομία διαδραματίζει έναν κρίσιμο ρόλο στη διαμόρφωση του κοινωνικού τοπίου και της κατανομής του πλούτου. Η ανάπτυξη μιας Οικονομίας που προάγει τη Δικαιοσύνη απαιτεί την ύπαρξη μηχανισμών που εξασφαλίζουν την ισότητα των ευκαιριών, τη Διαφάνεια στη λήψη αποφάσεων και την καταπολέμηση της φτώχειας και των ανισοτήτων.

Επιπλέον, η οικονομική ανάπτυξη πρέπει να είναι βιώσιμη και δίκαιη, λαμβάνοντας υπόψη τις ανάγκες των μελλοντικών γενεών και του περιβάλλοντος.

Στην πραγματικότητα, η σχέση μεταξύ Οικονομίας και Κοινωνικής Δικαιοσύνης είναι πολυπρόσωπη και περιλαμβάνει διάφορους παράγοντες που επιδρούν στην κατανομή των πόρων και των ευκαιριών στην Κοινωνία.

Οι οικονομικές πολιτικές, που σχεδιάζονται και υλοποιούνται από το Κράτος ή άλλους οργανισμούς, καθορίζουν τις συνθήκες παραγωγής, τη φορολογική πολιτική, την πολιτική απασχόλησης και άλλα οικονομικά θέματα που επηρεάζουν την κατανομή του πλούτου στην Κοινωνία.

Ταυτόχρονα, οι νομικοί κανονισμοί που διέπουν το Κοινωνικό-Οικονομικό σύστημα έχουν σημαντική επίδραση στην πρόσβαση στη Δικαιοσύνη, την ισότητα των ευκαιριών και την κοινωνική προστασία.

Επίσης, οι κοινωνικές πρακτικές, όπως οι παραδόσεις, οι αξίες και οι κοινωνικές συνθήκες, διαμορφώνουν το περιβάλλον στο οποίο λειτουργεί η Οικονομία και επηρεάζουν τη διακύμανση των κοινωνικών ανισοτήτων.

Κύριος στόχος όλων αυτών των παραγόντων είναι η δημιουργία ενός κοινωνικού πλαισίου που επιδιώκει την Ισότητα και τη Δικαιοσύνη.

Αυτό σημαίνει, ότι είναι υποχρέωσή τους, όχι μόνο η διασφάλιση ίσων ευκαιριών για όλους τους πολίτες, αλλά και η αντιμετώπιση των ανισοτήτων που προκύπτουν λόγω φύλου, εθνοτικής καταγωγής, κοινωνικής τάξης ή άλλων παραγόντων.

Επιπλέον, η Κοινωνική Δικαιοσύνη συνεπάγεται την ανάπτυξη μηχανισμών, κοινωνικής προστασίας που εξασφαλίζουν την αξιοπρέπεια και τα δικαιώματα όλων των μελών της Κοινωνίας.

Η ΙΣΟΤΗΤΑ ΤΩΝ ΕΥΚΑΙΡΙΩΝ

Η Ισότητα των Ευκαιριών, είναι η Υψηλή Ιδέα, ότι όλοι οι άνθρωποι πρέπει να έχουν ίσες δυνατότητες πρόσβασης σε βασικούς πόρους, υπηρεσίες και ευκαιρίες που τους επιτρέπουν να επιτύχουν τους στόχους τους και να αναπτύξουν το δυναμικό τους.

Αναλύοντας αυτήν την έννοια, μπορούμε να εστιάσουμε σε διάφορες διαστάσεις της:

Πρόσβαση στην Εκπαίδευση

Η εκπαίδευση αποτελεί το θεμέλιο για τη δημιουργία ίσων ευκαιριών. Όλα τα άτομα πρέπει να έχουν πρόσβαση σε ποιοτική εκπαίδευση, ανεξάρτητα από την οικονομική τους κατάσταση ή άλλες κοινωνικές διακρίσεις.

Η πρόσβαση στην εκπαίδευση αποτελεί έναν κρίσιμο παράγοντα για τη δημιουργία ισότιμων ευκαιριών στην Κοινωνία.

Η εκπαίδευση προσφέρει τις απαραίτητες γνώσεις, δεξιότητες και δυνατότητες που επιτρέπουν στα άτομα να αναπτύξουν το δυναμικό τους και να συμβάλουν ενεργά στην Κοινωνία.

Αναλύοντας την πρόσβαση στην εκπαίδευση, μπορούμε να εξετάσουμε τα εξής στοιχεία:

Όλοι οι μαθητές πρέπει να έχουν Ίση πρόσβαση σε Ποιοτική εκπαίδευση. Αυτό σημαίνει, Δωρεάν παροχή βασικής εκπαίδευσης και Υποστήριξη των μαθητών που προέρχονται από μειονεκτούσες κοινωνικές ομάδες.

Εξασφάλιση ότι κανένα παιδί δεν υφίσταται διακρίσεις λόγω, Οικονομικής κατάστασης, Φυλετικής ή Εθνικής καταγωγής, Φύλου, Θρησκείας, ή Άλλων κοινωνικών ή πολιτιστικών χαρακτηριστικών.

Τα σχολεία θα πρέπει να διαθέτουν κατάλληλες υποδομές και επαρκείς πόρους, όπως, Κατάλληλα εκπαιδευτικά υλικά, Εκπαιδευμένους δασκάλους, Ασφαλή και υγιή περιβάλλοντα μάθησης.

Ειδική μέριμνα για την υποστήριξη ευπαθών ομάδων μαθητών, όπως, Μαθητές με ειδικές εκπαιδευτικές ανάγκες, Παιδιά από μεταναστευτικές οικογένειες, Παιδιά που ζουν σε φτωχές ή απομακρυσμένες περιοχές.

Η βασική εκπαίδευση είναι απαραίτητη για την ανάπτυξη βασικών δεξιοτήτων όπως, η Ανάγνωση και η γραφή, οι Μαθηματικές δεξιότητες και η Κριτική σκέψη.

Η Εκπαίδευση συμβάλλει στην Κοινωνική και Οικονομική ανάπτυξη μέσω, της μείωσης της φτώχειας, της ενίσχυσης της παραγωγικότητας, της προώθησης της Κοινωνικής Συνοχής.

Ποιοτική Εκπαίδευση

Επιπλέον της πρόσβασης, η εκπαίδευση πρέπει να είναι ποιοτική και να παρέχει τις απαραίτητες δεξιότητες και γνώσεις που απαιτούνται για την επιτυχή ένταξη των εκπαιδευομένων, πρωτίστως στην Κοινωνία και δευτερευόντως, στην αγορά εργασίας.

Μέσω της ποιοτικής εκπαίδευσης επιτυγχάνουμε την καλλιέργεια της κριτικής σκέψης και της δημιουργικότητας, στοιχείων που είναι θεμελιώδη για την προσωπική και επαγγελματική ανάπτυξη των ατόμων. Επιπλέον, μια ποιοτική εκπαίδευση προάγει την ανάπτυξη των κοινωνικών και συναισθηματικών δεξιοτήτων, οι οποίες είναι απαραίτητες για την ομαλή και αποτελεσματική συνεργασία σε ομαδικά και πολυπολιτισμικά περιβάλλοντα.

Η Ποιοτική Εκπαίδευση, συμβάλλει επίσης στην ενίσχυση της πολιτικής και κοινωνικής συμμετοχής των πολιτών, προετοιμάζοντάς τους έτσι ώστε, να είναι ενημερωμένα και ενεργά μέλη της Κοινωνίας.

Παρέχοντάς τους τα εφόδια για την κατανόηση και την κριτική ανάλυση των κοινωνικών φαινομένων, η εκπαί-δευση, δημιουργεί και διαμορφώνει Πολίτες με ικανότητα να συμμετέχουν σε Δημοκρατικές διαδικασίες και να συνεισφέρουν στη διαμόρφωση πολιτικών και κοινωνικών εξελίξεων, γεγονός σημαντικό, για την Οικονομική ανάπτυξη και την ευημερία μίας Χώρας.

Διάσπαση Κοινωνικών Ανισοτήτων

Η εκπαίδευση παίζει κρίσιμο ρόλο στη μείωση των κοινωνικών ανισοτήτων, καθώς δίνει σε όλα τα άτομα τη δυνατότητα να αναπτύξουν τις ικανότητές τους και να επιτύχουν τους στόχους τους ανεξαρτήτως του κοινωνικού τους περιβάλλοντος ή των οικονομικών τους πόρων, μέσω μίας εκπαιδευτικής διαδικασίας, που σέβεται και ενσωματώνει τη διαφορετικότητα, προάγοντας την Κοινωνική Συνοχή και μειώνοντας τις κάθε λογής Ανισότητες.

Διασφάλιση Ισότιμης Πρόσβασης

Είναι αναγκαίο, λόγω της φύσης του ζητήματος, να ληφθούν μόνιμα μέτρα για τη διασφάλιση Ισότιμης πρόσβασης στην εκπαίδευση για τα άτομα με ειδικές ανάγκες, τις μειονεκτούσες ομάδες και όσους προέρχονται από απομακρυσμένες περιοχές.

Μια προσέγγιση που στοχεύει στην ισότητα, στην εκπαίδευση, πρέπει να περιλαμβάνει την ανάπτυξη προσαρμοσμένων υποδομών και υλικοτεχνικών πόρων, ώστε να αντιμετωπιστούν οι ειδικές ανάγκες κάθε ομάδας. Για παράδειγμα, οι σχολικές εγκαταστάσεις πρέπει να είναι προσβάσιμες σε άτομα με κινητικές δυσκολίες, ενώ τα εκπαιδευτικά υλικά θα πρέπει να είναι διαθέσιμα σε διάφορες μορφές (π.χ., γραφή Μπράιγ, ακουστικά βιβλία) για να εξυπηρετούν μαθητές με οπτικές ή ακουστικές αναπηρίες.

Επιπλέον, οι εκπαιδευτικοί θα πρέπει να λαμβάνουν κατάλληλη εκπαίδευση και επιμόρφωση για να μπορούν να υποστηρίζουν αποτελεσματικά μαθητές με ειδικές ανάγκες και να υιοθετούν παιδαγωγικές μεθόδους που προάγουν την ένταξη. Η δημιουργία ενός εκπαιδευτικού περιβάλλοντος που σέβεται και ενσωματώνει τη διαφορετικότητα μπορεί να ενισχύσει την αυτοεκτίμηση και την ακαδημαϊκή επιτυχία των μαθητών αυτών.

Για τις μειονεκτούσες ομάδες και όσους προέρχονται από απομακρυσμένες περιοχές, είναι απαραίτητο να διασφαλιστεί η ύπαρξη και λειτουργία σχολείων με κατάλληλες υποδομές και εξοπλισμό.

Παράλληλα, η χρήση της τεχνολογίας μπορεί να προσφέρει σημαντικές λύσεις, όπως η εξ αποστάσεως εκπαίδευση, η οποία μπορεί να γεφυρώσει το χάσμα και να προσφέρει ισότιμη πρόσβαση στη γνώση. Η παροχή υποτροφιών και οικονομικής στήριξης μπορεί επίσης να διευκολύνει την πρόσβαση αυτών των ομάδων στην εκπαίδευση.

Η ενίσχυση των κοινωνικών πολιτικών, που στοχεύουν στην εξάλειψη των εκπαιδευτικών ανισοτήτων πρέπει να συνοδεύεται από μια συνεχή αξιολόγηση και αναθεώρηση των μέτρων που λαμβάνονται, ώστε να διασφαλίζεται η αποτελεσματικότητά τους και η προσαρμογή τους στις μεταβαλλόμενες ανάγκες των εκπαιδευομένων.

Μόνο μέσω της συντονισμένης και διαρκούς προσπάθειας μπορεί να επιτευχθεί η ισότιμη πρόσβαση στην εκπαίδευση για όλους.

Δυνατότητες Συνεχούς Μάθησης

Η εκπαιδευτική διαδικασία, πρέπει να προωθεί τις δυνατότητες συνεχούς μάθησης και εκπαίδευσης όλων των πολιτών, προκειμένου να ανταποκριθούν στις συνεχώς μεταβαλλόμενες απαιτήσεις της αγοράς εργασίας και της Κοινωνίας.

Η σύγχρονη αγορά εργασίας, χαρακτηρίζεται από ταχεία τεχνολογική πρόοδο, παγκοσμιοποίηση και διαρκείς αλλαγές στις

επαγγελματικές ανάγκες, γεγονός που απαιτεί από τους εργαζό-
μενους να ανανεώνουν και να εμπλουτίζουν διαρκώς τις γνώ-
σεις και τις δεξιότητές τους.

Η συνεχής μάθηση, γνωστή και ως δια βίου μάθηση, ενθαρρύνει
τα άτομα να αναλαμβάνουν την ευθύνη της προσωπικής και
επαγγελματικής τους ανάπτυξης καθ' όλη τη διάρκεια της ζωής
τους. Αυτό μπορεί να επιτευχθεί μέσω της παροχής ευκαιριών
για συμμετοχή σε προγράμματα επαγγελματικής κατάρτισης,
σεμινάρια, εργαστήρια, και μαθήματα που καλύπτουν ένα ευρύ
φάσμα θεμάτων. Επιπλέον, η πρόσβαση σε ηλεκτρονικές πλατ-
φόρμες μάθησης και μαζικά ανοικτά διαδικτυακά μαθήματα
(MOOCs) επιτρέπει στους πολίτες να μαθαίνουν με ευελιξία και
να προσαρμόζουν τη μάθησή τους στις προσωπικές και επαγ-
γελματικές τους ανάγκες.

Για να υποστηριχθεί η συνεχής μάθηση, οι εκπαιδευτικοί οργα-
νισμοί και οι επιχειρήσεις πρέπει να συνεργαστούν για την ανά-
πτυξη προγραμμάτων που ανταποκρίνονται στις ανάγκες της
αγοράς εργασίας. Η εκπαίδευση πρέπει να συνδυάζει θεωρητι-
κές γνώσεις με πρακτικές δεξιότητες, ώστε να προετοιμάζει τους
μαθητές για τις απαιτήσεις των σύγχρονων επαγγελμάτων.

Επιπλέον, οι κυβερνήσεις και οι φορείς χάραξης πολιτικής πρέ-
πει να ενθαρρύνουν και να υποστηρίζουν τις επενδύσεις στην
εκπαίδευση και την κατάρτιση, μέσω κινήτρων και επιδοτήσεων
για προγράμματα επαγγελματικής ανάπτυξης.

Επιπροσθέτως, η καλλιέργεια μιας κουλτούρας συνεχούς μάθησης εντός των οργανισμών, μπορεί να ενισχύσει την καινοτομία και την ανταγωνιστικότητα. Οι εργοδότες πρέπει να υποστηρίζουν τη συνεχή εκπαίδευση των υπαλλήλων τους και αυτό, διότι όχι μόνο βελτιώνουν την απόδοση της επιχείρησης, αλλά επίσης συμβάλλουν στην ικανοποίηση και την επαγγελματική ανάπτυξη του εργατικού τους δυναμικού.

Συνολικά, η πρόσβαση στην εκπαίδευση και η Δια βίου Μάθηση, αποτελεί το Θεμέλιο Λίθο για τη δημιουργία Ισότιμων Ευκαιριών στην Κοινωνία και τη μείωση των κοινωνικών ανισοτήτων.

ΙΣΟΤΗΤΑ ΣΤΗΝ ΕΡΓΑΣΙΑ

Οι ευκαιρίες στην εργασία, πρέπει να είναι προσβάσιμες για όλους, με βάση τις ικανότητες και τις δεξιότητες των εργαζομένων, ανεξαρτήτως άλλων χαρακτηριστικών ή προϋποθέσεων.

Η ισότητα στην εργασία, αφορά τη διασφάλιση ίσων ευκαιριών, αμοιβής και μεταχείρισης σε όλους τους εργαζομένους και αποτελεί θεμελιώδη Αρχή των Δημοκρατικών Κοινωνιών και αντικατοπτρίζει τις αξίες της Δικαιοσύνης, της Διαφάνειας και της ανθρώπινης αξιοπρέπειας.

Η Ισότητα στην Εργασία περιλαμβάνει τα ακόλουθα στοιχεία:

Ίσες Ευκαιρίες για Όλους

Όλοι οι άνθρωποι πρέπει να έχουν ίσες ευκαιρίες πρόσβασης στην εργασία και την επαγγελματική τους εξέλιξη, ανεξάρτητα από τα όποια χαρακτηριστικά τους.

Η προώθηση της ισότητας στον επαγγελματικό τομέα δεν αποτελεί μόνο Ηθική επιταγή αλλά και βασικό στοιχείο για τη δημιουργία μιας Δίκαιης και Αποδοτικής Κοινωνίας.

Η ίση πρόσβαση στην εργασία και την επαγγελματική εξέλιξη εξασφαλίζει ότι όλοι οι πολίτες μπορούν να αξιοποιήσουν πλήρως τις ικανότητές τους, τα ταλέντα τους και τη δυναμική τους, συνεισφέροντας κατά αυτόν τον τρόπο, ουσιαστικά στην Οικονομία και την Κοινωνία.

Για να επιτευχθεί αυτό, είναι απαραίτητο να καταπολεμηθούν οι διακρίσεις και τα στερεότυπα που βασίζονται σε πλείστα όσα προσωπικά χαρακτηριστικά.

Ένα βασικό μέτρο για την προώθηση της ισότητας είναι η εφαρμογή Νομοθετημάτων και Πολιτικών Αποφάσεων, που απαγορεύουν τις διακρίσεις στην εργασία και την εκπαίδευση.

Επιπλέον, οι εργοδότες πρέπει να αναλάβουν ενεργό ρόλο στην προώθηση της διαφορετικότητας και της ένταξης στους χώρους εργασίας τους.

Αυτό μπορεί να επιτευχθεί μέσω της ανάπτυξης και της εφαρμογής πολιτικών που προωθούν την ισότητα των ευκαιριών, καθώς και μέσω της παροχής εκπαίδευσης και ευαισθητοποίησης σχετικά με τη διαφορετικότητα.

Τα προγράμματα mentoring και υποστήριξης μπορούν επίσης να διαδραματίσουν σημαντικό ρόλο στην προώθηση της επαγγελματικής εξέλιξης ατόμων από μειονεκτούσες ομάδες.

Παρέχοντας καθοδήγηση και υποστήριξη, αυτά τα προγράμματα βοηθούν τους εργαζόμενους να αναπτύξουν τις δεξιότητές τους και να προοδεύσουν στην καριέρα τους.

Επιπλέον, η πρόσβαση στην εκπαίδευση και την κατάρτιση είναι κρίσιμη για την εξασφάλιση ίσων ευκαιριών. Τα εκπαιδευτικά συστήματα πρέπει να είναι σχεδιασμένα ώστε να παρέχουν ίσες ευκαιρίες μάθησης σε όλους τους μαθητές, ανεξαρτήτως του κοινωνικοοικονομικού τους υποβάθρου.

Η παροχή υποτροφιών, οικονομικής στήριξης και εκπαιδευτικών προγραμμάτων που στοχεύουν σε μειονεκτούσες ομάδες μπορεί να συμβάλει στη μείωση των εκπαιδευτικών ανισοτήτων και στην ενίσχυση της πρόσβασης στην εργασία.

Διαφάνεια και Δικαιοσύνη στην Αμοιβή

Η αμοιβή, πρέπει να βασίζεται στην αξία της παρεχόμενης εργασίας και της ικανότητας του εργαζομένου να ανταποκρίνεται αποτελεσματικά σε αυτή.

Η διασφάλιση της Διαφάνειας και της Δικαιοσύνης στην αμοιβή αποτελεί βασικό Δικαίωμα και προϋπόθεση για τη δημιουργία ενός δίκαιου και αποδοτικού εργασιακού περιβάλλοντος.

Η Διαφάνεια στις αμοιβές, επιτρέπει την αποτροπή των διακρίσεων και προάγει την εμπιστοσύνη μεταξύ εργαζομένων και εργοδοτών.

Οι οργανισμοί που υιοθετούν διαφανείς πολιτικές αμοιβών, όπως η δημοσιοποίηση των μισθολογικών κλιμάκων και η καθιέρωση σαφών κριτηρίων για τις αυξήσεις και τις προαγωγές, συμβάλλουν στην ενίσχυση της αξιοπιστίας τους και στη δημιουργία ενός περιβάλλοντος όπου οι εργαζόμενοι αισθάνονται ότι εκτιμώνται και αντιμετωπίζονται δίκαια.

Η Δικαιοσύνη στην αμοιβή απαιτεί την αντιμετώπιση των μισθολογικών ανισοτήτων που βασίζονται σε διακρίσεις. Τα δεδομένα δείχνουν ότι οι διαφορές στις αμοιβές μεταξύ φύλων, εθνοτικών ομάδων και άλλων κοινωνικών κατηγοριών εξακολουθούν να υπάρχουν σε πολλές Χώρες και τομείς εργασίας.

Για την καταπολέμηση αυτών των ανισοτήτων, οι Οργανισμοί πρέπει να εφαρμόζουν πολιτικές που προάγουν την ισότητα των ευκαιριών και να ενσωματώνουν πρακτικές που διασφαλίζουν ότι η αμοιβή αντικατοπτρίζει την αξία της εργασίας και τις δεξιότητες των εργαζομένων.

Επιπλέον, οι Κυβερνήσεις ως φορείς χάραξης πολιτικής, έχουν κρίσιμο ρόλο στη διασφάλιση της διαφάνειας και της Δικαιοσύνης στην αμοιβή. Η θεσμοθέτηση μέσω Νόμων που απαγορεύουν τις διακρίσεις στις αμοιβές και η ενίσχυση των μηχανισμών ελέγχου και εφαρμογής των Νόμων αυτών είναι απαραίτητα μέτρα για την προώθηση της Ισότητας στην εργασία.

Οι εργοδότες πρέπει να υποχρεώνονται να παρέχουν στοιχεία για τις μισθολογικές τους πρακτικές και να λαμβάνουν διορθωτικά μέτρα όπου διαπιστώνονται ανισότητες.

Η ευαισθητοποίηση σχετικά με τη σημασία της ίσης αμοιβής για ίση εργασία είναι σημαντικό εργαλείο για την καταπολέμηση των διακρίσεων. Οι εργαζόμενοι πρέπει να γνωρίζουν τα δικαιώματά τους και να έχουν πρόσβαση σε μηχανισμούς υποστήριξης και προστασίας.

Η διασφάλιση της Διαφάνειας και της Δικαιοσύνης στην αμοιβή είναι απαραίτητη για την προώθηση της ισότητας και της Δικαιοσύνης στην εργασία.

Διασφάλιση Ίσων Δικαιωμάτων και Αντιμετώπιση Διακρίσεων

Στον χώρο εργασίας, πρέπει να υπάρχει προστασία από τις διακρίσεις και την παρενόχληση, με την εφαρμογή εσωτερικών κανονισμών λειτουργίας της επιχείρησης που θα προστατεύει τα Δικαιώματα των εργαζομένων.

Η ύπαρξη ενός ασφαλούς και δίκαιου εργασιακού περιβάλλοντος είναι σημαντικό για την αποδοτικότητα των εργαζομένων.

Η νομοθεσία που προστατεύει από τις διακρίσεις, πρέπει να είναι σαφής, ακριβής, αυστηρή (όταν χρειάζεται) αλλά κυρίως, Δίκαιη, καλύπτοντας όλους τους τομείς εργασίας, διασφαλίζοντας ότι κανείς δεν υφίσταται διάκριση. Οι Νόμοι αυτοί πρέπει να προβλέπουν αποτελεσματικούς μηχανισμούς αναφοράς και επίλυσης καταγγελιών, καθώς και αυστηρές κυρώσεις για τους παραβάτες.

Οι εργοδότες έχουν ευθύνη να δημιουργήσουν και να διατηρήσουν ένα εργασιακό περιβάλλον απαλλαγμένο από διακρίσεις και παρενόχληση, μέσω της ανάπτυξης και της εφαρμογής σαφών πολιτικών κατά των διακρίσεων, οι οποίες θα κοινοποιούνται και θα εφαρμόζονται με συνέπεια από τους εργαζόμενους.

Επιπλέον, η παροχή εκπαίδευσης και ευαισθητοποίησης στους εργαζόμενους σχετικά με τα δικαιώματά τους και τις διαδικασίες αναφοράς μπορεί να συμβάλει στην πρόληψη και την αντιμετώπιση των διακρίσεων και της παρενόχλησης.

Η αντιμετώπιση των διακρίσεων απαιτεί επίσης μια κουλτούρα διαφορετικότητας και ένταξης.

Οι οργανισμοί πρέπει να προωθούν τις «Καλές Πρακτικές» στο εργατικό δυναμικό τους και να ενσωματώνουν πρακτικές που υποστηρίζουν την ισότητα των ευκαιριών.

Οι πρωτοβουλίες αυτές περιλαμβάνουν την εφαρμογή πολιτικών προσλήψεων που δίνουν έμφαση στη δημιουργία ομάδων εργασίας που αντικατοπτρίζουν την ποικιλία των εμπειριών και των απόψεων, καθώς και την υποστήριξη των εργαζομένων μέσω προγραμμάτων mentoring και επαγγελματικής ανάπτυξης.

Επιπλέον, οι οργανισμοί πρέπει να διασφαλίζουν ότι οι διαδικασίες αξιολόγησης της απόδοσης και οι προαγωγές βασίζονται αποκλειστικά σε αντικειμενικά κριτήρια και όχι σε προκαταλήψεις ή στερεότυπα. Η εφαρμογή εργαλείων και διαδικασιών που προάγουν την αντικειμενικότητα και τη διαφάνεια στις αποφάσεις αυτές είναι ζωτικής σημασίας για την αντιμετώπιση των διακρίσεων και την προώθηση της ισότητας.

Η παρακολούθηση και η αξιολόγηση των δράσεων κατά των διακρίσεων και της παρενόχλησης είναι απαραίτητη για τη διασφάλιση της αποτελεσματικότητάς τους.

Οι οργανισμοί πρέπει να συλλέγουν και να αναλύουν δεδομένα σχετικά με τις καταγγελίες και την αντιμετώπισή τους, να αξιολογούν την εφαρμογή τους και να προβαίνουν στις απαραίτητες τροποποιήσεις για τη βελτίωσή τους.

Συμμετοχή σε Αποφάσεις

Οι εργαζόμενοι πρέπει να έχουν τη δυνατότητα να συμμετέχουν στις αποφάσεις που αφορούν τις συνθήκες εργασίας και τα δικαιώματά τους.

Η συμμετοχή αυτή δεν είναι μόνο δικαίωμα, αλλά και ουσιώδες στοιχείο για τη δημιουργία ενός παραγωγικού και ικανοποιητικού εργασιακού περιβάλλοντος.

Η συμμετοχή των εργαζομένων στις αποφάσεις ενισχύει την αίσθηση του «Ανήκειν» και της δέσμευσης προς τον οργανισμό. Όταν οι εργαζόμενοι αισθάνονται ότι η γνώμη τους ακούγεται και ότι έχουν επιρροή στις αποφάσεις που επηρεάζουν την καθημερινότητά τους, αυξάνεται η ικανοποίησή τους από την εργασία και η αφοσίωσή τους προς τον εργοδότη.

Η εφαρμογή συστημάτων συμμετοχής μπορεί να πάρει διάφορες μορφές. Ένα παράδειγμα είναι η δημιουργία επιτροπών εργαζομένων που συμμετέχουν στη διαχείριση ζητημάτων όπως η υγεία και η ασφάλεια, οι συνθήκες εργασίας και η βελτίωση της παραγωγικότητας. Επίσης, οι συνεδριάσεις μεταξύ εργαζομένων και διοίκησης για την ανταλλαγή απόψεων και την από κοινού λήψη αποφάσεων μπορούν να συμβάλουν στη βελτίωση της επικοινωνίας και στη δημιουργία ενός κλίματος εμπιστοσύνης.

Οι συνδικαλιστικές οργανώσεις διαδραματίζουν επίσης σημαντικό ρόλο στη συμμετοχή των εργαζομένων στις αποφάσεις.

Μέσω των συνδικάτων, οι εργαζόμενοι μπορούν να διαπραγματευτούν συλλογικές συμβάσεις που ρυθμίζουν τα δικαιώματα και τις υποχρεώσεις τους, ενώ παράλληλα προστατεύονται από αυθαιρεσίες και αδικίες.

Η συμμετοχή των εργαζομένων στις αποφάσεις προάγει τη διαφάνεια και τη Δικαιοσύνη στον εργασιακό χώρο.

Όταν οι διαδικασίες λήψης αποφάσεων είναι ανοιχτές και συμμετοχικές, μειώνονται οι πιθανότητες εμφάνισης διακρίσεων και αδικιών. Επιπλέον, οι εργαζόμενοι έχουν τη δυνατότητα να εκφράσουν τις ανησυχίες τους και να προτείνουν λύσεις σε προβλήματα που αντιμετωπίζουν, συμβάλλοντας έτσι στην καλύτερη λειτουργία του οργανισμού.

Η ενθάρρυνση της συμμετοχής των εργαζομένων απαιτεί από τις επιχειρήσεις να υιοθετήσουν μια κουλτούρα ανοιχτής επικοινωνίας και συνεργασίας.

Οι Διοικήσεις των Οργανισμών πρέπει να είναι έτοιμες να ακούσουν και να λάβουν υπόψη τους τις απόψεις των εργαζομένων, και να είναι διατεθειμένες να προσαρμόσουν τις αποφάσεις τους όταν χρειάζεται. Επιπλέον, η παροχή κατάλληλης εκπαίδευσης και υποστήριξης στους εργαζόμενους για να αναπτύξουν τις δεξιότητές τους στη συμμετοχή και τη διαβούλευση μπορεί να ενισχύσει την αποτελεσματικότητα της συμμετοχής τους.

ΙΣΟΤΗΤΑ ΣΤΗΝ ΥΓΕΙΑ

Η πρόσβαση σε υγειονομική περίθαλψη και υπηρεσίες υγείας πρέπει να είναι ισότιμη για όλους, προστατεύοντας έτσι την υγεία και την ευημερία της κοινότητας.

Η Ισότητα στην Υγεία, είναι η προσπάθεια να διασφαλιστεί ότι όλοι οι άνθρωποι έχουν ίση πρόσβαση σε υπηρεσίες υγείας και ιατροφαρμακευτική περίθαλψη, ανεξαρτήτως διακρίσεων.

Η Ισότητα στην Υγεία επιδιώκει να διασφαλίσει ότι όλοι οι άνθρωποι έχουν πρόσβαση σε Πρωτοβάθμια, Δευτεροβάθμια και εξειδικευμένη Ιατρική περίθαλψη.

Η Ισότητα στην Υγεία περιλαμβάνει τα εξής στοιχεία:

Πρόσβαση σε Υπηρεσίες Υγείας

Όλοι οι άνθρωποι πρέπει να έχουν Ισότητα στην πρόσβαση και τις Δωρεάν Υπηρεσίες Υγείας, συμπεριλαμβανομένων των εξετάσεων και της αντιμετώπισης ασθενειών, ασχέτως ατομικού ή οικογενειακού εισοδήματος.

Η πρόσβαση σε Υπηρεσίες Υγείας, είναι Συνταγματικά κατοχυρωμένο Δικαίωμα, όλων των πολιτών που διαβιούν στη Χώρα.

Η ισότιμη πρόσβαση σε υπηρεσίες υγείας αποτελεί Θεμελιώδη Αρχή για τη διασφάλιση της Δημόσιας Υγείας και της Κοινωνικής Δικαιοσύνης. Όταν όλοι οι πολίτες έχουν τη δυνατότητα να λάβουν την απαραίτητη ιατρική φροντίδα, ανεξαρτήτως οποιουδήποτε κριτηρίου, η Κοινωνία ως σύνολο ωφελείται.

Οι Κοινωνίες με αποτελεσματικά και προσβάσιμα Συστήματα Υγείας παρουσιάζουν χαμηλότερα ποσοστά νοσηρότητας και θνησιμότητας, ενώ παράλληλα αυξάνουν την παραγωγικότητα και την ευημερία των πολιτών τους.

Η παροχή Δωρεάν Υπηρεσιών Υγείας προς όλους τους πολίτες, απαιτεί ένα καλά σχεδιασμένο, δομημένο και χρηματοδοτούμενο Δημόσιο Σύστημα Υγείας. Το Κράτος έχει την ευθύνη να εξασφαλίσει ότι οι υποδομές υγείας είναι επαρκείς και ότι το Υγειονομικό Προσωπικό είναι κατάλληλα καταρτισμένο και επαρκές για την κάλυψη των αναγκών του πληθυσμού.

Η επένδυση σε Δημόσιες Δομές Υγείας και η εξασφάλιση της διαρκούς αναβάθμισής τους είναι απαραίτητη για τη διατήρηση υψηλών προτύπων φροντίδας.

Επιπλέον, η ισότητα στην πρόσβαση σε υπηρεσίες υγείας προϋποθέτει την εξάλειψη των γεωγραφικών και κοινωνικών ανισοτήτων.

Οι κάτοικοι απομακρυσμένων ή αγροτικών περιοχών πρέπει να έχουν τις ίδιες ευκαιρίες πρόσβασης σε ιατρικές υπηρεσίες όπως και οι κάτοικοι των αστικών κέντρων. Αυτό μπορεί να επιτευχθεί μέσω της ανάπτυξης δικτύων τηλεϊατρικής, της παροχής κινητών ιατρικών μονάδων και της ενίσχυσης των τοπικών Κέντρων Υγείας.

Η εξασφάλιση της Δωρεάν πρόσβασης στις Υπηρεσίες Υγείας για όλους τους πολίτες συμβάλλει επίσης στη μείωση των κοινωνικών και οικονομικών ανισοτήτων. Οι πολίτες που αντιμετωπίζουν οικονομικές δυσκολίες δεν πρέπει να επιβαρύνονται με το κόστος της ιατρικής φροντίδας, γεγονός που μπορεί να οδηγήσει σε επιδείνωση της υγείας τους και σε μεγαλύτερο οικονομικό βάρος για το Κράτος μακροπρόθεσμα. Η πρόληψη και η έγκαιρη αντιμετώπιση των ασθενειών μέσω της πρόσβασης σε Δωρεάν Υπηρεσίες Υγείας αποτελεί μια επένδυση στη μελλοντική ευημερία της Κοινωνίας.

Επίσης, η κατοχύρωση της ισότιμης πρόσβασης σε υπηρεσίες υγείας συνάδει με τις διεθνείς Αρχές των Ανθρωπίνων Δικαιωμάτων και τις δεσμεύσεις της χώρας προς την παγκόσμια κοινότητα. Τα κράτη οφείλουν να διασφαλίζουν ότι οι πολιτικές υγείας τους συμμορφώνονται με τα διεθνή πρότυπα και τις συμβάσεις που εγγυώνται το δικαίωμα στην υγεία για όλους τους πολίτες.

Πρόληψη Ασθενειών

Η ισότητα στην υγεία περιλαμβάνει την πρόληψη ασθενειών και την προώθηση υγιεινών τρόπων ζωής μέσω εκπαιδευτικών προγραμμάτων και δημόσιων εκστρατειών.

Η πρόληψη, αποτελεί Κεντρική Στρατηγική για τη βελτίωση της Δημόσιας Υγείας, με σκοπό τη μείωση της αρνητικής επίδρασης, ακόμη και ως οικονομικό βάρος, των ασθενειών στον πληθυσμό και στα συστήματα υγείας.

Η προώθηση της πρόληψης των ασθενειών, απαιτεί μια ολιστική προσέγγιση που περιλαμβάνει την εκπαίδευση των πολιτών σχετικά με τους κινδύνους ενέχουν για την υγεία και τους τρόπους πρόληψης, την ανάπτυξη πολιτικών που προάγουν την υγεία, και τη δημιουργία περιβάλλοντος που ενθαρρύνει τις υγιείς συμπεριφορές.

Οι εκπαιδευτικές εκστρατείες και τα προγράμματα πρέπει να είναι προσαρμοσμένα στις ανάγκες και τις δυνατότητες των διαφόρων κοινωνικών ομάδων, διασφαλίζοντας ότι όλοι οι πολίτες έχουν πρόσβαση στην απαραίτητη πληροφόρηση και υποστήριξη.

Οι δημόσιες εκστρατείες ευαισθητοποίησης για την υγεία μπορούν να παίξουν καθοριστικό ρόλο στην αλλαγή των συμπεριφορών και στη μείωση των παραγόντων κινδύνου που σχετίζονται με διάφορες ασθένειες. Μέσω της ενημέρωσης για τη σημασία της σωστής διατροφής, της τακτικής άσκησης, της αποφυγής καπνίσματος και υπερβολικής κατανάλωσης αλκοόλ, και της υιοθέτησης υγιεινών συνηθειών, οι πολίτες μπορούν να λάβουν ενεργό ρόλο στη διατήρηση της υγείας τους.

Η εφαρμογή προγραμμάτων εμβολιασμού είναι ένας άλλος κρίσιμος τομέας της πρόληψης ασθενειών.

Ο εμβολιασμός, διαχρονικά, έχει αποδειχθεί αποτελεσματικός στην εξάλειψη και τη μείωση της επίπτωσης πολλών μεταδοτικών ασθενειών.

Οι Κυβερνήσεις και οι Υγειονομικές Αρχές πρέπει να εξασφαλίζουν ότι τα εμβόλια είναι διαθέσιμα, ασφαλή και προσβάσιμα σε όλους τους πολίτες, ανεξαρτήτως των οικονομικών τους δυνατοτήτων ή του τόπου κατοικίας τους.

Τα προληπτικά προγράμματα υγείας πρέπει επίσης να περιλαμβάνουν την τακτική ιατρική παρακολούθηση και τις προληπτικές εξετάσεις για την έγκαιρη διάγνωση και αντιμετώπιση ασθενειών.

Η έγκαιρη ανίχνευση και η διαχείριση ασθενειών όπως ο καρκίνος, οι καρδιαγγειακές παθήσεις και ο διαβήτης μπορούν να μειώσουν σημαντικά την επιβάρυνση για τους ασθενείς και τα συστήματα υγείας. Η εξασφάλιση ότι αυτές οι υπηρεσίες είναι διαθέσιμες και προσιτές σε όλους τους πολίτες είναι καίριας σημασίας για την ισότητα στην υγεία.

Η προώθηση υγιεινών τρόπων ζωής και η πρόληψη ασθενειών απαιτούν τη συνεργασία διαφόρων τομέων και φορέων, συμπεριλαμβανομένων των Κυβερνητικών Αρχών, των Οργανισμών Υγείας, των εκπαιδευτικών ιδρυμάτων, των κοινοτήτων και του ιδιωτικού τομέα.

Μια πολυτομεακή προσέγγιση μπορεί να ενισχύσει τις προσπάθειες για τη δημιουργία υγιούς περιβάλλοντος και την προώθηση της υγείας σε όλα τα επίπεδα της Κοινωνίας.

Ψυχοκοινωνική Υποστήριξη

Η Ισότητα στην Υγεία περιλαμβάνει επίσης την παροχή ψυχοκοινωνικής υποστήριξης και πρόσβασης σε υπηρεσίες ψυχικής υγείας για την αντιμετώπιση του στρες, της κατάθλιψης και άλλων ψυχολογικών ή και ψυχιατρικών θεμάτων.

Η ψυχική υγεία, αποτελεί αναπόσπαστο κομμάτι της υγείας και της ευεξίας, συνολικά και η υποστήριξη της σε αυτόν τον τομέα είναι απαραίτητη για τη δημιουργία μιας Υγιούς και Δίκαιης Κοινωνίας.

Η πρόσβαση σε υπηρεσίες ψυχικής υγείας πρέπει να είναι διαθέσιμη και προσιτή σε όλους.

Αυτό περιλαμβάνει τη δυνατότητα πρόσβασης σε κατάλληλη διάγνωση, θεραπεία και συνεχή υποστήριξη για ψυχιατρικά και ψυχολογικά προβλήματα.

Οι υπηρεσίες αυτές πρέπει να παρέχονται χωρίς διακρίσεις και να σέβονται την αξιοπρέπεια και τα δικαιώματα των ατόμων.

Η παροχή ψυχοκοινωνικής υποστήριξης είναι κρίσιμη για την πρόληψη και την αντιμετώπιση των ψυχικών διαταραχών.

Εκπαιδευτικά προγράμματα και εκστρατείες ενημέρωσης μπορούν να συμβάλουν στην ευαισθητοποίηση του κοινού σχετικά με τη σημασία της ψυχικής υγείας, να μειώσουν το στίγμα που συνδέεται με τα ψυχικά προβλήματα και να ενθαρρύνουν τα άτομα να αναζητήσουν βοήθεια όταν τη χρειάζονται. Η ενίσχυση της κατανόησης και της αποδοχής της ψυχικής υγείας ως αναπόσπαστου στοιχείου της συνολικής υγείας μπορεί να οδηγήσει σε μια πιο υποστηρικτική και περιεκτική κοινωνία.

Η διαθεσιμότητα και η προσβασιμότητα σε επαγγελματίες ψυχικής υγείας, όπως ψυχολόγους, ψυχιάτρους και κοινωνικούς λειτουργούς, είναι ουσιώδης.

Τα Δημόσια Συστήματα Υγείας θα πρέπει να εξασφαλίζουν ότι υπάρχει επαρκής αριθμός καταρτισμένων επαγγελματιών για την κάλυψη των αναγκών του πληθυσμού και να παρέχουν τις απαραίτητες υποδομές και πόρους για την αποτελεσματική παροχή των υπηρεσιών ψυχικής υγείας.

Η ψυχοκοινωνική υποστήριξη πρέπει να περιλαμβάνει επίσης την παροχή υπηρεσιών συμβουλευτικής και υποστήριξης σε διάφορες μορφές, όπως ατομική και ομαδική θεραπεία, προγράμματα υποστήριξης για οικογένειες και κοινοτικές πρωτοβουλίες. Οι υπηρεσίες αυτές μπορούν να βοηθήσουν τα άτομα να διαχειριστούν το στρες, να βελτιώσουν τις δεξιότητες αντιμετώπισης και να ενισχύσουν την ψυχολογική τους ανθεκτικότητα.

Η συνεργασία μεταξύ των διαφόρων φορέων υγείας, κοινωνικής πρόνοιας και εκπαίδευσης είναι απαραίτητη για την παροχή ολοκληρωμένων υπηρεσιών ψυχικής υγείας.

Οι διατομεακές συνεργασίες μπορούν να διευκολύνουν την παροχή συνεχούς και συντονισμένης υποστήριξης, εξασφαλίζοντας ότι τα άτομα λαμβάνουν την καλύτερη δυνατή φροντίδα.

Ισότητα στην Πρόσβαση στις Υπηρεσίες

Όλοι πρέπει να έχουν Ίση πρόσβαση σε βασικές υπηρεσίες κοινωνικής προστασίας, όπως είναι η στέγαση, η διατροφή, και η κοινωνική υποστήριξη.

Το Δικαίωμα στην Ισότητα Πρόσβασης στις Υπηρεσίες αναφέρεται στο Θεμελιώδες Δικαίωμα κάθε ατόμου να έχει ίσες ευκαιρίες να αξιοποιήσει και να επωφεληθεί από διάφορες υπηρεσίες, ανεξάρτητα από τις προσωπικές του ιδιότητες ή την κοινωνική του κατάσταση.

Αυτό το Δικαίωμα αποτελεί κεκτημένο των Δημοκρατικών και Ανθρώπινων Αξιών, επιδιώκοντας τη διασφάλιση της Ισότιμης Μεταχείρισης και της Κοινωνικής Δικαιοσύνης.

Μερικές από τις βασικές Αρχές που περιλαμβάνονται στο Δικαίωμα αυτό είναι οι ακόλουθες:

Μη Διάκριση

Όλοι οι άνθρωποι πρέπει να έχουν πρόσβαση στις υπηρεσίες χωρίς καμία μορφή διάκρισης, βασιζόμενης σε φυλετική, εθνοτική, θρησκευτική, γενετήσια, κοινωνική ή άλλη κατηγορία.

Προσαρμογή

Οι υπηρεσίες πρέπει να προσαρμόζονται στις ανάγκες των δια-φορετικών ομάδων του πληθυσμού, ώστε να διασφαλίζεται η ισότιμη πρόσβαση για όλους, συμπεριλαμβανομένων αυτών που ανήκουν σε ευάλωτες ή εκείνους με ιδιαίτερες ανάγκες.

Διαθεσιμότητα

Οι υπηρεσίες πρέπει να είναι διαθέσιμες σε όλους, ανεξάρτητα από την τοποθεσία ή τις Κοινωνικοοικονομικές συνθήκες τους.

Προσβασιμότητα

Οι υπηρεσίες πρέπει να είναι προσβάσιμες και κατανοητές για όλους, συμπεριλαμβανομένων εκείνων με περιορισμένη κινητι-κότητα ή που ανήκουν σε εθνικές ή γλωσσικές μειονότητες.

ΚΑΤΑΠΟΛΕΜΗΣΗ ΔΙΑΚΡΙΣΕΩΝ

Η ισότητα των ευκαιριών απαιτεί την αποτροπή και την αντιμε-τώπιση κάθε μορφής διακρίσεων, όπως ο ρατσισμός, ο σεξισμός και άλλες μορφές κοινωνικής αδικίας.

Το Δικαίωμα στην καταπολέμηση των διακρίσεων αποτελεί Αν-θρώπινο Δικαίωμα που αποσκοπεί στη διασφάλιση της ισότιμης μεταχείρισης όλων των ατόμων, ανεξάρτητα από τα όποια προ-σωπικά του χαρακτηριστικά, όπως το φύλο, η φυλή, οι θρησκευ-τικές πεποιθήσεις, η εθνική ή κοινωνική καταγωγή, η γλώσσα, η οικονομική κατάσταση, οι εθνικές, εθνοτικές ή κοινωνικές παραδόσεις, οι πολιτικές ή άλλες πεποιθήσεις, η κοινωνική θέση, η ηλικία, η σεξουαλική προτίμηση ή οποιαδήποτε άλλη κατηγορία.

Η καταπολέμηση των διακρίσεων προωθείται μέσω διαφόρων μέσων και μηχανισμών, συμπεριλαμβανομένης της νομοθεσίας, της εκπαίδευσης, της ευαισθητοποίησης του Κοινού και της προώθησης της πολιτισμικής και διαπολιτισμικής κατανόησης.

Αναλύοντας τα κύρια στοιχεία αυτού του Δικαιώματος, μπορούμε να πούμε τα εξής:

Νομοθεσία και Κανονισμοί

Οι Νόμοι και οι Κανονισμοί που απαγορεύουν τις διακρίσεις σε βάρος μειονοτήτων και ευάλωτων ομάδων, καθώς και η θέσπιση μέτρων που προστατεύουν τα δικαιώματά τους, αποτελούν βασικό μέσο καταπολέμησης των διακρίσεων.

Η ύπαρξη Νομοθετικού πλαισίου που διασφαλίζει την ισότητα και την προστασία των Δικαιωμάτων όλων των πολιτών είναι κρίσιμη για την προώθηση της Κοινωνικής Δικαιοσύνης και την ενίσχυση της συνοχής της Κοινωνίας. Οι Νόμοι αυτοί πρέπει να περιλαμβάνουν σαφείς και αυστηρές διατάξεις που απαγορεύουν κάθε μορφή διάκρισης με βάση τη φυλή, το φύλο, την εθνική καταγωγή, τη θρησκεία, τον σεξουαλικό προσανατολισμό, την αναπηρία ή οποιοδήποτε άλλο χαρακτηριστικό.

Η αποτελεσματική εφαρμογή των νομοθετικών διατάξεων, απαιτεί τη δημιουργία πραγματικά Ανεξάρτητων Φορέων και Αρχών, που θα επιβλέπουν και θα επιβάλλουν την τήρηση των Νόμων. Αυτοί οι Φορείς, θα πρέπει να διαθέτουν την απαραίτητη εξουσία και τους πόρους για να διεξάγουν έρευνες, να επιβάλλουν κυρώσεις και να παρέχουν υποστήριξη στα θύματα των διακρίσεων.

Επιπλέον, η διαφάνεια και η λογοδοσία είναι απαραίτητες για την ενίσχυση της εμπιστοσύνης του κοινού στους μηχανισμούς προστασίας των Δικαιωμάτων τους.

Η θέσπιση μέτρων που προστατεύουν τα δικαιώματα των μειονοτήτων και των ευάλωτων ομάδων περιλαμβάνει επίσης την ανάπτυξη και την υλοποίηση πολιτικών που προάγουν την ένταξη και την ισότητα των ευκαιριών.

Αυτές οι πολιτικές, πρέπει να περιλαμβάνουν θετικές δράσεις, όπως προγράμματα ενδυνάμωσης και κατάρτισης, πρόσβαση σε ποιοτική εκπαίδευση και υγειονομική περίθαλψη, και την προώθηση της συμμετοχής στις διαδικασίες λήψης των αποφάσεων.

Η συνεχής εκπαίδευση και η ευαισθητοποίηση του κοινού, σχετικά με τα δικαιώματα των μειονοτήτων και των ευάλωτων ομάδων είναι εξίσου σημαντική.

Εκπαιδευτικά προγράμματα και δημόσιες εκστρατείες μπορούν να συμβάλουν στη μείωση των προκαταλήψεων και των στερεοτύπων, και στην προώθηση της κατανόησης και του σεβασμού της διαφορετικότητας.

Επιπλέον, η διεθνής συνεργασία και η συμμόρφωση με τα διεθνή πρότυπα και τις συμβάσεις για τα Ανθρώπινα Δικαιώματα, μπορούν να ενισχύσουν την Εθνική Νομοθεσία και να προσφέρουν πρόσθετες εγγυήσεις για την προστασία των Δικαιωμάτων όλων των πολιτών.

Οι χώρες πρέπει να συνεργάζονται για την ανταλλαγή καλών πρακτικών και την ενίσχυση των μηχανισμών προστασίας των Δικαιωμάτων.

Εκπαίδευση και Ευαισθητοποίηση

Η εκπαίδευση του κοινού και των επαγγελματιών σχετικά με τη σημασία της ισότιμης μεταχείρισης και της αποδοχής της πολυμορφίας αποτελεί σημαντικό βήμα για την πρόληψη και την αντιμετώπιση των διακρίσεων.

Η εκπαιδευτική διαδικασία μπορεί να διαδραματίσει κεντρικό ρόλο στην προώθηση της κατανόησης και του σεβασμού των Δικαιωμάτων όλων των ατόμων.

Μέσω της εκπαίδευσης, οι πολίτες μπορούν να ενημερωθούν για τη σημασία της ισότητας και της πολυμορφίας, να αναγνωρίσουν τις αρνητικές επιπτώσεις των διακρίσεων και να ενθαρρυνθούν να υιοθετήσουν στάσεις και συμπεριφορές που προάγουν την ενσωμάτωση και τον σεβασμό.

Στα σχολεία και τα εκπαιδευτικά ιδρύματα, τα προγράμματα σπουδών πρέπει να περιλαμβάνουν μαθήματα που προάγουν την κατανόηση και την αποδοχή της διαφορετικότητας. Οι εκπαιδευτικοί μπορούν να ενσωματώσουν στα μαθήματα, θέματα που αφορούν τα ανθρώπινα δικαιώματα, την ισότητα, και την πολυμορφία, και να δημιουργήσουν ένα περιβάλλον όπου όλοι οι μαθητές αισθάνονται αποδεκτοί και σεβαστοί. Τα προγράμματα κατάρτισης των εκπαιδευτικών πρέπει επίσης να περιλαμβάνουν την εκπαίδευση για την αντιμετώπιση των διακρίσεων και την προώθηση της ισότητας.

Η ευαισθητοποίηση του κοινού μέσω δημόσιων εκστρατειών, σεμιναρίων, και εργαστηρίων μπορεί να συμβάλει στη διάδοση της γνώσης και στην αλλαγή των κοινωνικών αντιλήψεων.

Οι εκστρατείες αυτές μπορούν να περιλαμβάνουν ενημερωτικό υλικό, όπως φυλλάδια, αφίσες και διαφημιστικά μηνύματα στα μέσα μαζικής ενημέρωσης, που προωθούν την ισότητα και την αποδοχή της διαφορετικότητας.

Οι επαγγελματίες, ιδιαίτερα αυτοί που εργάζονται σε τομείς όπως η υγεία, η εκπαίδευση, η ασφάλεια, και η κοινωνική πρόνοια, πρέπει να είναι κατάλληλα εκπαιδευμένοι ώστε να αναγνωρίζουν και να αντιμετωπίζουν τις διακρίσεις. Η κατάρτιση επαγγελματιών μπορεί να περιλαμβάνει τη συμμετοχή σε σεμινάρια και εργαστήρια που εστιάζουν στην κατανόηση των πολιτισμικών διαφορών, τη διαχείριση της πολυμορφίας, και την ανάπτυξη δεξιοτήτων για την αντιμετώπιση των διακρίσεων.

Οι οργανισμοί και οι εταιρείες μπορούν επίσης να εφαρμόζουν πολιτικές και πρακτικές που προάγουν την ισότητα και την ενσωμάτωση στο εργασιακό περιβάλλον,   όπως η ανάπτυξη κωδικών δεοντολογίας ή τη δημιουργία υποστηρικτικών δικτύων για τους εργαζόμενους.

Η συνεχής αξιολόγηση και βελτίωση των εκπαιδευτικών προγραμμάτων είναι απαραίτητη για την εξασφάλιση της αποτελεσματικότητάς τους. Η συνεργασία με οργανώσεις της Κοινωνίας των πολιτών, ακαδημαϊκά ιδρύματα και διεθνείς οργανισμούς μπορεί να προσφέρει πολύτιμη τεχνογνωσία και υποστήριξη στην ανάπτυξη και την υλοποίηση αυτών των προγραμμάτων.

Προαγωγή της Πολιτισμικής Κοινωνίας

Η προώθηση της πολιτισμικής κατανόησης και αμοιβαίας ανοχής ενισχύει τον σεβασμό προς τις διαφορετικές κουλτούρες και προάγει την κοινωνική ενσωμάτωση χωρίς διακρίσεις.

Η πολιτισμική Κοινωνία αναγνωρίζει και εκτιμά την ποικιλομορφία των πολιτισμών που συνυπάρχουν μέσα σε μια κοινότητα. Η προώθηση της πολιτισμικής κατανόησης σημαίνει την αναγνώριση της αξίας που φέρνει η διαφορετικότητα και την ενθάρρυνση των ανθρώπων να κατανοήσουν και να σεβαστούν τις διαφορές των άλλων.

Αυτό επιτυγχάνεται μέσω της εκπαίδευσης, των πολιτιστικών ανταλλαγών, και της ενίσχυσης του διαλόγου μεταξύ των διαφορετικών πολιτισμικών ομάδων.

Η εκπαίδευση παίζει καθοριστικό ρόλο στην καλλιέργεια της πολιτισμικής κατανόησης. Τα σχολεία μέσω των εκπαιδευτικών προγραμμάτων, μπορούν να ενσωματώσουν μαθήματα που αφορούν την ιστορία, τις παραδόσεις, τις γλώσσες, και τις θρησκείες διαφορετικών πολιτισμών.

Αυτή η γνώση βοηθά τους μαθητές να αναπτύξουν σεβασμό και εκτίμηση για την πολυμορφία και να αντιληφθούν τα κοινά σημεία που συνδέουν όλους τους ανθρώπους. Επιπλέον, η προώθηση διαπολιτισμικών προγραμμάτων καθώς επίσης και η ανταλλαγή μεταξύ σχολείων και Πανεπιστημίων μπορεί να ενισχύσει την προσωπική εμπειρία των μαθητών και φοιτητών με διαφορετικές κουλτούρες.

Η προώθηση της πολιτισμικής κατανόησης δεν αφορά μόνο τα εκπαιδευτικά ιδρύματα αλλά και την ευρύτερη Κοινωνία. Δημόσιες εκδηλώσεις, όπως φεστιβάλ, εκθέσεις, και πολιτιστικά δρώμενα, μπορούν να αναδείξουν τις διαφορετικές κουλτούρες και να φέρουν τους ανθρώπους πιο κοντά. Μέσω αυτών των εκδηλώσεων, οι πολίτες μπορούν να γνωρίσουν τις παραδόσεις και τα έθιμα άλλων πολιτισμών, να γευτούν την κουζίνα τους, να παρακολουθήσουν τις τέχνες τους και να συμμετάσχουν σε παραδοσιακούς χορούς και μουσικές εκδηλώσεις.

Οι δημόσιες πολιτικές και οι πρωτοβουλίες που υποστηρίζουν την πολιτισμική πολυμορφία είναι επίσης σημαντικές. Οι Κυβερνήσεις και οι τοπικές αρχές μπορούν να ενθαρρύνουν τη συμμετοχή και την ένταξη των πολιτισμικών μειονοτήτων στις αποφάσεις που αφορούν την κοινότητα. Η υποστήριξη πολιτιστικών κέντρων, βιβλιοθηκών, και μουσείων που προωθούν την πολιτισμική κατανόηση μπορεί να λειτουργήσει ως πόλος έλξης για την εκπαίδευση και την ευαισθητοποίηση του κοινού.

Η αμοιβαία ανοχή και ο σεβασμός προς τις διαφορετικές κουλτούρες συμβάλλουν στη μείωση των κοινωνικών εντάσεων και στη δημιουργία ενός ειρηνικού και συνεκτικού κοινωνικού ιστού.

Όταν οι άνθρωποι κατανοούν και αποδέχονται τη διαφορετικότητα, είναι πιο πιθανό να συνεργάζονται και να συνυπάρχουν αρμονικά.

Η αμοιβαία ανοχή ενισχύει την κοινωνική ενσωμάτωση, καθώς οι πολίτες αισθάνονται αποδεκτοί και σεβαστοί ανεξαρτήτως της καταγωγής τους.

Προώθηση της Ισότιμης Πρόσβασης

Η διασφάλιση της Ισότιμης Πρόσβασης όλων των ατόμων σε Δημόσιες Υπηρεσίες, εργασιακές ευκαιρίες κτλ αποτελεί κύριο μέσο για την αντιμετώπιση των διακρίσεων.

Η Ισότιμη Πρόσβαση σε Δημόσιες Υπηρεσίες, είναι θεμελιώδης για την προώθηση της Κοινωνικής Δικαιοσύνης και την εξάλειψη των διακρίσεων. Η Υγεία, η Εκπαίδευση, η Κοινωνική Πρόνοια και η Δικαιοσύνη, πρέπει να είναι, Δωρεάν και προσιτές σε όλους τους πολίτες, ανεξαρτήτως όποιων άλλων χαρακτηριστικών. Η διασφάλιση της ισότιμης πρόσβασης σε αυτές τις υπηρεσίες απαιτεί την ανάπτυξη και την εφαρμογή πολιτικών και προγραμμάτων που λαμβάνουν υπόψη τις ανάγκες των ευάλωτων και μειονεκτουσών ομάδων.

Στην αγορά εργασίας, η προώθηση της ισότιμης πρόσβασης στις εργασιακές ευκαιρίες είναι καίρια για την επίτευξη της οικονομικής Δικαιοσύνης και την εξάλειψη των ανισοτήτων. Οι εργοδότες πρέπει να υιοθετούν πρακτικές προσλήψεων, προαγωγών και αμοιβών που βασίζονται στις ικανότητες και τα προσόντα των υποψηφίων, αποφεύγοντας τις διακρίσεις και τα στερεότυπα.

Η εφαρμογή πολιτικών ίσων ευκαιριών και η δημιουργία υποστηρικτικών δικτύων στον εργασιακό χώρο μπορούν να βοηθήσουν στη διασφάλιση της Ισότιμης Πρόσβασης και στη δημιουργία ενός περιβάλλοντος χωρίς διακρίσεις.

Η Ισότιμη Πρόσβαση στους πόρους, όπως η χρηματοδότηση, η στέγαση και οι κοινωνικές υπηρεσίες, είναι επίσης απαραίτητη για την εξάλειψη των διακρίσεων και την προώθηση της κοινωνικής ενσωμάτωσης. Οι πολιτικές που υποστηρίζουν τη δίκαιη κατανομή των πόρων και την πρόσβαση σε βασικές υπηρεσίες για όλους τους πολίτες συμβάλλουν στη μείωση των ανισοτήτων και την ενίσχυση της Κοινωνικής Συνοχής.

Η διασφάλιση της ισότιμης πρόσβασης απαιτεί την ανάπτυξη και εφαρμογή μιάς Νομοθεσίας που προστατεύει τα δικαιώματα των ατόμων και απαγορεύει τις διακρίσεις.

Οι Νομοθετικές διατάξεις πρέπει να συνοδεύονται από μηχανισμούς επιτήρησης και επιβολής, που θα εξασφαλίζουν την τήρηση των Νόμων και την προστασία των ατόμων από διακρίσεις.

Οι Ανεξάρτητες Αρχές και οι Φορείς που ασχολούνται με τα Ανθρώπινα Δικαιώματα, πρέπει να έχουν τη δυνατότητα να διερευνούν και να αντιμετωπίζουν περιστατικά διακρίσεων και να παρέχουν υποστήριξη στα θύματα.

Επιπλέον, η ευαισθητοποίηση και η εκπαίδευση της Κοινής Γνώμης σχετικά με τη σημασία της ισότιμης πρόσβασης και της καταπολέμησης των διακρίσεων είναι κρίσιμη. Εκπαιδευτικά προγράμματα και δημόσιες εκστρατείες μπορούν να συμβάλουν στην αλλαγή των κοινωνικών αντιλήψεων και την ενίσχυση της κατανόησης και του σεβασμού προς τη διαφορετικότητα.

Συνοψίζοντας, το Δικαίωμα στην Καταπολέμηση των Διακρίσεων είναι κρίσιμο για τη διασφάλιση μιας Κοινωνίας που θεμελιώνεται στην Ισότητα, τη Δικαιοσύνη και τον Σεβασμό προς την Ανθρώπινη αξιοπρέπεια. Η ανάληψη αποτελεσματικών μέτρων για την πρόληψη και την αντιμετώπιση των διακρίσεων είναι ζωτικής σημασίας, καθώς συμβάλλει στη δημιουργία ενός περιβάλλοντος όπου όλοι οι άνθρωποι μπορούν να ζουν ελεύθερα και αξιοπρεπώς, ανεξαρτήτως των διαφορών τους.

Επομένως, η διασφάλιση του Δικαιώματος στην καταπολέμηση των διακρίσεων αποτελεί υποχρέωση και ευθύνη για κάθε Κοινωνία που σέβεται τα Ανθρώπινα Δικαιώματα και επιδιώκει την πραγματική ισότητα.

ΔΙΚΑΙΗ ΚΑΤΑΝΟΜΗ ΠΟΡΩΝ

Η έννοια της Δίκαιης Κατανομής των Πόρων αποτελεί σημαντική προϋπόθεση για τη διαμόρφωση μιας Δίκαιης και Ισότιμης Κοινωνίας.

Η Δίκαιη Κατανομή των Πόρων, αναφέρεται στη διαδικασία και τις πρακτικές, μέσω των οποίων, οι διαθέσιμοι πόροι, όπως πχ το χρήμα, η γη, η εκπαίδευση, οι υπηρεσίες υγείας και άλλες κοινωνικές παροχές, διανέμονται μεταξύ των μελών της Κοινωνίας, λαμβάνοντας υπόψη τα διαφορετικά ατομικά και κοινωνικά χαρακτηριστικά τους.

Κεντρικό στοιχείο της Δίκαιης Κατανομής Πόρων είναι η Ιδέα της Ισότιμης Ευκαιρίας. Αυτό σημαίνει ότι όλοι οι άνθρωποι πρέπει να έχουν ίσες ευκαιρίες πρόσβασης στους πόρους και τις ευκαιρίες που χρειάζονται για να αναπτύξουν το δυναμικό τους και να επιτύχουν τους στόχους τους. Αυτό, μπορεί να περιλαμβάνει την ισότιμη πρόσβαση στην εκπαίδευση, την υγειονομική περίθαλψη, την εργασία, τη στέγαση και άλλους πόρους που είναι αναγκαίοι για την ανθρώπινη ανάπτυξη.

Επίσης, η Δίκαιη Κατανομή Πόρων λαμβάνει υπόψη τις ανάγκες των ατόμων και των ομάδων που βρίσκονται σε μειονεκτική θέση λόγω διακρίσεων, ανισοτήτων ή άλλων παραγόντων.

Αυτό συχνά ενεργοποιεί πολιτικές και κοινωνικές πρωτοβουλίες που στοχεύουν στην αντιμετώπιση των ανισοτήτων και την εξασφάλιση της ισότιμης πρόσβασης στους πόρους.

Η Δίκαιη Κατανομή των Πόρων, δεν απαιτεί απλώς την ίση κατανομή, αλλά επίσης την αντιμετώπιση των ανισοτήτων που προκύπτουν από τις διαφορές στις δυνατότητες και τις ανάγκες των ανθρώπων. Στην πράξη, αυτό σημαίνει ότι μερικοί άνθρωποι ή ομάδες μπορεί να χρειάζονται περισσότερους πόρους ή περισσότερη υποστήριξη για να επιτύχουν τους ίδιους στόχους με άλλους, λόγω διαφορετικών αναγκών και συνθηκών. Άρα, η Δίκαιη Κατανομή Πόρων επιδιώκει την εξάλειψη των ανισοτήτων και τη δημιουργία μιας Κοινωνίας όπου όλοι οι άνθρωποι έχουν τη δυνατότητα να ζήσουν με αξιοπρέπεια και να αναπτύξουν το δυναμικό τους.

ΠΡΟΟΔΕΥΤΙΚΗ ΦΟΡΟΛΟΓΙΑ

Η Προοδευτική Φορολογία αποτελεί ένα σύστημα φορολόγησης όπου ο φορολογικός συντελεστής αυξάνεται όσο αυξάνεται το εισόδημα του φορολογούμενου. Στην ουσία, όσο περισσότερο κερδίζει κάποιος, τόσο μεγαλύτερο ποσοστό του εισοδήματός του επιβαρύνεται με φόρους.

Η φορολογία είναι προοδευτική, όταν η ποσόστωση του φόρου αυξάνεται με το αυξανόμενο εισόδημα του φορολογούμενου. Για παράδειγμα, σε ένα προοδευτικό σύστημα φορολόγησης, οι άνθρωποι που κερδίζουν λιγότερα χρήματα υπόκεινται σε χαμηλότερους φορολογικούς συντελεστές ενώ όσο αυξάνεται το εισόδημά τους, τόσο αυξάνεται και ο φόρος που καταβάλλουν.

Το κύριο πλεονέκτημα της Προοδευτικής Φορολογίας είναι ότι συμβάλλει στη δημιουργία ενός πιο δίκαιου και ισότιμου φορολογικού συστήματος. Οι πλούσιοι πληρώνουν περισσότερους φόρους σε ποσοστό που αντανακλά την ικανότητά τους να το κάνουν, ενώ οι λιγότερο εύποροι δεν επιβαρύνονται υπερβολικά. Αυτό επιτρέπει στο Κράτος να συγκεντρώνει τους απαραίτητους πόρους για να παρέχει υπηρεσίες και προγράμματα που εξυπηρετούν το σύνολο της Κοινωνίας, όπως η εκπαίδευση, η υγεία, η κοινωνική πρόνοια και η υποδομή.

Επίσης, η Προοδευτική Φορολογία είναι ένα μέσο για τη μείωση των ανισοτήτων και την ενίσχυση της Κοινωνικής Συνοχής, καθώς επιβάλλει μεγαλύτερα φορολογικά βάρη σε εκείνους που έχουν μεγαλύτερη οικονομική δυνατότητα, ενισχύοντας παράλληλα την ανακατανομή του πλούτου προς τους λιγότερο εύπορους.

Η Προοδευτική Φορολογία έχει σημαντική αξία όχι μόνο από ηθικής και κοινωνικής άποψης αλλά και από οικονομικής πλευράς, καθώς αντικατοπτρίζει και επηρεάζει ουσιαστικά την οικονομική και κοινωνική δυναμική ενός κράτους.

Ας δούμε μερικούς Οικονομικούς Δείκτες που αντικατοπτρίζουν την αξία της Προοδευτικής Φορολογίας:

Διανομή Εισοδήματος

Η Προοδευτική Φορολογία βοηθά στη μείωση των ανισοτήτων στην κατανομή του εισοδήματος.

Οι φόροι που επιβάλλονται στα υψηλότερα εισοδήματα συνεισφέρουν στη μείωση της διαφοράς μεταξύ των πλουσίων και των φτωχών, προσφέροντας μια πιο ισορροπημένη κατανομή του πλούτου.

Κοινωνική Συνοχή

Μια πιο ισότιμη κατανομή του φορολογικού βάρους ενισχύει την Κοινωνική Συνοχή.

Οι πλούσιοι πληρώνουν περισσότερους φόρους για να στηρίξουν τις υπηρεσίες και τα προγράμματα που επωφελούνται ολόκληρη η Κοινωνία, ενώ οι λιγότερο εύποροι δεν επιβαρύνονται υπερβολικά.

Οικονομική Ανάπτυξη

Η Προοδευτική Φορολογία μπορεί να συμβάλλει στην οικονομική ανάπτυξη ενθαρρύνοντας την επένδυση και την εργασία. Αν οι φόροι επιβάλλονται δίκαια και αποτελεσματικά, αυτό μπορεί να ενισχύσει την εμπιστοσύνη των επενδυτών και να δημιουργήσει ένα περιβάλλον επιχειρηματικής ασφάλειας.

Κοινωνικές Υπηρεσίες

Με την επιβολή φόρων στα υψηλότερα εισοδήματα, τα κράτη μπορούν να συγκεντρώσουν περισσότερους πόρους για να παρέχουν κοινωνικές υπηρεσίες, όπως εκπαίδευση, υγεία και κοινωνική πρόνοια, που εξυπηρετούν το σύνολο της Κοινωνίας.

Η Προοδευτική Φορολογία παίζει ένα καίριο ρόλο στην άσκηση κοινωνικής πολιτικής διότι διαδραματίζει σημαντικό ρόλο στη συλλογή των κοινωνικών πόρων που απαιτούνται για την παροχή κοινωνικών υπηρεσιών και την υλοποίηση προγραμμάτων που αντιμετωπίζουν τις κοινωνικές ανισότητες και τις ανάγκες των λιγότερο ευνοημένων.

Η φορολογία, αποτελεί το κύριο μέσο συλλογής πόρων για το Κράτος. Τα έσοδα από τους φόρους χρησιμοποιούνται για τη χρηματοδότηση κρατικών προγραμμάτων και υπηρεσιών που καλύπτουν ένα ευρύ φάσμα κοινωνικών αναγκών, όπως η εκπαίδευση, η υγειονομική περίθαλψη, η κοινωνική πρόνοια και η υποστήριξη των φτωχότερων ομάδων της Κοινωνίας.

Η Προοδευτική Φορολογία επηρεάζει επίσης και την εξωτερική πολιτική μιας Χώρας, διαμορφώνοντας την εικόνα της στο διεθνές προσκήνιο και επηρεάζοντας τις σχέσεις της με άλλες χώρες και διεθνείς οργανισμούς.

Αυτό, το επιτυγχάνει με τους εξής τρόπους:

Κοινωνική Δικαιοσύνη και Διπλωματία

Μια φορολογική πολιτική που προωθεί την Κοινωνική Δικαιοσύνη μπορεί να ενισχύει την εικόνα μιας Χώρας στη διεθνή σκηνή. Όταν μια Χώρα δείχνει ότι φροντίζει για τους λιγότερο ευνοημένους πολίτες της μέσω δίκαιων φορολογικών πολιτικών, αυτό μπορεί να διαμορφώσει μια θετική εικόνα για την ανθρωπιστική της προσέγγιση στη διπλωματία και να ενισχύσει την εμπιστοσύνη των διεθνών εταίρων.

Επιπλέον, μια Χώρα που προωθεί την Κοινωνική Δικαιοσύνη μέσω της φορολογικής της πολιτικής μπορεί να ενθαρρύνει άλλες χώρες να ακολουθήσουν το παράδειγμά της. Αυτό μπορεί να δημιουργήσει ένα παγκόσμιο κύμα θετικών αλλαγών και να προάγει τη συνεργασία και την αλληλεγγύη σε διεθνές επίπεδο. Η προώθηση της Κοινωνικής Δικαιοσύνης μπορεί επίσης να ενισχύσει τις διμερείς σχέσεις, καθώς οι χώρες τείνουν να συνεργάζονται στενότερα με εκείνες που μοιράζονται παρόμοιες αξίες και στόχους.

Διεθνείς Σχέσεις

Μια φορολογική πολιτική που είναι επίκαιρη, δίκαιη και διαφανής μπορεί να ενισχύσει τις διεθνείς σχέσεις. Οι Χώρες που θεωρούνται ότι εφαρμόζουν δίκαιους φορολογικούς νόμους και διαθέτουν διαφανή φορολογικά συστήματα έχουν την τάση να έχουν καλύτερες σχέσεις με άλλες χώρες και διεθνείς οργανισμούς.

Οι Διεθνείς Οργανισμοί, όπως ο Οργανισμός Ηνωμένων Εθνών (ΟΗΕ) και η Ευρωπαϊκή Ένωση (ΕΕ), συχνά προωθούν την agenda της Κοινωνικής Δικαιοσύνης και την Οικονομική Ισότητα ως μέρος των βασικών τους αξιών. Οι Χώρες που ευθυγραμμίζονται με αυτές τις αξίες μέσω των φορολογικών τους πολιτικών μπορούν να ενισχύσουν τη θέση τους σε αυτούς τους οργανισμούς και να αυξήσουν την επιρροή τους στις διεθνείς διαπραγματεύσεις και συνεργασίες.

Οικονομική Ανάπτυξη και Βοήθεια

Μια Προοδευτική Φορολογία μπορεί επίσης να ενισχύσει την οικονομική ανάπτυξη και την ικανότητα μιας χώρας να παρέχει βοήθεια σε άλλες χώρες.

Με την επιβολή φόρων στους πλουσιότερους πολίτες και επιχειρήσεις, η χώρα μπορεί να συγκεντρώσει περισσότερους πόρους για την ανάπτυξη και την υποστήριξη προγραμμάτων ανάπτυξης σε άλλες Χώρες, προωθώντας έτσι την παγκόσμια Αλληλεγγύη και τη συνεργασία.

Η Προοδευτική Φορολογία επηρεάζει επίσης την Εθνική Άμυνα μιας Χώρας, διαδραματίζοντας σημαντικό ρόλο στη διαμόρφωση των αμυντικών της ικανοτήτων και της στρατηγικής της πολιτικής, μέσω:

Άμεσης Χρηματοδότησης

Η Άμυνα απαιτεί σημαντικούς πόρους, όπως εξοπλισμό, εκπαίδευση, και διατήρηση στρατιωτικών δυνάμεων.

Η φορολογία παρέχει τους απαραίτητους πόρους για την ανάπτυξη και τη διατήρηση αυτών των ικανοτήτων.

Μέσω της Προοδευτικής Φορολογίας, οι πλουσιότεροι πολίτες συνεισφέρουν περισσότερο στη χρηματοδότηση της άμυνας, ενισχύοντας έτσι την ικανότητα της Χώρας να ανταπεξέλθει σε απειλές και προκλήσεις.

Έρευνας και Ανάπτυξης

Η Προοδευτική Φορολογία μπορεί να ενισχύσει τη χρηματοδότηση της έρευνας και της ανάπτυξης στον τομέα της Άμυνας.

Οι πόροι που συλλέγονται μέσω της φορολογίας μπορούν να επενδυθούν σε καινοτόμες τεχνολογίες και εξελιγμένο εξοπλισμό που αυξάνουν την ικανότητα της χώρας να προστατεύει τα σύνορά της και να ανταποκρίνεται σε νέες απειλές.

Κοινωνικής Στήριξης

Μια δίκαιη και προοδευτική φορολογική πολιτική μπορεί να ενισχύσει την υποστήριξη των πολιτών προς την άμυνα. Όταν οι πολίτες αντιλαμβάνονται ότι οι πόροι που συγκεντρώνονται μέσω των φόρων χρησιμοποιούνται δίκαια και αποτελεσματικά για την Άμυνα της Χώρας, είναι πιο πιθανό να υποστηρίξουν την αυξημένη χρηματοδότηση και τη στρατηγική της.

Εν κατακλείδι, η Προοδευτική Φορολογία αναδεικνύεται σε έναν σημαντικό παράγοντα στη διαμόρφωση μιας Δίκαιης και Ισότιμης Κοινωνίας. Από την άσκηση κοινωνικής πολιτικής έως την εξωτερική πολιτική και την εθνική ασφάλεια, η Προοδευτική Φορολογία επηρεάζει θεμελιωδώς τη λειτουργία και την επίδοση της Κοινωνίας.

ΔΙΚΑΙΗ ΑΜΟΙΒΗ ΚΑΙ ΕΡΓΑΣΙΑΚΑ ΔΙΚΑΙΩΜΑΤΑ

Ο Φιλελεύθερος Σοσιαλισμός επιδιώκει να δημιουργήσει ένα σύστημα όπου η οικονομική ανάπτυξη και η ατομική πρωτοβουλία συνδυάζονται με την Κοινωνική Δικαιοσύνη και την προστασία των εργαζομένων.

Η Δίκαιη Αμοιβή και τα εργασιακά δικαιώματα είναι κεντρικά στοιχεία αυτής της φιλοσοφίας, διασφαλίζοντας ότι οι εργαζόμενοι δεν είναι απλώς εργαλεία παραγωγής, αλλά ενεργοί συμμέτοχοι στην Οικονομία και την Κοινωνία.

Με την ισορροπία ανάμεσα στις Ελεύθερες Αγορές και την Κοινωνική Προστασία, ο Φιλελεύθερος Σοσιαλισμός φιλοδοξεί να δημιουργήσει μια πιο δίκαιη και ευημερούσα Κοινωνία για όλους.

Στο πλαίσιο αυτό λοιπόν, η Δίκαιη Αμοιβή και τα Εργασιακά Δικαιώματα αποτελούν θεμελιώδεις Αρχές στο Φιλελεύθερο Σοσιαλισμό. Αναλυτικότερα:

Δίκαιη Αμοιβή

Η έννοια της Δίκαιης Αμοιβής στον Φιλελεύθερο Σοσιαλισμό περιλαμβάνει τα ακόλουθα χαρακτηριστικά:

Ισορροπία Αγοράς και Δικαίου

Η ισορροπία ανάμεσα στις αγοραστικές δυνάμεις και τις Αρχές της Δικαιοσύνης είναι ένα από τα πιο περίπλοκα και σημαντικά ζητήματα στον Φιλελεύθερο Σοσιαλισμό.

Αυτό το ζήτημα αφορά τον τρόπο με τον οποίο καθορίζεται η αμοιβή των εργαζομένων, έτσι ώστε να αντανακλά την πραγματική αξία της εργασίας τους και να εξασφαλίζει την οικονομική και κοινωνική τους ευημερία. Η αξία της εργασίας ενός εργαζόμενου καθορίζεται από διάφορους παράγοντες, όπως η εμπειρία, οι δεξιότητες, το επίπεδο εκπαίδευσης, η ζήτηση για τη συγκεκριμένη εργασία στην αγορά, και η οικονομική κατάσταση της επιχείρησης ή του κλάδου στον οποίο εργάζεται.

Οι δυνάμεις της αγοράς παίζουν σημαντικό ρόλο σε αυτόν τον καθορισμό, καθώς η προσφορά και η ζήτηση για συγκεκριμένες δεξιότητες και επαγγέλματα επηρεάζουν τις αμοιβές.

Ωστόσο, η πλήρης εμπιστοσύνη στις δυνάμεις της Αγοράς μπορεί να οδηγήσει σε ανισότητες και αδικίες. Σε ένα Φιλελεύθερο Σοσιαλιστικό πλαίσιο, είναι σημαντικό να διασφαλίζεται ότι οι αμοιβές δεν καθορίζονται μόνο από την αγορά, αλλά λαμβάνονται επίσης υπόψη οι Κοινωνικές και Ηθικές Αρχές.

Η δίκαιη αποζημίωση πρέπει να είναι αρκετή για να καλύπτει τις βασικές ανάγκες των εργαζομένων. Αυτές περιλαμβάνουν την πρόσβαση σε τροφή, στέγαση, υγειονομική περίθαλψη, εκπαίδευση και άλλες βασικές υπηρεσίες που απαιτούνται για μια αξιοπρεπή ζωή. Η αμοιβή πρέπει επίσης να επιτρέπει στους εργαζόμενους να συμ-μετέχουν ενεργά στην κοινωνική και πολιτική ζωή, χωρίς τον φόβο της οικονομικής ανασφάλειας.

Πέρα από την κάλυψη των βασικών αναγκών, η δίκαιη αμοιβή πρέπει να συμβάλλει στην ευρύτερη ευημερία των εργαζομένων. Αυτό σημαίνει ότι οι αμοιβές πρέπει να επιτρέπουν στους εργαζόμενους να βελτιώνουν το βιοτικό τους επίπεδο, να επενδύουν σε προσωπική και επαγγελματική ανάπτυξη και να αποταμιεύουν για το μέλλον. Η κοινωνική ευημερία περιλαμβάνει επίσης την δυνατότητα για αναψυχή, πολιτιστικές δραστηριότητες και κοινωνική συμμετοχή.

Κατώτατος Μισθός

Η θέσπιση ενός κατώτατου μισθού είναι μια ουσιαστική πολιτική για την προστασία των εργαζομένων και την προώθηση της Κοινωνικής Δικαιοσύνης στον Φιλελεύθερο Σοσιαλισμό.

Με τον καθορισμό ενός δίκαιου και επαρκούς κατώτατου μισθού, διασφαλίζεται ότι όλοι οι εργαζόμενοι μπορούν να ζήσουν αξιοπρεπώς, αποτρέπεται η εκμετάλλευση μέσω της εργασίας και ενισχύεται η συνολική οικονομική και κοινωνική ευημερία.

Η θέσπιση ενός κατώτατου μισθού αποτελεί έναν από τους πιο σημαντικούς μηχανισμούς προστασίας των εργαζομένων και είναι κεντρικό στοιχείο της φιλοσοφίας του φιλελεύθερου σοσιαλισμού. Αυτός ο μισθός δεν είναι απλώς μια οικονομική πολιτική, αλλά και μια κοινωνική δικλείδα που αποσκοπεί στην προστασία των πιο ευάλωτων μελών της Κοινωνίας.

Οι ευάλωτοι εργαζόμενοι, όπως είναι οι ανειδίκευτοι, οι νέοι, οι γυναίκες και οι μετανάστες, συχνά βρίσκονται σε μειονεκτική θέση στην αγορά εργασίας.

Χωρίς ένα θεσμοθετημένο κατώτατο μισθό, αυτοί οι εργαζόμενοι είναι πιο επιρρεπείς σε εκμετάλλευση, λαμβάνοντας μισθούς που δεν επαρκούν για την κάλυψη των βασικών τους αναγκών.

Χωρίς έναν κατώτατο μισθό, οι εργοδότες μπορεί να προσπαθήσουν να μειώσουν τα κόστη εργασίας προσφέροντας πολύ χαμηλούς μισθούς, οδηγώντας με αυτόν τον τρόπο, σε εκμετάλλευση της εργασίας, εξαναγκάζοντας τους εργαζόμενους τους να δουλεύουν πολλές ώρες και τις περισσότερες φορές, υπό κακές συνθήκες εργασίας με ανεπαρκή αμοιβή.

Ο κατώτατος μισθός, λοιπόν, επί της ουσίας, θέτει μία ελάχιστη βάση στις αμοιβές, αποτρέποντας τέτοιες πρακτικές και προάγοντας την οικονομική Δικαιοσύνη.

Η διαδικασία καθορισμού του κατώτατου μισθού πρέπει να είναι διαφανής και να λαμβάνει υπόψη τις οικονομικές συνθήκες, τον πληθωρισμό και το κόστος ζωής. Συνήθως, αυτός ο καθορισμός γίνεται μέσω διαβουλεύσεων μεταξύ Κυβέρνησης, εργοδοτικών οργανώσεων και συνδικάτων, εξασφαλίζοντας ότι οι διάφορες πλευρές έχουν λόγο στη διαμόρφωση της πολιτικής.

Ο κατώτατος μισθός πρέπει να αναπροσαρμόζεται ανά τακτά διαστήματα για να συμβαδίζει με τις μεταβολές στο κόστος ζωής και τον πληθωρισμό.

Αυτές οι αναπροσαρμογές είναι απαραίτητες για να διασφαλιστεί ότι ο μισθός παραμένει επαρκής για την κάλυψη των βασικών αναγκών των εργαζομένων.

Η εφαρμογή και επιβολή του κατώτατου μισθού είναι εξίσου σημαντική με τον ίδιο τον καθορισμό του.

Οι Κυβερνήσεις πρέπει να εξασφαλίζουν ότι οι εργοδότες συμμορφώνονται με τη νομοθεσία περί κατώτατου μισθού, μέσω των Επιθεωρήσεων Εργασίας και της επιβολής αυστηρών ποινών για τους παραβάτες.

Αυτό βοηθά στην αποτροπή της παραβίασης των Δικαιωμάτων των εργαζομένων και στην ενίσχυση της εμπιστοσύνης στο σύστημα.

Αν και ορισμένοι επικριτές υποστηρίζουν ότι ο κατώτατος μισθός μπορεί να αυξήσει την ανεργία και να μειώσει την ανταγωνιστικότητα των επιχειρήσεων, έρευνες έχουν δείξει ότι οι επιπτώσεις αυτές είναι συχνά υπερβολικές. Αντιθέτως, ένας κατώτατος μισθός μπορεί να τονώσει την οικονομία, αυξάνοντας την αγοραστική δύναμη των εργαζομένων και ενισχύοντας τη ζήτηση για αγαθά και υπηρεσίες.

ΣΥΛΛΟΓΙΚΕΣ ΔΙΑΠΡΑΓΜΑΤΕΥΣΕΙΣ

Οι συλλογικές διαπραγματεύσεις είναι απαραίτητες για την προαγωγή της Δικαιοσύνης και της Ισότητας στον χώρο εργασίας.

Στον Φιλελεύθερο Σοσιαλισμό, η ενίσχυση των συλλογικών διαπραγματεύσεων συμβάλλει στη διαμόρφωση ενός ισορροπημένου και δίκαιου εργασιακού περιβάλλοντος, όπου οι εργαζόμενοι έχουν τη δυνατότητα να διεκδικούν και να επιτυγχάνουν καλύτερες συνθήκες εργασίας και αμοιβές. Μέσα από τη συλλογική διαπραγμάτευση, επιτυγχάνεται μια ισχυρότερη, πιο συνεκτική και ευημερούσα Κοινωνία.

Οι συλλογικές διαπραγματεύσεις αποτελούν την Κεντρική Ιδέα της Φιλοσοφίας του Φιλελεύθερου Σοσιαλισμού, καθώς ενισχύουν τη δύναμη και το δικαίωμα των εργαζομένων να οργανώνονται σε συνδικάτα και να συμμετέχουν σε συλλογικές διαπραγματεύσεις για τον καθορισμό των αμοιβών και των εργασιακών συνθηκών.

Η δυνατότητα των εργαζομένων να οργανώνονται σε συνδικάτα είναι θεμελιώδης για την επιτυχία των συλλογικών διαπραγματεύσεων. Οι κυβερνήσεις και οι επιχειρήσεις πρέπει να διασφαλίζουν ότι οι εργαζόμενοι έχουν το δικαίωμα και την ελευθερία να δημιουργούν και να συμμετέχουν σε συνδικαλιστικές οργανώσεις χωρίς φόβο αντιποίνων ή διακρίσεων.

Οι συλλογικές συμβάσεις εργασίας μπορούν να ενισχύσουν την διαπραγματευτική ισχύ των εργαζομένων, διασφαλίζοντας πιο δίκαιες αμοιβές, προάγοντας παράλληλα, την εργασιακή Δικαιοσύνη και την ισορροπία μεταξύ εργοδοτών και εργαζομένων.

Οι συλλογικές διαπραγματεύσεις, είναι σπουδαίας σημασίας και αυτό διότι μέσω αυτής της διαδικασίας, οι εργαζόμενοι μέσω των συνδικάτων τους, διαπραγματεύονται με τους εργοδότες για τους όρους και τις συνθήκες εργασίας, συμπεριλαμβανομένων των αμοιβών, των ωρών εργασίας, των παροχών και των συνθηκών υγείας και ασφάλειας. Η ύπαρξη αυτής της διαδικασίας είναι κρίσιμη για την επίτευξη μιας δίκαιης και ισότιμης εργασιακής σχέσης.

Οι μεμονωμένοι εργαζόμενοι έχουν συχνά περιορισμένη διαπραγματευτική ισχύ απέναντι στους εργοδότες, ειδικά σε κλάδους με υψηλή ανεργία ή χαμηλή ζήτηση για ειδικευμένη εργασία.

Οι συλλογικές διαπραγματεύσεις μπορούν να συμβάλουν στη δημιουργία ενός πιο σταθερού εργασιακού περιβάλλοντος. Μέσω των συλλογικών συμβάσεων εργασίας, οι εργαζόμενοι και οι εργοδότες μπορούν να συμφωνήσουν σε μακροπρόθεσμες ρυθμίσεις που παρέχουν σταθερότητα και προβλεψιμότητα και για τις δύο πλευρές.

Ένα ισχυρό νομικό πλαίσιο είναι απαραίτητο για την υποστήριξη των συλλογικών διαπραγματεύσεων.

Αυτό περιλαμβάνει νομοθεσία που προστατεύει το δικαίωμα στην απεργία, τη διαπραγμάτευση και τη σύναψη συλλογικών συμβάσεων εργασίας.

Οι Κυβερνήσεις πρέπει να επιβάλλουν αυτές τις νομοθεσίες αυστηρά και να παρέχουν μηχανισμούς επίλυσης διαφορών για να διευκολύνουν τις διαπραγματεύσεις.

Οι συλλογικές διαπραγματεύσεις πρέπει να βασίζονται σε έναν ειλικρινή και εποικοδομητικό διάλογο μεταξύ εργοδοτών και εργαζομένων. Η προαγωγή της συνεργασίας και της αμοιβαίας κατανόησης μπορεί να οδηγήσει σε συμφωνίες που είναι επωφελείς για όλες τις πλευρές.

Ο διάλογος πρέπει να είναι διαφανής και να λαμβάνει υπόψη τις ανάγκες και τα συμφέροντα και των δύο μερών.

Οι συλλογικές διαπραγματεύσεις δεν είναι πάντα εύκολες και οι διαφωνίες είναι αναπόφευκτες.

Οι μηχανισμοί επίλυσης διαφορών, όπως η διαμεσολάβηση και η διαιτησία, είναι απαραίτητοι για την επίλυση των συγκρούσεων με δίκαιο και αποτελεσματικό τρόπο. Αυτοί οι μηχανισμοί βοηθούν στη διατήρηση της εργασιακής ειρήνης και στην αποφυγή μακροχρόνιων και δαπανηρών απεργιών ή κλεισιμάτων των επιχειρήσεων.

Η ενημέρωση και η εκπαίδευση των εργαζομένων και των εργοδοτών σχετικά με τα δικαιώματα και τις υποχρεώσεις τους στις συλλογικές διαπραγματεύσεις είναι κρίσιμη. Τα προγράμματα κατάρτισης και ενημέρωσης μπορούν να ενισχύσουν τις δεξιότητες διαπραγμάτευσης των συνδικάτων και να προάγουν καλύτερη κατανόηση των θεμάτων που διαπραγματεύονται.

Συμμετοχή στα Κέρδη

Η συμμετοχή των εργαζομένων στα κέρδη της επιχείρησης, είναι μια σημαντική Αρχή του Φιλελεύθερου Σοσιαλισμού, γιατί προωθεί και προάγει την οικονομική Δικαιοσύνη και τη συνεργασία στον χώρο εργασίας.

Μέσω αυτής της προσέγγισης, οι επιχειρήσεις μπορούν να δημιουργήσουν ένα πιο δίκαιο και συμμετοχικό εργασιακό περιβάλλον, που ενισχύει την εργασιακή κουλτούρα, την ικανοποίηση των εργαζομένων και την οικονομική τους απόδοση.

Η επιτυχής εφαρμογή της συμμετοχής στα κέρδη απαιτεί σαφή κριτήρια, όπως Διαφάνεια, Εκπαίδευση και συνεχείς διαδικασίες παρακολούθησης και αξιολόγησης, διασφαλίζοντας ότι όλοι οι εργαζόμενοι έχουν τη δυνατότητα να επωφεληθούν από τα οφέλη που προκύπτουν από την επιτυχία της επιχείρησης.

Αυτή η προσέγγιση δεν συμβάλλει μόνο στην οικονομική ευημερία των εργαζομένων αλλά και στην ενίσχυση της συνολικής παραγωγικότητας και αποδοτικότητας της επιχείρησης.

Ας δούμε όμως συνοπτικά, τη σημασία και τις πρακτικές εφαρμογές που έχει η συμμετοχή των εργαζομένων στα κέρδη της επιχείρησης:

Σημασία της Συμμετοχής στα Κέρδη

Η συμμετοχή στα κέρδη επιτρέπει στους εργαζομένους να μοιράζονται τα οικονομικά οφέλη που προκύπτουν από την επιτυχία και την κερδοφορία της επιχείρησης. Αυτό το μέτρο προάγει την αίσθηση του κοινού σκοπού και της συνεργασίας μεταξύ εργοδοτών και εργαζομένων, καθώς όλοι συμβάλλουν και επωφελούνται από την επιτυχία της επιχείρησης.

Οικονομική Δικαιοσύνη και Κοινωνική Ευημερία

Η συμμετοχή στα κέρδη συμβάλλει στην οικονομική Δικαιοσύνη, μειώνοντας τις ανισότητες στην κατανομή του πλούτου μέσα στην επιχείρηση.

Οι εργαζόμενοι, ως βασικοί συντελεστές της παραγωγικής διαδικασίας, δικαιούνται να μοιράζονται τα οφέλη που προκύπτουν από την αύξηση της παραγωγικότητας και της κερδοφορίας. Αυτό μπορεί να οδηγήσει σε αυξημένη κοινωνική ευημερία, καθώς οι εργαζόμενοι αποκτούν πρόσθετο εισόδημα που μπορεί να βελτιώσει το βιοτικό τους επίπεδο.

Κίνητρα για Παραγωγικότητα

Η παροχή κινήτρων μέσω της συμμετοχής στα κέρδη μπορεί να οδηγήσει σε αύξηση της παραγωγικότητας και της αποδοτικότητας των εργαζομένων.

Όταν οι εργαζόμενοι γνωρίζουν ότι οι προσπάθειές τους θα ανταμειφθούν άμεσα μέσω της συμμετοχής στα κέρδη, είναι πιο πιθανό να δουλέψουν σκληρότερα και να προτείνουν βελτιώσεις στις διαδικασίες και τις πρακτικές της επιχείρησης.

ΠΡΑΚΤΙΚΕΣ ΕΦΑΡΜΟΓΕΣ ΤΗΣ ΣΥΜΜΕΤΟΧΗΣ ΣΤΑ ΚΕΡΔΗ

Μηχανισμοί Συμμετοχής στα Κέρδη

Υπάρχουν διάφοροι μηχανισμοί που μπορούν να χρησιμοποιηθούν για την εφαρμογή της συμμετοχής των εργαζομένων στα κέρδη της επιχείρησης, όπως:

Κατανομή Κερδών

Η επιχείρηση μπορεί να διαθέτει ένα ποσοστό των ετήσιων κερδών της για διανομή στους εργαζομένους, με βάση προκαθορισμένα κριτήρια, όπως ο χρόνος εργασίας, η απόδοση και η θέση εργασίας.

Μπόνους Απόδοσης

Παροχή μπόνους σε εργαζόμενους που υπερβαίνουν συγκεκριμένους στόχους ή επιδόσεις.

Αυτά τα μπόνους μπορεί να βασίζονται τόσο σε ατομική όσο και σε ομαδική απόδοση.

Μετοχικές Παροχές

Παροχή μετοχών της επιχείρησης στους εργαζομένους, επιτρέποντάς τους να γίνουν, μικρο-ιδιοκτήτες της εταιρείας και να επωφεληθούν από την αύξηση της αξίας της επιχείρησης.

Καθορισμός Κριτηρίων και Διαδικασιών

Η επιτυχής εφαρμογή της συμμετοχής στα κέρδη απαιτεί σαφή καθορισμό των κριτηρίων και των διαδικασιών κατανομής. Οι επιχειρήσεις πρέπει να καθορίσουν με Διαφάνεια τα κριτήρια που θα χρησιμοποιηθούν για τη διανομή των κερδών και να διασφαλίσουν ότι οι εργαζόμενοι κατανοούν και αποδέχονται αυτά τα κριτήρια. Η Διαφάνεια και η Δικαιοσύνη είναι κεντρικά στοιχεία για τη διατήρηση της εμπιστοσύνης και της συνεργασίας μεταξύ εργοδοτών και εργαζομένων.

Παρακολούθηση και Αξιολόγηση

Η εφαρμογή ενός συστήματος συμμετοχής στα κέρδη πρέπει να συνοδεύεται από συνεχείς διαδικασίες παρακολούθησης και αξιολόγησης. Οι επιχειρήσεις πρέπει να αναλύουν την αποτελεσματικότητα του συστήματος και να προσαρμόζουν τα κριτήρια και τις διαδικασίες βάσει των αποτελεσμάτων και των ανατροφοδοτήσεων από τους εργαζομένους.

Εκπαίδευση και Υποστήριξη

Οι εργαζόμενοι πρέπει να εκπαιδεύονται για να κατανοήσουν πλήρως πώς λειτουργεί το σύστημα συμμετοχής στα κέρδη και πώς μπορούν να επωφεληθούν από αυτό.

Η υποστήριξη και η καθοδήγηση από την πλευρά της διοίκησης είναι απαραίτητες για την ομαλή ενσωμάτωση αυτού του συστήματος στην κουλτούρα της επιχείρησης.

ΟΦΕΛΗ ΤΗΣ ΣΥΜΜΕΤΟΧΗΣ ΣΤΑ ΚΕΡΔΗ

Ενίσχυση της Δέσμευσης και της Ικανοποίησης των Εργαζομένων

Η συμμετοχή στα κέρδη ενισχύει τη δέσμευση και την ικανοποίηση των εργαζομένων, καθώς αισθάνονται ότι οι προσπάθειές τους αναγνωρίζονται και ανταμείβονται. Αυτό μπορεί να μειώσει την εναλλαγή προσωπικού και να βελτιώσει την αφοσίωση και την πίστη των εργαζομένων στην επιχείρηση.

Βελτίωση της Οικονομικής Απόδοσης

Οι επιχειρήσεις που υιοθετούν συστήματα συμμετοχής στα κέρδη συχνά βλέπουν βελτίωση στην οικονομική τους απόδοση, καθώς οι εργαζόμενοι είναι πιο πρόθυμοι να εργαστούν αποδοτικά και να συμβάλουν στην καινοτομία και τη βελτίωση των διαδικασιών.

Μείωση των Κοινωνικών Ανισοτήτων

Η συμμετοχή στα κέρδη συμβάλλει στη μείωση των κοινωνικών και οικονομικών ανισοτήτων, καθώς διασφαλίζει ότι οι εργαζόμενοι λαμβάνουν ένα δίκαιο μερίδιο από τα οφέλη της επιτυχίας της επιχείρησης. Αυτό μπορεί να οδηγήσει σε μια πιο ισορροπημένη και δίκαιη κατανομή του πλούτου.

ΕΡΓΑΣΙΑΚΑ ΔΙΚΑΙΩΜΑΤΑ

Τα Εργασιακά Δικαιώματα είναι Θεμελιώδης Αξία για την προάσπιση της αξιοπρέπειας και της ευημερίας των εργαζομένων.

Στον Φιλελεύθερο Σοσιαλισμό, η προστασία και η προώθηση αυτών των Δικαιωμάτων αποτελεί κεντρικό στόχο, συμβάλλοντας στη δημιουργία ενός δίκαιου και ισότιμου εργασιακού περιβάλλοντος. Μέσω της νομοθεσίας, της συνδικαλιστικής δράσης, της επιθεώρησης και της εκπαίδευσης, μπορεί να διασφαλιστεί ότι όλοι οι εργαζόμενοι απολαμβάνουν τα δικαιώματα και τις προστασίες που δικαιούνται.

Η φιλοσοφία του Φιλελεύθερου Σοσιαλισμού υποστηρίζει σθεναρά την προάσπιση και την ενίσχυση αυτών των Δικαιωμάτων.

Τα εργασιακά δικαιώματα στον Φιλελεύθερο Σοσιαλισμό επικεντρώνονται στη διασφάλιση των ατομικών και συλλογικών Δικαιωμάτων των εργαζομένων. Αυτά περιλαμβάνουν:

Δίκαιες και Ασφαλείς Συνθήκες Εργασίας

Οι εργαζόμενοι έχουν το δικαίωμα να εργάζονται σε ένα ασφαλές και υγιές περιβάλλον. Οι εργοδότες πρέπει να λαμβάνουν όλα τα απαραίτητα μέτρα για την προστασία της υγείας και της ασφάλειας των εργαζομένων, όπως είναι η παροχή προστατευτικού εξοπλισμού, η εκπαίδευση σε θέματα ασφάλειας και η εφαρμογή αυστηρών προτύπων υγιεινής και ασφάλειας.

Η προστασία της υγείας και της ασφάλειας των εργαζομένων είναι απαραίτητη για την παροχή εργασίας.

Οι εργασιακοί χώροι πρέπει να πληρούν υψηλά πρότυπα ασφάλειας και υγιεινής, ενώ πρέπει να υπάρχει και προστασία από ψυχολογική παρενόχληση και άδικη μεταχείριση.

Δικαίωμα σε Δίκαιες Αμοιβές

Η Δίκαιη Αμοιβή αποτελεί βασικό δικαίωμα των εργαζομένων. Οι αμοιβές πρέπει να είναι επαρκείς για να εξασφαλίζουν ένα αξιοπρεπές επίπεδο διαβίωσης, καλύπτοντας τις βασικές ανάγκες των εργαζομένων και των οικογενειών τους. Η αμοιβή πρέπει επίσης να αντικατοπτρίζει την αξία της εργασίας και τις συνθήκες της αγοράς.

Δικαίωμα σε Λογικό Ωράριο Εργασίας

Οι εργαζόμενοι έχουν το δικαίωμα σε ένα λογικό και δίκαιο ωράριο εργασίας. Η υπερβολική εργασία μπορεί να έχει αρνητικές συνέπειες στην υγεία και την ποιότητα ζωής των εργαζομένων. Οι εργοδότες πρέπει να διασφαλίζουν ότι οι εργαζόμενοι δεν αναγκάζονται να εργάζονται υπερβολικές ώρες και ότι έχουν τη δυνατότητα να απολαμβάνουν επαρκή χρόνο ανάπαυσης και προσωπικής ζωής.

Εργασιακή Σταθερότητα

Οι εργαζόμενοι πρέπει να έχουν προστασία από αυθαίρετες απολύσεις. Η εργασιακή σταθερότητα συμβάλλει στην Κοινωνική Συνοχή και την προσωπική ευημερία των εργαζομένων.

Η προστασία από αυθαίρετες απολύσεις διασφαλίζει ότι οι εργαζόμενοι δεν θα απολυθούν χωρίς δίκαιο και σπουδαίο λόγο ή χωρίς να τους παρέχονται οι κατάλληλες διαδικασίες και προειδοποιήσεις.

Αυτό, ενισχύει την εργασιακή ασφάλεια και την εμπιστοσύνη των εργαζομένων στο νομικό πλαίσιο που ρυθμίζει τις σχέσεις εργασίας.

Η εργασιακή σταθερότητα, επίσης, συμβάλλει στη μείωση της αβεβαιότητας και του φόβου της απώλειας θέσης εργασίας, ενισχύοντας έτσι την Κοινωνική Συνοχή και τη σταθερότητα της οικογενειακής ζωής. Οι εργαζόμενοι που αισθάνονται ασφαλείς στη θέση τους είναι πιο πρόθυμοι να συνεισφέρουν στην Κοινωνία και να αναπτύσσουν τις δυνατότητές τους.

Η σταθερή εργασία, προάγει την οικονομική πρόοδο, καθώς οι εργαζόμενοι έχουν την ευκαιρία να αναπτύσσουν τις δεξιότητές τους και να συμβάλλουν στην αύξηση της παραγωγικότητας.

Είναι σημαντικό να τονίσουμε, ότι η εργασιακή σταθερότητα συνδέεται άμεσα με την προσωπική ευημερία και την ψυχική υγεία των εργαζομένων, καθώς η αβεβαιότητα σχετικά με την απασχόληση μπορεί να οδηγήσει σε στρες και ανασφάλεια.

Άδειες και Παροχές

Η χορήγηση αδειών (όπως άδεια μητρότητας, ασθένειας, και κανονική άδεια) και οι κοινωνικές παροχές (όπως ασφάλιση υγείας και σύνταξη) είναι ζωτικής σημασίας για την προστασία των εργαζομένων και την εξασφάλιση μιας ισορροπημένης ζωής.

Εκπαίδευση και Κατάρτιση

Η συνεχής εκπαίδευση και κατάρτιση των εργαζομένων είναι σημαντική για την επαγγελματική τους ανάπτυξη και την προσαρμογή στις νέες τεχνολογίες και τις αλλαγές στην αγορά εργασίας.

Οι επιχειρήσεις και το Κράτος πρέπει να επενδύουν σε προγράμματα κατάρτισης και επανακατάρτισης.

Ισορροπία Εργασίας-Ζωής

Η ισορροπία μεταξύ Επαγγελματικής, Προσωπικής και Οικογενειακής ζωής είναι κρίσιμη για την ευημερία των εργαζομένων. Οι πολιτικές που κατατείνουν προς ευέλικτες μορφές εργασίας, όπως η τηλεργασία και τα ευέλικτα ωράρια, θα πρέπει πρωτίστως να συμβάλλουν -αν όχι προάγουν - σημαντικά σε αυτή την κατεύθυνση.

Δικαίωμα στην Ελευθερία της Συνδικαλιστικής Δράσης

Οι εργαζόμενοι έχουν το δικαίωμα να οργανώνονται και να συμμετέχουν σε συνδικαλιστικές οργανώσεις χωρίς φόβο αντιποίνων ή διακρίσεων.

Οι συνδικαλιστικές οργανώσεις παίζουν καθοριστικό ρόλο στην προστασία των Δικαιωμάτων των εργαζομένων και στην προώθηση των συλλογικών διαπραγματεύσεων.

Δικαίωμα στην Εργασιακή Ασφάλεια και Προστασία από Αυθαίρετη Απόλυση

Οι εργαζόμενοι πρέπει να προστατεύονται από αυθαίρετες και άδικες απολύσεις. Η ασφάλεια στην εργασία, είναι σημαντική για την ψυχολογική και οικονομική ευημερία των εργαζομένων.

Οι εργοδότες πρέπει να παρέχουν σαφείς λόγους και να ακολουθούν δίκαιες διαδικασίες πριν προβούν σε απόλυση.

Δικαίωμα σε στην Ισότητα και τη Μη Διάκριση

Οι εργαζόμενοι έχουν το δικαίωμα να αντιμετωπίζονται ισότιμα και να μην υφίστανται διακρίσεις βάσει φύλου, φυλής, θρησκείας, ηλικίας, σεξουαλικού προσανατολισμού, ή άλλων χαρακτηριστικών.

Η προώθηση της ισότητας και η καταπολέμηση των διακρίσεων είναι απαραίτητες για τη δημιουργία ενός δίκαιου και συμπεριληπτικού εργασιακού περιβάλλοντος.

ΠΡΑΚΤΙΚΕΣ ΕΦΑΡΜΟΓΕΣ ΤΩΝ ΕΡΓΑΣΙΑΚΩΝ ΔΙΚΑΙΩΜΑΤΩΝ

Νομοθεσία και Κανονισμοί

Η ύπαρξη ισχυρού νομικού πλαισίου είναι απαραίτητη για την προστασία των εργασιακών δικαιωμάτων.

Οι κυβερνήσεις πρέπει να θεσπίζουν και να επιβάλλουν νομοθεσία που θα διασφαλίζει τα δικαιώματα των εργαζομένων, καθώς και να παρέχουν μηχανισμούς επίλυσης διαφορών.

Η νομοθεσία και οι κανονισμοί που προστατεύουν τα εργασιακά δικαιώματα αποτελούν τη βάση για μια δίκαιη και ασφαλή εργασιακή σχέση.

Οι κυβερνήσεις έχουν την ευθύνη να αναπτύσσουν και να ενσωματώνουν πολιτικές που διασφαλίζουν τις βασικές αρχές της εργασιακής Δικαιοσύνης, όπως ο δίκαιος μισθός, οι ασφαλείς συνθήκες εργασίας, το δικαίωμα στη συλλογική διαπραγμάτευση, και η προστασία από διακρίσεις και παρενόχληση στον χώρο εργασίας.

Η ύπαρξη νομοθεσίας που προβλέπει τα σχετικά για τον κατώτατο μισθό, την υγεία και ασφάλεια στην εργασία, την άδεια ασθενείας και την άδεια μητρότητας ή πατρότητας είναι θεμελιώδης για την προστασία των εργαζομένων. Οι νόμοι αυτοί διασφαλίζουν ότι οι εργοδότες παρέ-χουν έναν ελάχιστο επίπεδο προστασίας και Δικαιωμάτων στους εργαζομένους τους, συμβάλλοντας στη βελτίωση της ποιότητας ζωής και της ευημερίας τους.

Η εφαρμογή και η επιβολή αυτών των νόμων είναι εξίσου σημαντική με την ύπαρξή τους.

Οι Κυβερνήσεις πρέπει να διασφαλίζουν ότι οι νόμοι τηρούνται μέσω αποτελεσματικών μηχανισμών επιτήρησης και επιβολής. Οι επιθεωρήσεις εργασίας, οι ανεξάρτητοι φορείς και οι δικαστικές αρχές πρέπει να έχουν τη δυνατότητα να διερευνούν παραβιάσεις και να επιβάλλουν κυρώσεις στους παραβάτες.

Η ύπαρξη αξιόπιστων μηχανισμών επιβολής ενισχύει την εμπιστοσύνη των εργαζομένων στο νομικό σύστημα και αποτρέπει τις παραβιάσεις των δικαιωμάτων τους.

Οι μηχανισμοί επίλυσης διαφορών είναι επίσης ζωτικής σημασίας για την προστασία των εργασιακών Δικαιωμά-των. Οι εργαζόμενοι πρέπει να έχουν πρόσβαση σε διαδικασίες που τους επιτρέπουν να υποβάλλουν καταγγελίες και να επιλύουν τις διαφορές τους με τους εργοδότες τους με δίκαιο και αποτελεσματικό τρόπο. Οι διαδικασίες αυτές μπορούν να περιλαμβάνουν τη διαμεσολάβηση, τη διαιτησία και τις δικαστικές προσφυγές.

Η ύπαρξη τέτοιων μηχανισμών διασφαλίζει ότι οι εργαζόμενοι έχουν τη δυνατότητα να διεκδικήσουν τα δικαιώματά τους και να λάβουν αποζημίωση για τυχόν αδικίες που έχουν υποστεί.

Επιπλέον, η συνεχής αναθεώρηση και επικαιροποίηση της νομοθεσίας είναι απαραίτητη για την αντιμετώπιση των νέων προκλήσεων που προκύπτουν στον χώρο εργασίας.

Η παγκοσμιοποίηση, η τεχνολογική πρόοδος και οι αλλαγές στις μορφές απασχόλησης απαιτούν ευέλικτες και προσαρμόσιμες ρυθμίσεις που να ανταποκρίνονται στις νέες συνθήκες.

Οι κυβερνήσεις πρέπει να συνεργάζονται με τους κοινωνικούς εταίρους, όπως τα συνδικάτα και τις εργοδοτικές οργανώσεις, για την ανάπτυξη και εφαρμογή πολιτικών που προστατεύουν τους εργαζόμενους σε ένα συνεχώς μεταβαλλόμενο περιβάλλον.

Συνδικαλιστική Δράση
και Συλλογικές Διαπραγματεύσεις

Τα συνδικάτα πρέπει να διαδραματίζουν ενεργό ρόλο στην προάσπιση των εργασιακών Δικαιωμάτων μέσω των συλλογικών διαπραγματεύσεων και της διεκδίκησης καλύτερων όρων εργασίας για τα μέλη τους. Η ενίσχυση της συνδικαλιστικής δράσης είναι κρίσιμη για την προστασία και την προώθηση των Δικαιωμάτων των εργαζομένων.

Οι συνδικαλιστικές οργανώσεις αποτελούν βασικό θεσμό για την προάσπιση των συμφερόντων των εργαζομένων.

Μέσω της συλλογικής διαπραγμάτευσης, τα συνδικάτα έχουν τη δυνατότητα να επιτύχουν βελτιώσεις στους μισθούς, τις συνθήκες εργασίας, τα ωράρια, τα επιδόματα και τα δικαιώματα άδειας για τα μέλη τους.

Οι συλλογικές συμβάσεις εργασίας που προκύπτουν από αυτές τις διαπραγματεύσεις διασφαλίζουν ότι οι εργαζόμενοι απολαμβάνουν δίκαιους και διαφανείς όρους εργασίας, συμβάλλοντας έτσι στη βελτίωση της ποιότητας ζωής τους και στην ενίσχυση της Κοινωνικής Δικαιοσύνης.

Η ενεργή συμμετοχή των συνδικάτων στις διαπραγματεύσεις με τους εργοδότες επιτρέπει την αντιμετώπιση των ανισορροπιών δύναμης που συχνά υπάρχουν στην εργασιακή σχέση. Τα συνδικάτα παρέχουν στους εργαζόμενους μια συλλογική φωνή, καθιστώντας τους ικανούς να εκφράσουν τις ανησυχίες και τα αιτήματά τους με ισχυρό και οργανωμένο τρόπο. Αυτό ενισχύει τη διαπραγματευτική τους θέση και τους επιτρέπει να επιτυγχάνουν καλύτερους όρους και συνθήκες εργασίας.

Η συνδικαλιστική δράση δεν περιορίζεται μόνο στις διαπραγματεύσεις για τους όρους εργασίας. Τα συνδικάτα διαδραματίζουν επίσης σημαντικό ρόλο στην υπεράσπιση των εργασιακών Δικαιωμάτων σε περιπτώσεις παραβιάσεων. Παρέχουν νομική υποστήριξη και συμβουλές στα μέλη τους, βοηθώντας τα να αντιμετωπίσουν ενδεχόμενες αδικίες και να διεκδικήσουν τα δικαιώματά τους μέσω των κατάλληλων νομικών διαδικασιών.

Η παρουσία ισχυρών συνδικάτων λειτουργεί αποτρεπτικά για τους εργοδότες που μπορεί να επιθυμούν να παραβιάσουν τα εργασιακά δικαιώματα, συμβάλλοντας έτσι στην προστασία των εργαζομένων.

Η ενίσχυση της συνδικαλιστικής δράσης είναι κρίσιμη για την προστασία και την προώθηση των δικαιωμάτων των εργαζομένων. Οι κυβερνήσεις και οι εργοδότες πρέπει να αναγνωρίζουν το δικαίωμα των εργαζομένων να οργανώνονται και να συμμετέχουν σε συνδικαλιστικές οργανώσεις. Η νομοθεσία πρέπει να διασφαλίζει ότι τα συνδικάτα μπορούν να λειτουργούν ελεύθερα και ανεξάρτητα, και ότι έχουν πρόσβαση στους χώρους εργασίας για να επικοινωνούν με τα μέλη τους και να διεξάγουν τις δραστηριότητές τους.

Επιπλέον, οι συνδικαλιστικές οργανώσεις πρέπει να ενισχύουν την εσωτερική τους δομή και λειτουργία για να είναι αποτελεσματικές και αντιπροσωπευτικές. Η δημοκρατική Διακυβέρνηση, η διαφάνεια και η λογοδοσία είναι ζωτικής σημασίας για την ενίσχυση της εμπιστοσύνης των μελών τους και για την επίτευξη των στόχων τους. Οι συνδικαλιστικές ηγεσίες πρέπει να είναι ευαίσθητες στις ανάγκες και τα αιτήματα των μελών τους, και να διασφαλίζουν ότι οι αποφάσεις λαμβάνονται με βάση τα συμφέροντα όλων των εργαζομένων.

Επιθεώρηση και Έλεγχος

Οι κυβερνητικές αρχές πρέπει να διενεργούν τακτικούς ελέγχους και επιθεωρήσεις στους χώρους εργασίας για να διασφαλίζουν ότι οι εργοδότες συμμορφώνονται με τις σχετικές νομοθεσίες και κανονισμούς.

Οι επιθεωρήσεις αυτές πρέπει να είναι αμερόληπτες και αποτελεσματικές.

Η αποτελεσματική επιθεώρηση και έλεγχος των χώρων εργασίας αποτελεί βασικό μέσο για την προστασία των εργασιακών Δικαιωμάτων και την εξασφάλιση ασφαλών και υγιεινών συνθηκών εργασίας.

Οι επιθεωρητές εργασίας είναι υπεύθυνοι για τον έλεγχο της συμμόρφωσης των εργοδοτών με την εργατική νομοθεσία και για τη διερεύνηση καταγγελιών και παραβιάσεων. Οι τακτικοί και αμερόληπτοι έλεγχοι είναι απαραίτητοι για την πρόληψη και την αντιμετώπιση των παραβιάσεων και για τη διασφάλιση ότι οι εργοδότες τηρούν τις υποχρεώσεις τους.

Οι επιθεωρήσεις πρέπει να καλύπτουν διάφορες πτυχές της εργασιακής σχέσης, όπως η τήρηση των ωραρίων εργασίας, η πληρωμή των μισθών, η παροχή άδειας και η συμμόρφωση με τα πρότυπα υγείας και ασφάλειας.

Επίσης, οι επιθεωρητές πρέπει να ελέγχουν την ύπαρξη και εφαρμογή πολιτικών κατά των διακρίσεων και της παρενόχλησης στον χώρο εργασίας. Η ενδελεχής και ακριβής καταγραφή των ευρημάτων είναι ζωτικής σημασίας για την επιβολή των κατάλληλων κυρώσεων και τη διασφάλιση της Δικαιοσύνης.

Η αμεροληψία στις επιθεωρήσεις είναι κρίσιμη για τη διατήρηση της εμπιστοσύνης των εργαζομένων και των εργοδοτών στο σύστημα ελέγχου.

Οι επιθεωρητές πρέπει να ενεργούν με διαφάνεια και αμεροληψία, αποφεύγοντας τυχόν συγκρούσεις συμφερόντων ή προκαταλήψεις. Η κατάρτιση και η εκπαίδευση των επιθεωρητών είναι απαραίτητες για την εξασφάλιση της επαγγελματικής τους επάρκειας και της ικανότητάς τους να χειρίζονται σύνθετα ζητήματα που αφορούν την εργασιακή νομοθεσία.

Η αποτελεσματικότητα των επιθεωρήσεων εξαρτάται επίσης από τη διαθεσιμότητα επαρκών πόρων και την πρόσβαση σε σύγχρονα εργαλεία και τεχνολογίες. Οι επιθεωρητές πρέπει να είναι εφοδιασμένοι με τα κατάλληλα μέσα για να διεξάγουν τους ελέγχους τους με ακρίβεια και αποτελεσματικότητα. Αυτό περιλαμβάνει την πρόσβαση σε βάσεις δεδομένων, τη χρήση ψηφιακών εργαλείων για την καταγραφή και ανάλυση των ευρημάτων, και την παροχή υλικοτεχνικής υποστήριξης για τις επιτόπιες επιθεωρήσεις.

Η συνεργασία με άλλους φορείς, όπως τα συνδικάτα, οι εργοδοτικές οργανώσεις και οι μη κυβερνητικές οργανώσεις, μπορεί να ενισχύσει την αποτελεσματικότητα των επιθεωρήσεων. Η ανταλλαγή πληροφοριών και η συνεργασία σε κοινούς ελέγχους μπορεί να βοηθήσει στην ταχύτερη και πιο αποτελεσματική αντιμετώπιση των παραβιάσεων. Επίσης, η συνεργασία με διεθνείς οργανισμούς, όπως ο Διεθνής Οργανισμός Εργασίας (ILO), μπορεί να προσφέρει πολύτιμη τεχνογνωσία και υποστήριξη στην   ανάπτυξη και βελτίωση των επιθεωρητικών διαδικασιών.

Εκπαίδευση και Ευαισθητοποίηση

Οι εργοδότες και οι εργαζόμενοι πρέπει να εκπαιδεύονται σχετικά με τα εργασιακά δικαιώματα και τις υποχρεώσεις τους. Η ευαισθητοποίηση και η ενημέρωση μπορούν να συμβάλει στη δημιουργία μιας κουλτούρας σεβασμού και συμμόρφωσης με τα δικαιώματα των εργαζομένων.

Η εκπαίδευση των εργοδοτών σχετικά με τις νομικές τους υποχρεώσεις και τα δικαιώματα των εργαζομένων είναι καίριας σημασίας για τη διασφάλιση ενός δίκαιου και ασφαλούς εργασιακού περιβάλλοντος. Οι εργοδότες πρέπει να γνωρίζουν και να κατανοούν τις διατάξεις της εργατικής νομοθεσίας, καθώς και τις συνέπειες της μη συμμόρφωσης με αυτές. Η παροχή εκπαιδευτικών σεμιναρίων και εργαστηρίων, η ανάπτυξη εγχειριδίων και οδηγιών, καθώς και η χρήση ηλεκτρονικών πόρων και πλατφορμών εκπαίδευσης μπορούν να βοηθήσουν στην ενημέρωση των εργοδοτών για τις ευθύνες τους και τις βέλτιστες πρακτικές στον χώρο εργασίας.

Παράλληλα, η εκπαίδευση των εργαζομένων σχετικά με τα δικαιώματά τους και τις υποχρεώσεις τους είναι εξίσου σημαντική. Οι εργαζόμενοι πρέπει να γνωρίζουν τα δικαιώματά τους αναφορικά με τους μισθούς, τις ώρες εργασίας, τις άδειες, την υγεία και την ασφάλεια, καθώς και τις διαδικασίες για την υποβολή καταγγελιών και την επίλυση διαφορών. Η γνώση αυτή τους δίνει τη δυνατότητα να διεκδικήσουν τα δικαιώματά τους και να αντιδράσουν σε περιπτώσεις παραβιάσεων.

Η αμοιβαίες εκπαιδεύσεις και η ευαισθητοποίηση μπορούν επίσης να συμβάλουν στη δημιουργία μιας κουλτούρας σεβασμού και συμμόρφωσης με τα δικαιώματα των εργαζομένων. Οι εκπαιδευτικές πρωτοβουλίες πρέπει να περιλαμβάνουν θέματα όπως η ισότητα και η ποικιλομορφία στον χώρο εργασίας, η πρόληψη των διακρίσεων και της παρενόχλησης, και η προώθηση της υγείας και της ασφάλειας.

Η δημιουργία μιας εργασιακής κουλτούρας που βασίζεται στον σεβασμό και την αλληλεγγύη μπορεί να ενισχύσει την ηθική και την παραγωγικότητα των εργαζομένων, καθώς και να μειώσει τις συγκρούσεις και τις παραβιάσεις των Δικαιωμάτων τους.

Οι Κυβερνήσεις και οι εργοδοτικές οργανώσεις πρέπει να αναλάβουν πρωτοβουλίες για την προώθηση της εκπαίδευσης και της ευαισθητοποίησης στον χώρο εργασίας. Οι εκπαιδευτικές καμπάνιες, η παροχή πόρων και η συνεργασία με εκπαιδευτικά ιδρύματα και μη κυβερνητικές οργανώσεις μπορούν να βοηθήσουν στην επίτευξη αυτού του στόχου.

Επιπλέον, οι συνδικαλιστικές οργανώσεις μπορούν να διαδραματίσουν σημαντικό ρόλο στην ενημέρωση και την υποστήριξη των μελών τους, παρέχοντας εκπαιδευτικά προγράμματα και πόρους που θα επικεντρώνονται στα δικαιώματα και τις υποχρεώσεις των εργαζομένων.

Η χρήση σύγχρονων τεχνολογιών μπορεί να ενισχύσει την αποτελεσματικότητα των εκπαιδευτικών πρωτοβουλιών. Οι διαδικτυακές πλατφόρμες εκπαίδευσης, τα webinars και τα διαδραστικά εργαλεία μπορούν να καταστήσουν την εκπαίδευση προσβάσιμη σε ευρύτερο κοινό και να προσαρμόσουν το περιεχόμενο στις ανάγκες και τις προτιμήσεις των χρηστών. Επιπλέον, η δημιουργία ηλεκτρονικών βιβλιοθηκών και βάσεων δεδομένων μπορεί να προσφέρει στους εργοδότες και τους εργαζόμενους εύκολη πρόσβαση σε πληροφορίες και πόρους σχετικά με τα εργασιακά δικαιώματα.

ΚΕΦΑΛΑΙΟ Δ': ΠΟΛΙΤΙΣΜΟΣ ΚΑΙ ΚΟΙΝΩΝΙΚΗ ΣΥΝΟΧΗ

Ο Πολιτισμός και η Κοινωνική Συνοχή είναι αλληλένδετες έννοιες που διαδραματίζουν καθοριστικό ρόλο στη διαμόρφωση μιας υγιούς και ευημερούσας Κοινωνίας.

Αυτές οι έννοιες προάγουν την Ευημερία και την Αλληλεγγύη, ενώ η Φιλελεύθερη σοσιαλιστική ιδεολογία δίνει ιδιαίτερη έμφαση στην προώθηση τους ως μέσα για την επίτευξη της Κοινωνικής Δικαιοσύνης και της Ισότητας.

Η προώθηση του πολιτισμού και η ενίσχυση της Κοινωνικής Συνοχής είναι Κεντρικές Αρχές στη Φιλελεύθερη Σοσιαλιστική Ιδεολογία. Ο πολιτισμός, μέσω της πολιτιστικής εκπαίδευσης και της προώθησης της πολιτιστικής ποικιλομορφίας, συμβάλλει στη δημιουργία μιας κοινωνίας όπου όλοι οι πολίτες αισθάνονται ότι ανήκουν και συμμετέχουν ενεργά. Η πολιτιστική εκπαίδευση ενισχύει την κατανόηση και την εκτίμηση της πολιτιστικής κληρονομιάς, ενώ η προώθηση της ποικιλομορφίας διασφαλίζει ότι όλες οι πολιτιστικές ομάδες έχουν την ευκαιρία να εκφραστούν και να συμβάλουν στο κοινωνικό σύνολο.

Παράλληλα, η ενίσχυση της Κοινωνικής Συνοχής μέσω της καταπολέμησης των κοινωνικών ανισοτήτων και της προώθησης του κοινωνικού διαλόγου είναι απαραίτητη για τη δημιουργία μιας Δίκαιης Κοινωνίας. Η Κοινωνική Συνοχή ενδυναμώνει τους δεσμούς μεταξύ των πολιτών, μειώνει τις κοινωνικές συγκρούσεις και προάγει την Αλληλεγγύη. Μέσα από τον κοινωνικό διάλογο, οι πολίτες μπορούν να εκφράσουν τις απόψεις τους, να συμμετέχουν στη λήψη αποφάσεων και να συμβάλλουν ενεργά στη διαμόρφωση της Κοινωνίας.

Ο πολιτισμός και η Κοινωνική Συνοχή, ως αλληλένδετες έννοιες, συμβάλλουν στην ανάπτυξη αξιών, δημιουργώντας ένα περιβάλλον στο οποίο όλοι οι πολίτες αισθάνονται ότι ανήκουν και έχουν την ευκαιρία να ευημερήσουν.

ΠΟΛΙΤΙΣΜΟΣ

Ο Πολιτισμός ως Καθρέφτης της Κοινωνίας

Ο πολιτισμός αντανακλά τις αξίες, τις πεποιθήσεις και τις παραδόσεις μιας Κοινωνίας. Μέσω της τέχνης, της λογοτεχνίας, της μουσικής, του θεάτρου και άλλων μορφών πολιτιστικής έκφρασης, οι κοινωνίες επικοινωνούν και διατηρούν την ταυτότητά τους. Η προώθηση του πολιτισμού συμβάλλει στη διατήρηση της πολιτιστικής κληρονομιάς και στη δημιουργία μιας κοινής ταυτότητας.

Προώθηση της Πολιτιστικής Ποικιλομορφίας

Η πολιτιστική ποικιλομορφία είναι πλούτος για την Κοινωνία.

Η αναγνώριση και ο σεβασμός των διαφορετικών πολιτιστικών παραδόσεων, γλωσσών και θρησκειών ενισχύει την Κοινωνική Συνοχή και προάγει την αλληλοκατανόηση και τον σεβασμό μεταξύ των μελών της Κοινωνίας.

Πολιτιστική Εκπαίδευση

Η πολιτιστική εκπαίδευση είναι απαραίτητη για την προώθηση του πολιτισμού και την ενίσχυση της πολιτιστικής συνείδησης. Μέσω της εκπαίδευσης, οι πολίτες μπορούν να γνωρίσουν και να εκτιμήσουν την πολιτιστική τους κληρονομιά, καθώς και να αναπτύξουν μια αίσθηση σεβασμού και εκτίμησης για τους πολιτισμούς άλλων λαών.

ΤΡΟΠΟΙ ΠΡΟΩΘΗΣΗΣ ΤΟΥ ΔΙΑΠΟΛΙΤΙΣΤΙΚΟΥ ΔΙΑΛΟΓΟΥ

Η προώθηση του διαπολιτιστικού διαλόγου είναι ουσιαστική για τη δημιουργία μιας ανοιχτής, δίκαιης και συμπεριληπτικής Κοινωνίας.

Με την εκπαίδευση, τις πολιτιστικές εκδηλώσεις, τις κοινοτικών πρωτοβουλίες και τη χρήση της τεχνολογίας και των ΜΜΕ, μπορούμε να ενισχύσουμε την κατανόηση και τη συνεργασία μεταξύ διαφορετικών πολιτισμικών ομάδων.

Η ενίσχυση του διαπολιτιστικού διαλόγου συμβάλλει στη δημιουργία μιας Κοινωνίας όπου όλοι οι πολίτες αισθάνονται αποδεκτοί και σεβαστοί για την πολιτισμική τους ταυτότητα.

Η προώθηση του διαπολιτιστικού διαλόγου είναι κρίσιμη για την ενίσχυση της κατανόησης, της συνεργασίας και της Αλληλεγγύης μεταξύ διαφορετικών πολιτισμικών ομάδων και επιτυγχάνεται με τους παρακάτω τρόπους:

Εκπαιδευτικά Προγράμματα

Ενσωμάτωση των διαπολιτιστικών θεμάτων στο εκπαιδευτικό πρόγραμμα των σχολείων και Πανεπιστημίων.

Μαθήματα που πραγματικά διδάσκουν και αναλύουν την παγκόσμια ιστορία, τις γλώσσες και τους πολιτισμούς μπορούν να βοηθήσουν τους μαθητές να κατανοήσουν και να εκτιμήσουν τις πολιτισμικές διαφορές.

Εκπαιδευτικά Εργαστήρια

Διοργάνωση εργαστηρίων και σεμιναρίων που ενθαρρύνουν τη συμμετοχή και τη συνεργασία μεταξύ μαθητών διαφορετικών πολιτισμικών προελεύσεων.

Τα εργαστήρια αυτά μπορούν να περιλαμβάνουν δραστηριότητες όπως η αφήγηση ιστοριών (Storytelling), οι πολιτιστικές ανταλλαγές και οι κοινές τέχνες.

Εκπαίδευση Ενηλίκων

Προγράμματα εκπαίδευσης ενηλίκων που επικεντρώνονται στη διαπολιτιστική κατανόηση και την κοινωνική ενσωμάτωση.

Τα προγράμματα αυτά μπορούν να βοηθήσουν τους ενήλικες να αναπτύξουν δεξιότητες διαπολιτισμικής επικοινωνίας και να συμμετέχουν ενεργά στην Κοινωνία.

Φεστιβάλ Πολιτισμών

Διοργάνωση φεστιβάλ που προβάλλουν τις παραδόσεις, τη μουσική, το χορό και την κουζίνα διαφορετικών πολιτισμών. Τα φεστιβάλ αυτά μπορούν να φέρουν τους ανθρώπους πιο κοντά και να προάγουν την αλληλοκατανόηση.

Εκθέσεις Τέχνης

Διοργάνωση εκθέσεων τέχνης που προβάλλουν έργα καλλιτεχνών διαφορετικών τάσεων και πολιτισμικών προελεύσεων.

Οι εκθέσεις αυτές μπορούν να προσφέρουν μια πλατφόρμα για την έκφραση πολιτισμικών ταυτοτήτων και την προώθηση του διαλόγου μέσω της τέχνης.

Πολιτιστικές Ανταλλαγές

Προώθηση πολιτιστικών ανταλλαγών μεταξύ Κοινοτήτων και Χωρών.

Οι ανταλλαγές αυτές μπορούν να περιλαμβάνουν επισκέψεις καλλιτεχνών, φοιτητών και επαγγελματιών, καθώς και κοινές πολιτιστικές δράσεις.

Κέντρα Πολιτισμού

Ίδρυση και υποστήριξη κέντρων πολιτισμού που παρέχουν χώρους για διαπολιτισμικές δραστηριότητες και εκδηλώσεις. Τα κέντρα αυτά μπορούν να λειτουργήσουν ως πλατφόρμες για την ανταλλαγή ιδεών και την ενίσχυση της συνεργασίας.

Τοπικές Πρωτοβουλίες

Υποστήριξη τοπικών πρωτοβουλιών που προάγουν τη διαπολιτισμική κατανόηση και συνεργασία.

Οι πρωτοβουλίες αυτές μπορεί να περιλαμβάνουν κοινές δράσεις καθαριότητας, αθλητικές δραστηριότητες και πολιτιστικά εργαστήρια.

Δημόσιες Συζητήσεις

Οργάνωση δημόσιων συζητήσεων και διαλόγων για θέματα που αφορούν την πολιτισμική ποικιλία και την κοινωνική ένταξη.

Οι δημόσιες συζητήσεις μπορούν να συμβάλλουν στην κατανόηση και την επίλυση των προκλήσεων που αντιμετωπίζουν οι διαφορετικές πολιτισμικές ομάδες.

Διαδικτυακές Πλατφόρμες

Ανάπτυξη διαδικτυακών πλατφορμών που προωθούν τον διαπολιτισμικό διάλογο και την ανταλλαγή πληροφοριών. Οι πλατφόρμες αυτές μπορούν να περιλαμβάνουν φόρουμ, ιστοσελίδες και κοινωνικά δίκτυα που ενθαρρύνουν τη συμμετοχή και τη συνεργασία.

Πολιτισμικά ΜΜΕ

Υποστήριξη πολιτισμικών μέσων μαζικής ενημέρωσης που προβάλλουν τις ιστορίες, τα επιτεύγματα και τα προβλήματα των διαφορετικών πολιτισμικών ομάδων.

Τα ΜΜΕ μπορούν να διαδραματίσουν σημαντικό ρόλο στην προώθηση της αλληλοκατανόησης και του σεβασμού, σε ευρύτερες ομάδες ανθρώπων.

Εκστρατείες Ευαισθητοποίησης

Δημιουργία εκστρατειών ευαισθητοποίησης που προωθούν τη σημασία της πολιτισμικής ποικιλίας και του διαπολιτιστικού διαλόγου.

Οι εκστρατείες αυτές μπορούν να χρησιμοποιούν τα μέσα κοινωνικής δικτύωσης, τις διαφημίσεις και τα δημόσια μηνύματα για να προσεγγίσουν ένα ευρύ κοινό.

ΚΟΙΝΩΝΙΚΗ ΣΥΝΟΧΗ

Η Κοινωνική Συνοχή είναι ένας βασικός παράγοντας για την ευημερία και τη σταθερότητα μιας Κοινωνίας.

Αναφέρεται στον βαθμό στον οποίο τα μέλη μιας Κοινωνίας αισθάνονται αλληλέγγυα και ενωμένα, μοιράζονται Κοινές Αξίες και συνεργάζονται για το Κοινό Καλό.

Η Κοινωνική Συνοχή ενισχύει τους δεσμούς μεταξύ των πολιτών, μειώνει τις κοινωνικές συγκρούσεις και προάγει την Αλληλεγγύη, διασφαλίζοντας ότι όλοι οι πολίτες αισθάνονται ότι ανήκουν και έχουν την ευκαιρία να ευημερήσουν.

Στον Φιλελεύθερο Σοσιαλισμό, η Κοινωνική Συνοχή είναι ζωτικής σημασίας για την προώθηση της ισότητας, της Δικαιοσύνης και της Αλληλεγγύης. Η ιδεολογία αυτή δίνει έμφαση στην Κοινωνική Συνοχή ως μέσο για την επίτευξη Κοινωνικής Δικαιοσύνης και ισότητας, προωθώντας την ενσωμάτωση όλων των πολιτών στην Κοινωνία και την εξάλειψη των κοινωνικών ανισοτήτων.

Η προώθηση της Κοινωνικής Συνοχής μπορεί να επιτευχθεί μέσω διαφόρων μέσων, όπως η εκπαίδευση, οι πολιτικές ένταξης, η κοινωνική συμμετοχή και η προώθηση της πολιτισμικής ποικιλίας. Η εκπαίδευση παίζει καθοριστικό ρόλο στην ενίσχυση της Κοινωνικής Συνοχής, καθώς βοηθά τους νέους να κατανοήσουν και να εκτιμήσουν την αξία της διαφορετικότητας και των κοινών αξιών. Μέσω της εκπαιδευτικής διαδικασίας, οι μαθητές μαθαίνουν να συνεργάζονται, να σέβονται τις διαφορές τους και να αναγνωρίζουν τις κοινές τους αξίες, ενισχύοντας έτσι την αίσθηση του «Ανήκειν» και την Αλληλεγγύη.

Οι πολιτικές ένταξης είναι επίσης κρίσιμες για την προώθηση της Κοινωνικής Συνοχής. Αυτές οι πολιτικές περιλαμβάνουν μέτρα που διασφαλίζουν ότι όλοι οι πολίτες έχουν ίσες ευκαιρίες και πρόσβαση σε βασικές υπηρεσίες, όπως η εκπαίδευση, η υγεία και η απασχόληση. Οι πολιτικές ένταξης συμβάλλουν στη μείωση των κοινωνικών ανισοτήτων και στην προώθηση της κοινωνικής Δικαιοσύνης, δημιουργώντας ένα περιβάλλον όπου όλοι οι πολίτες μπορούν να συνεισφέρουν και να ευημερήσουν.

Η κοινωνική συμμετοχή είναι ένας άλλος σημαντικός παράγοντας για την προώθηση της κοινωνικής συνοχής. Η ενεργή συμμετοχή των πολιτών στη λήψη αποφάσεων και στη διαμόρφωση των πολιτικών που τους αφορούν ενισχύει τη Δημοκρατία και διασφαλίζει ότι οι φωνές όλων των κοινωνικών ομάδων ακούγονται και λαμβάνονται υπόψη. Μέσω της κοινωνικής συμμετοχής, οι πολίτες έχουν τη δυνατότητα να εκφράσουν τις απόψεις τους, να προτείνουν λύσεις και να συμβάλλουν στη δημιουργία μιας πιο δίκαιης και συμπεριληπτικής Κοινωνίας.

Η προώθηση της πολιτισμικής ποικιλίας είναι επίσης απαραίτητη για την ενίσχυση της κοινωνικής συνοχής.

Η πολιτισμική ποικιλία ενισχύει τη δημιουργικότητα, την καινοτομία και την Κοινωνική Δικαιοσύνη, δημιουργώντας ένα περιβάλλον που αγκαλιάζει και αξιοποιεί τις διαφορές προς όφελος όλων των μελών της Κοινωνίας.

Η Κοινωνική Συνοχή δεν είναι μόνο ένα ιδεαλιστικό όραμα, αλλά και μια πρακτική αναγκαιότητα για τη διατήρηση της κοινωνικής σταθερότητας και της ευημερίας. Σε μια Κοινωνία με ισχυρή Κοινωνική Συνοχή, οι πολίτες είναι πιο πιθανό να συνεργάζονται για το κοινό καλό, να υποστηρίζουν ο ένας τον άλλον και να συμβάλλουν στην ανάπτυξη και την πρόοδο της Κοινωνίας.

Ένα σημαντικό στοιχείο της Κοινωνικής Συνοχής είναι η εμπιστοσύνη μεταξύ των πολιτών και των θεσμών. Η εμπιστοσύνη αυτή είναι θεμελιώδης για την ομαλή λειτουργία της Κοινωνίας και την προώθηση της Κοινωνικής Συνοχής. Όταν οι πολίτες αισθάνονται ότι μπορούν να εμπιστεύονται τους γείτονές τους και τους θεσμούς της Κοινωνίας τους, είναι πιο πιθανό να συμμετέχουν ενεργά στην Κοινωνία και να συμβάλλουν στην ευημερία της.

Η Κοινωνική Συνοχή προάγει επίσης την αίσθηση του «Ανήκειν» και της ταυτότητας. Όταν οι πολίτες αισθάνονται ότι ανήκουν σε μια κοινότητα και μοιράζονται κοινές αξίες και στόχους, είναι πιο πιθανό να αισθάνονται υπεύθυνοι για την ευημερία της κοινότητας και να συνεργάζονται για την επίτευξη των κοινών στόχων. Η αίσθηση αυτή του «Ανήκειν κάπου» και της ταυτότητας είναι κρίσιμη για την Κοινωνική Συνοχή, καθώς ενισχύει τους δεσμούς μεταξύ των πολιτών και προάγει την Αλληλεγγύη και την αλληλοβοήθεια.

Ένα άλλο σημαντικό στοιχείο της Κοινωνικής Συνοχής είναι η Αλληλεγγύη. Η Αλληλεγγύη είναι η αίσθηση της ενότητας και της υποστήριξης μεταξύ των μελών μιας Κοινωνίας, και είναι κρίσιμη για την προώθηση της Κοινωνικής Συνοχής. Όταν οι πολίτες αισθάνονται αλληλέγγυοι και υποστηρίζουν ο ένας τον άλλον, είναι πιο πιθανό να συνεργάζονται για το κοινό καλό και να συμβάλλουν στην ανάπτυξη και την πρόοδο της Κοινωνίας.

Η προώθηση της Κοινωνικής Συνοχής απαιτεί συντονισμένη προσπάθεια από όλους τους τομείς της κοινωνίας, συμπεριλαμβανομένης της Κυβέρνησης, των εκπαιδευτικών ιδρυμάτων, των μη κυβερνητικών οργανώσεων και των ίδιων των πολιτών.

Η Κυβέρνηση παίζει καθοριστικό ρόλο στην προώθηση της Κοινωνικής Συνοχής μέσω της θέσπισης και της εφαρμογής πολιτικών που προάγουν την ισότητα, την Κοινωνική Δικαιοσύνη και την Αλληλεγγύη. Τα εκπαιδευτικά ιδρύματα μπορούν να συμβάλλουν στην προώθηση της Κοινωνικής Συνοχής μέσω της εκπαίδευσης των νέων στην αξία της διαφορετικότητας και των

κοινών αξιών. Οι μη κυβερνητικές οργανώσεις μπορούν να δια-
δραματίσουν σημαντικό ρόλο στην προώθηση της Κοινωνικής
Συνοχής μέσω της υλοποίησης προγραμμάτων και πρωτοβου-
λιών που προάγουν την Αλληλεγγύη και την Κοινωνική Δικαιο-
σύνη.

Η Κοινωνική Συνοχή είναι επίσης απαραίτητη για την αντιμετώ-
πιση των κοινωνικών προβλημάτων και την προώθηση της κοι-
νωνικής ευημερίας. Σε μια Κοινωνία με ισχυρή Κοινωνική Συ-
νοχή, οι πολίτες είναι πιο πιθανό να συνεργάζονται για την επί-
λυση των κοινωνικών προβλημάτων και να υποστηρίζουν ο ένας
τον άλλον σε περιόδους κρίσης.

Η Κοινωνική Συνοχή ενισχύει την ανθεκτικότητα της Κοινωνίας
και την ικανότητά της να αντιμετωπίζει τις προκλήσεις και τις
δυσκολίες.

Η Κοινωνική Συνοχή είναι επίσης κρίσιμη για την οικονομική
ανάπτυξη και την ευημερία. Σε μια Κοινωνία με ισχυρή Κοινω-
νική Συνοχή, δημιουργείται ένα ευνοϊκό περιβάλλον για την οι-
κονομική ανάπτυξη και την ευημερία.

Η Κοινωνική Συνοχή ενισχύει επίσης, την εμπιστοσύνη και την
αίσθηση της ασφάλειας, δημιουργώντας ένα σταθερό περιβάλ-
λον για τις επιχειρήσεις και την οικονομική δραστηριότητα.

Η προώθηση της Κοινωνικής Συνοχής απαιτεί συνεχή προσπά-
θεια και δέσμευση από όλους τους τομείς της Κοινωνίας. Η Κοι-
νωνική Συνοχή δεν είναι ένα στόχος που μπορεί να επιτευχθεί

άμεσα, αλλά μια συνεχή διαδικασία που απαιτεί συντονισμένη προσπάθεια και συνεργασία.

ΒΑΣΙΚΕΣ ΑΡΧΕΣ ΤΗΣ ΚΟΙΝΩΝΙΚΗΣ ΣΥΝΟΧΗΣ

Οι βασικές Αρχές της Κοινωνικής Συνοχής, μπορούν να αναφερθούν συνοπτικά, στις εξής ενότητες:

Ισότητα και Δικαιοσύνη

Η Κοινωνική Συνοχή ενισχύεται όταν υπάρχει Ισότητα και Δικαιοσύνη στην Κοινωνία. Όταν όλοι οι πολίτες έχουν ίσες ευκαιρίες και πρόσβαση σε βασικές υπηρεσίες, όπως η εκπαίδευση, η υγεία και η εργασία, μειώνονται οι κοινωνικές ανισότητες και ενισχύεται η αίσθηση της Αλληλεγγύης.

Αλληλεγγύη και Συνεργασία

Η Αλληλεγγύη και η συνεργασία μεταξύ των μελών μιας Κοινωνίας είναι βασικά στοιχεία της Κοινωνικής Συνοχής. Όταν οι πολίτες αισθάνονται αλληλέγγυοι και συνεργάζονται για το κοινό καλό, δημιουργείται μια αίσθηση κοινότητας και ενότητας.

Πολιτική Συμμετοχή και Ενδυνάμωση

Η Πολιτική Συμμετοχή και η ενδυνάμωση των πολιτών συμβάλλουν στην Κοινωνική Συνοχή. Όταν οι πολίτες συμμετέχουν ενεργά στις δημοκρατικές διαδικασίες και αισθάνονται ότι έχουν λόγο στις αποφάσεις που τους αφορούν, ενισχύεται η εμπιστοσύνη στους θεσμούς και η συνοχή της Κοινωνίας.

Κοινωνική Προστασία και Υπηρεσίες
Σύστημα Κοινωνικής Πρόνοιας

Η Ανάπτυξη ενός ισχυρού συστήματος κοινωνικής πρόνοιας που παρέχει στήριξη στους ευάλωτους πολίτες, όπως άνεργους, ηλικιωμένους, άτομα με αναπηρίες και οικογένειες με χαμηλά εισοδήματα.

Η κοινωνική πρόνοια συμβάλλει στη μείωση των κοινωνικών ανισοτήτων και στην προώθηση της Κοινωνικής Συνοχής.

Πρόσβαση σε Βασικές Υπηρεσίες

Η Εξασφάλιση της πρόσβασης όλων των πολιτών σε βασικές υπηρεσίες όπως στην υγεία, τη στέγαση και την κοινωνική πρόνοια.

Η καθολική πρόσβαση σε αυτές τις υπηρεσίες είναι θεμελιώδης για την Κοινωνική Δικαιοσύνη και την Αλληλεγγύη.

Κοινωνική και Πολιτική Συμμετοχή
Ενίσχυση της Δημοκρατικής Συμμετοχής

Η Προώθηση της ενεργούς συμμετοχής των πολιτών στις δημοκρατικές διαδικασίες, όπως οι εκλογές, οι δημόσιες συζητήσεις και οι διαβουλεύσεις.

Η συμμετοχή ενισχύει την εμπιστοσύνη στους θεσμούς και την αίσθηση του «Ανήκειν».

Υποστήριξη των Κοινοτικών Οργανώσεων

Η Ενίσχυση και υποστήριξη των κοινοτικών οργανώσεων που προάγουν την Κοινωνική Συνοχή μέσω της συνεργασίας και της Αλληλεγγύης.

Οι οργανώσεις αυτές μπορούν να παρέχουν κοινωνικές υπηρεσίες, να διοργανώνουν πολιτιστικές εκδηλώσεις και να προάγουν τον διάλογο μεταξύ των πολιτών.

Καταπολέμηση των Κοινωνικών Ανισοτήτων

Η Κοινωνική Συνοχή ενισχύεται μέσω της καταπολέμησης των κοινωνικών και οικονομικών ανισοτήτων.

Η πρόσβαση σε ίσες ευκαιρίες, η Κοινωνική Δικαιοσύνη και η διανομή του πλούτου είναι βασικά στοιχεία για την επίτευξη Κοινωνικής Συνοχής. Οι πολιτικές κοινωνικής προστασίας, όπως η πρόσβαση σε ποιοτική εκπαίδευση, υγεία και κοινωνικές υπηρεσίες, συμβάλλουν στη μείωση των ανισοτήτων και στην ενίσχυση της Κοινωνικής Συνοχής.

Προώθηση του Κοινωνικού Διαλόγου

Ο Κοινωνικός Διάλογος είναι απαραίτητος για την ενίσχυση της Κοινωνικής Συνοχής.

Η προώθηση του διαλόγου μεταξύ διαφορετικών κοινωνικών ομάδων και φορέων, όπως οι Κυβερνήσεις, οι εργοδότες, τα συνδικάτα και οι κοινωνικές οργανώσεις, συμβάλλει στην κατανόηση και την επίλυση των κοινωνικών προβλημάτων.

Κοινότητες και Τοπική Ανάπτυξη

Η ενίσχυση των τοπικών κοινοτήτων και η προώθηση της τοπικής ανάπτυξης είναι κρίσιμες για την Κοινωνική Συνοχή.

Οι τοπικές πρωτοβουλίες, οι κοινωνικές επιχειρήσεις και οι οργανώσεις της Κοινωνίας των πολιτών μπορούν να συμβάλλουν στην ενδυνάμωση των κοινοτήτων και στην προώθηση της συνεργασίας και της Αλληλεγγύης σε τοπικό επίπεδο.

Πολιτιστικές Δράσεις και Εκδηλώσεις

Η διοργάνωση πολιτιστικών δράσεων και εκδηλώσεων, όπως φεστιβάλ, εκθέσεις τέχνης, θεατρικές παραστάσεις και συναυλίες, προάγει τον πολιτισμό και ενισχύει την Κοινωνική Συνοχή.

Οι εκδηλώσεις αυτές προσφέρουν ευκαιρίες για αλληλεπίδραση και ανταλλαγή ιδεών μεταξύ των πολιτών.

Προγράμματα Κοινωνικής Ένταξης

Η υλοποίηση προγραμμάτων κοινωνικής ένταξης, που απευθύνονται σε ευάλωτες ομάδες όπως οι μετανάστες, οι πρόσφυγες, οι άνεργοι και τα άτομα με αναπηρίες, ενισχύει την Κοινωνική Συνοχή.

Τα προγράμματα αυτά περιλαμβάνουν δράσεις όπως εκπαίδευση, επαγγελματική κατάρτιση, υποστήριξη στην εύρεση εργασίας και κοινωνική υποστήριξη.

Εκπαιδευτικά Προγράμματα

Η ενίσχυση της πολιτιστικής εκπαίδευσης σε σχολεία και άλλους εκπαιδευτικούς φορείς συμβάλλει στη διαμόρφωση συνειδητοποιημένων και ενεργών πολιτών.

Τα εκπαιδευτικά προγράμματα που προωθούν την πολιτιστική συνείδηση και την κοινωνική Αλληλεγγύη είναι κρίσιμα για την επίτευξη της Κοινωνικής Συνοχής.

Συμμετοχή των Πολιτών

Η προώθηση της ενεργούς συμμετοχής των πολιτών στις κοινωνικές και πολιτικές διαδικασίες ενισχύει την Κοινωνική Συνοχή.

Μέσω της συμμετοχής, οι πολίτες έχουν τη δυνατότητα να εκφράσουν τις απόψεις τους, να συμβάλουν στη λήψη αποφάσεων και να αισθανθούν ότι αποτελούν μέρος της Κοινωνίας.

Πολιτισμική Ποικιλία, Η Αξία της Πολιτισμικής Ποικιλίας σε μία Ανοιχτή Κοινωνία

Η πολιτισμική ποικιλία είναι ζωτικής σημασίας για την ευημερία και την ανάπτυξη μιας Ανοιχτής Κοινωνίας.

Ενισχύει τη δημιουργικότητα, την καινοτομία, την κοινωνική Δικαιοσύνη, την ισότητα και τη συνοχή, δημιουργώντας ένα περιβάλλον που αγκαλιάζει και αξιοποιεί τις διαφορές προς όφελος όλων των μελών της.

Η Φιλελεύθερη Σοσιαλιστική ιδεολογία τονίζει την αξία της ποικιλίας αυτής, υποστηρίζοντας ότι μια Κοινωνία που αγκαλιάζει και προάγει τις πολιτισμικές διαφορές είναι πιο δίκαιη, πιο δημιουργική και πιο ευημερούσα.

Με την έμφαση που δίνει στην προώθηση της πολιτισμικής ποικιλίας, της Κοινωνικής Δικαιοσύνης και της ισότητας, αποτελεί έναν ισχυρό οδηγό για τη δημιουργία μιας πιο δίκαιης και δημιουργικής Κοινωνίας.

ΟΙΚΟΝΟΜΙΚΗ ΔΙΚΑΙΟΣΥΝΗ ΚΑΙ ΕΡΓΑΣΙΑ

Δίκαιη Αγορά Εργασίας

Η προώθηση της Δίκαιης Αμοιβής και των Ίσων Ευκαιριών στην αγορά εργασίας είναι σημαντικός παράγοντας για την επίτευξη της οικονομικής Δικαιοσύνης και της Κοινωνικής Συνοχής.

Η καταπολέμηση των διακρίσεων και η ενίσχυση των εργασιακών Δικαιωμάτων συμβάλλουν στη δημιουργία ενός περιβάλλοντος όπου όλοι οι εργαζόμενοι μπορούν να απολαμβάνουν δίκαιη μεταχείριση και ίσες ευκαιρίες για επαγγελματική ανάπτυξη και ευημερία.

Δίκαιη Αμοιβή

Η Δίκαιη Αμοιβή είναι θεμελιώδης αρχή για μια δίκαιη αγορά εργασίας. Οι μισθοί πρέπει να καθορίζονται με βάση την αξία της εργασίας και όχι με άλλους διαχωριστικούς παράγοντες.

Η Δίκαιη Αμοιβή εξασφαλίζει ότι οι εργαζόμενοι λαμβάνουν την αποζημίωση που τους αναλογεί για την εργασία τους, προωθώντας την οικονομική ισότητα και μειώνοντας τις μισθολογικές ανισότητες.

Οι νομοθετικές ρυθμίσεις και οι συλλογικές συμβάσεις μπορούν να συμβάλουν στη διασφάλιση της δίκαιης αμοιβής, θέτοντας ελάχιστα επίπεδα μισθών και κανονίζοντας τις αμοιβές ανάλογα με τις δεξιότητες και την εμπειρία των εργαζομένων.

Ίσες Ευκαιρίες

Η προώθηση των ίσων ευκαιριών στην αγορά εργασίας σημαίνει ότι όλοι οι εργαζόμενοι πρέπει να έχουν πρόσβαση στις ίδιες δυνατότητες για απασχόληση και επαγγελματική ανάπτυξη, ανεξάρτητα από το φύλο, την εθνικότητα, την ηλικία, την αναπηρία ή άλλες προσωπικά χαρακτηριστικά.

Η εφαρμογή πολιτικών ισότητας και ποικιλομορφίας στον χώρο εργασίας μπορεί να συμβάλει στην εξάλειψη των προκαταλήψεων και στην ενίσχυση της αντιπροσωπευτικότητας στις θέσεις απασχόλησης.

Οι εργοδότες πρέπει να υιοθετούν πρακτικές προσλήψεων και προαγωγών που βασίζονται στις δεξιότητες και τα προσόντα των υποψηφίων, και όχι σε διακρίσεις ή προκαταλήψεις.

Επίσης, η παροχή ευκαιριών για συνεχή εκπαίδευση και κατάρτιση είναι απαραίτητη για την ανάπτυξη των δεξιοτήτων των εργαζομένων και την προώθηση της επαγγελματικής τους ανέλιξης.

Υποστήριξη της Εργασίας

Ανάπτυξη πολιτικών που ενισχύουν την εργασία και παρέχουν ευκαιρίες επαγγελματικής κατάρτισης και εκπαίδευσης. Η πρόσβαση σε αξιοπρεπείς θέσεις εργασίας είναι κρίσιμη για την οικονομική ασφάλεια και την Κοινωνική Συνοχή.

ΠΟΛΙΤΙΣΜΟΣ ΚΑΙ ΔΙΑΠΟΛΙΤΙΣΜΙΚΟΣ ΔΙΑΛΟΓΟΣ

Προώθηση του Πολιτισμού

Η υποστήριξη των πολιτιστικών δραστηριοτήτων που προάγουν την κατανόηση και την αλληλεγγύη μεταξύ των διαφορετικών πολιτισμικών ομάδων είναι ζωτικής σημασίας για τη δημιουργία μιας συνεκτικής και αρμονικής Κοινωνίας. Οι πολιτιστικές εκδηλώσεις, όπως αναφέρθηκε και πιο πάνω, και οι ανταλλαγές συμβάλλουν στη δημιουργία μιας κοινής πολιτιστικής ταυτότητας, ενισχύοντας την Κοινωνική Συνοχή και προωθώντας την ειρηνική συνύπαρξη.

Η υποστήριξη αυτή προκύπτει μέσω της χρηματοδότησης και διοργάνωσης πολιτιστικών δραστηριοτήτων που αναδεικνύουν την πολιτιστική ποικιλομορφία και ενθαρρύνουν τη συμμετοχή όλων των κοινοτήτων.

Πολιτιστικές Ανταλλαγές

Οι πολιτιστικές ανταλλαγές είναι ένα αποτελεσματικό μέσο για την προώθηση της κατανόησης και της αλληλεγγύης μεταξύ των διαφορετικών πολιτισμικών ομάδων.

Αυτές οι ανταλλαγές μπορεί να περιλαμβάνουν την ανταλλαγή καλλιτεχνών, φοιτητών, ακαδημαϊκών, και άλλων πολιτιστικών παραγόντων μεταξύ Χωρών ή Κοινοτήτων.

Δημιουργία Κοινής Πολιτιστικής Ταυτότητας

Η προώθηση μιας Κοινής Πολιτιστικής Ταυτότητας είναι κρίσιμη για την ενίσχυση της Κοινωνικής Συνοχής και την προώθηση της ειρηνικής συνύπαρξης.

Η Κοινή Πολιτιστική Ταυτότητα, δεν σημαίνει την ομογενοποίηση των πολιτισμών, αλλά την αναγνώριση και την εκτίμηση της πολιτισμικής ποικιλομορφίας ως μέρος μιας κοινής κληρονομιάς.

Οι πολιτιστικές δραστηριότητες και οι ανταλλαγές μπορούν να συμβάλουν στη δημιουργία αυτής της κοινής ταυτότητας, προβάλλοντας τις κοινές αξίες και παραδόσεις που ενώνουν τις διαφορετικές πολιτισμικές ομάδες.

Η προώθηση της πολιτιστικής εκπαίδευσης στα σχολεία, η προβολή των τοπικών παραδόσεων μέσω των Μέσων Μαζικής Ενημέρωσης, και η συμμετοχή των πολιτών σε πολιτιστικές εκδηλώσεις είναι μερικοί τρόποι για την ενίσχυση της κοινής πολιτιστικής ταυτότητας.

Διαπολιτισμικός Διάλογος

Η προώθηση του διαπολιτισμικού διαλόγου αποτελεί υψηλής σημασίας βήμα για την κατανόηση και τον σεβασμό μεταξύ των διαφορετικών πολιτισμικών ομάδων.

Μέσω των διαφόρων εκπαιδευτικών προγραμμάτων, πολιτιστικών εκδηλώσεων και κοινοτικών πρωτοβουλιών, ο διαπολιτισμικός διάλογος μπορεί να ενισχύσει τη συνεργασία και τη συνοχή σε πολυπολιτισμικές κοινωνίες.

Τα εκπαιδευτικά προγράμματα, παίζουν κεντρικό ρόλο στην προώθηση του διαπολιτισμικού διαλόγου. Η ένταξη μαθημάτων που αναδεικνύουν τη σημασία της πολιτισμικής ποικιλομορφίας και της διαπολιτισμικής κατανόησης στο εκπαιδευτικό σύστημα μπορεί να συμβάλει στην καλλιέργεια του σεβασμού και της αλληλεγγύης από νεαρή ηλικία.

Προγράμματα που εστιάζουν στις πολιτισμικές σπουδές, στην ιστορία των διαφορετικών πολιτισμών και στις διαπολιτισμικές επικοινωνιακές δεξιότητες μπορούν να βοηθήσουν τους μαθητές να αναπτύξουν μια βαθύτερη κατανόηση και εκτίμηση για τις διαφορετικές κουλτούρες. Επιπλέον, οι ανταλλαγές μέσω προγραμμάτων τύπου ERASMUS, μαθητών και εκπαιδευτικών μεταξύ διαφορετικών χωρών και πολιτισμικών ομάδων μπορούν να προσφέρουν εμπειρίες άμεσης διαπολιτισμικής αλληλεπίδρασης και μάθησης.

ΠΡΟΓΡΑΜΜΑΤΑ ΚΑΙ ΠΟΛΙΤΙΚΕΣ ΠΟΥ ΕΝΙΣΧΥΟΥΝ ΤΗΝ ΚΟΙΝΩΝΙΚΗ ΣΥΝΟΧΗ

Η Κοινωνική Συνοχή είναι μια κρίσιμη παράμετρος για την ευημερία και τη σταθερότητα των κοινωνιών.

Ορίζεται ως η ποιότητα των σχέσεων μεταξύ των ανθρώπων στην Κοινωνία, το επίπεδο εμπιστοσύνης, Αλληλεγγύης και συνεργασίας. Οι κοινωνίες με υψηλό βαθμό Κοινωνικής Συνοχής τείνουν να έχουν χαμηλότερα επίπεδα εγκληματικότητας, υψηλότερη ποιότητα ζωής, και πιο ανθεκτικές δομές στις οικονομικές και κοινωνικές κρίσεις.

Για την ενίσχυση της Κοινωνικής Συνοχής, υπάρχουν διάφορα προγράμματα και πολιτικές που μπορούν να εφαρμοστούν. Αυτά περιλαμβάνουν την κοινωνική πρόνοια, την εκπαίδευση, την υγεία, την εργασία, και την ενίσχυση των κοινωνικών δικτύων.

Κοινωνική Πρόνοια και Εισοδηματική Στήριξη

Κοινωνική Ασφάλιση και Συντάξεις

Τα προγράμματα Κοινωνικής Ασφάλισης και οι Συντάξεις είναι κρίσιμα για την προστασία των πιο ευάλωτων ομάδων, όπως είναι οι ηλικιωμένοι, οι άνεργοι και τα άτομα με αναπηρίες.

Η εξασφάλιση ενός βασικού εισοδήματος για αυτούς τους πληθυσμούς μειώνει την οικονομική ανισότητα και ενισχύει την Κοινωνική Συνοχή.

Προστασία των Ηλικιωμένων

Οι συντάξεις είναι ζωτικής σημασίας για την προστασία των ηλικιωμένων, παρέχοντάς τους τα απαραίτητα μέσα για να ζήσουν με αξιοπρέπεια.

Η εξασφάλιση ενός βασικού εισοδήματος μειώνει την οικονομική αβεβαιότητα και το άγχος, επιτρέποντας στους ηλικιωμένους να καλύψουν τις βασικές τους ανάγκες και να συμμετέχουν ενεργά στην Κοινωνία.

Η στήριξη των ηλικιωμένων μέσω επαρκών συντάξεων συμβάλλει επίσης στη μείωση του κινδύνου της φτώχειας στην τρίτη ηλικία.

Επιδόματα Ανεργίας και Κοινωνικά Επιδόματα

Η παροχή επιδομάτων ανεργίας και άλλων κοινωνικών επιδομάτων βοηθά στην αντιμετώπιση της φτώχειας και της ανεργίας.

Τα επιδόματα ανεργίας συμβάλλουν στη διατήρηση της οικονομικής σταθερότητας των ατόμων και των οικογενειών τους, ενώ παράλληλα διευκολύνουν την επιστροφή τους στην αγορά εργασίας. Η παροχή κατάλληλης εκπαίδευσης και η υποστήριξη των ανέργων στην εύρεση εργασίας είναι κρίσιμες για την ενίσχυση της οικονομικής ανεξαρτησίας και της Κοινωνικής Συνοχής.

Μείωση της Οικονομικής Ανισότητας

Η εξασφάλιση ενός βασικού εισοδήματος για τις ευάλωτες ομάδες μειώνει την οικονομική ανισότητα και ενισχύει την Κοινωνική Συνοχή. Η διασφάλιση της οικονομικής στήριξης αυτών των πληθυσμών συμβάλλει στην επίτευξη ενός πιο Δίκαιου και Ισότιμου Κοινωνικού Συστήματος, όπου όλοι οι πολίτες έχουν την ευκαιρία να ζήσουν με αξιοπρέπεια και να συμμετέχουν ενεργά στην Κοινωνία.

Η προστασία των πιο ευάλωτων ομάδων μέσω της εξασφάλισης ενός βασικού εισοδήματος μειώνει τις κοινωνικές ανισότητες, ενισχύει την Κοινωνική Συνοχή και προάγει την οικονομική σταθερότητα. Οι Κυβερνήσεις πρέπει να συνεχίσουν να στηρίζουν και να ενισχύουν αυτά τα προγράμματα, διασφαλίζοντας ότι καλύπτουν τις ανάγκες όλων των πολιτών και προωθώντας την Κοινωνική Δικαιοσύνη.

Εκπαίδευση

Ισότιμη Πρόσβαση στην Εκπαίδευση

Η ισότιμη πρόσβαση στην εκπαίδευση αποτελεί θεμελιώδη Αρχή για την Κοινωνική Συνοχή και την ανάπτυξη ενός Δίκαιου και Προοδευτικού Κοινωνικού Συστήματος.

Προγράμματα που διασφαλίζουν ότι όλοι οι μαθητές, ανεξάρτητα από το Κοινωνικο-Οικονομικό τους υπόβαθρο, έχουν πρόσβαση στην ποιοτική εκπαίδευση, συμβάλλουν σημαντικά στην αντιμετώπιση των κοινωνικών ανισοτήτων και προάγουν την κοινωνική και οικονομική κινητικότητα.

Η παροχή ισότιμης πρόσβασης στην εκπαίδευση είναι ζωτικής σημασίας για την καταπολέμηση των κοινωνικών ανισοτήτων.

Τα παιδιά από φτωχότερες οικογένειες συχνά δεν έχουν τις ίδιες ευκαιρίες για ποιοτική εκπαίδευση όπως τα παιδιά από πιο ευκατάστατες οικογένειες. Αυτό μπορεί να οδηγήσει σε έναν φαύλο κύκλο φτώχειας και περιορισμένων ευκαιριών. Επενδύοντας σε προγράμματα που στοχεύουν στη βελτίωση της πρόσβασης και της ποιότητας της εκπαίδευσης για όλους τους μαθητές, η Κοινωνία μπορεί να εξαλείψει τα εμπόδια που συντηρούν τις κοινωνικές ανισότητες.

Δια βίου Μάθηση

Η δια βίου μάθηση αποτελεί κρίσιμο στοιχείο για την ενίσχυση των δεξιοτήτων των ενηλίκων και τη διασφάλιση της ανταγωνιστικότητάς τους στην ταχέως μεταβαλλόμενη αγορά εργασίας.

Μέσω ειδικών προγραμμάτων εκπαίδευσης και επανακατάρτισης, οι εργαζόμενοι μπορούν να αναπτύξουν νέες ικανότητες, να ανανεώσουν τις γνώσεις τους και να προσαρμοστούν στις τεχνολογικές καινοτομίες και τις μεταβαλλόμενες επαγγελματικές απαιτήσεις.

Η δια βίου μάθηση ενισχύει τις δεξιότητες των ενηλίκων, επιτρέποντάς τους να παραμείνουν ανταγωνιστικοί στην αγορά εργασίας. Καθώς οι τεχνολογικές εξελίξεις και οι αλλαγές στις επαγγελματικές απαιτήσεις προχωρούν με ταχύ ρυθμό, οι εργαζόμενοι πρέπει συνεχώς να αναβαθμίζουν τις δεξιότητές τους για να ανταποκριθούν στις νέες προκλήσεις. Η εκπαίδευση καθ' όλη τη διάρκεια της ζωής συμβάλλει στην ανάπτυξη δεξιοτήτων που είναι απαραίτητες για τη σύγχρονη Οικονομία, όπως η ψηφιακή παιδεία, η κριτική σκέψη και η ικανότητα επίλυσης προβλημάτων.

Τα διάφορα Ειδικά προγράμματα εκπαίδευσης και επανακατάρτισης παρέχουν στους εργαζόμενους τις αναγκαίες γνώσεις και δεξιότητες για να ανταποκριθούν στις απαιτήσεις της αγοράς εργασίας. Αυτά τα προγράμματα μπορούν να περιλαμβάνουν τεχνικές και επαγγελματικές εκπαιδεύσεις, σεμινάρια και εργαστήρια, καθώς και πιστοποιήσεις σε νέες τεχνολογίες και μεθοδολογίες.

Η συνεχής επαγγελματική ανάπτυξη ενισχύει τη δυνατότητα των εργαζομένων να προσαρμόζονται στις αλλαγές και να αναζητούν νέες ευκαιρίες απασχόλησης.

Ένας άλλος παράγοντας, πολύ σημαντικός ο οποίος βοηθά τα μέγιστα μέσω της Δια Βίου Μάθησης, είναι η προσαρμογή στην ταχύτητα των τεχνολογικών αλλαγών, που απαιτείται να δείχνουν οι εργαζόμενοι, προσαρμοζόμενοι συνεχώς στις νέες απαιτήσεις και αναπτύσσοντας, νέες ψηφιακές δεξιότητες.

Η δια βίου μάθηση επιτρέπει στους εργαζόμενους να διατηρούν και να αναβαθμίζουν τις γνώσεις τους στις πιο πρόσφατες τεχνολογίες, διασφαλίζοντας ότι μπορούν να ανταγωνιστούν αποτελεσματικά σε έναν παγκοσμιοποιημένο και ψηφιοποιημένο κόσμο.

Υγεία

Καθολική Υγειονομική Κάλυψη

Η πρόσβαση σε υψηλής ποιότητας υγειονομική περίθαλψη είναι κρίσιμη για την Κοινωνική Συνοχή.

Προγράμματα που εξασφαλίζουν ότι όλοι οι πολίτες έχουν πρόσβαση σε βασικές υγειονομικές υπηρεσίες μειώνουν τις υγειονομικές ανισότητες και ενισχύουν την εμπιστοσύνη στους θεσμούς.

Προγράμματα Δημόσιας Υγείας

Οι πρωτοβουλίες για τη προώθηση της Δημόσιας Υγείας, όπως προγράμματα πρόληψης ασθενειών, και προαγωγής της υγείας, βοηθούν στη βελτίωση της συνολικής υγείας του πληθυσμού και στη μείωση των κοινωνικών ανισοτήτων.

Εργασία

Ενίσχυση της Επιχειρηματικότητας

Η ενίσχυση της επιχειρηματικότητας μέσω προγραμμάτων που υποστηρίζουν την παροχή μικροχρηματοδοτήσεων και επιχειρηματικής καθοδήγησης διαδραματίζει καθοριστικό ρόλο στην ενίσχυση των θέσεων εργασίας και στην προώθηση της οικονομικής ανάπτυξης και ευημερίας.

Η επιχειρηματικότητα δεν είναι μόνο μια κινητήρια δύναμη για την καινοτομία και την ανταγωνιστικότητα, αλλά αποτελεί επίσης έναν αποτελεσματικό μηχανισμό για την καταπολέμηση της ανεργίας και τη δημιουργία ευκαιριών για οικονομική πρόοδο.

Η παροχή μικροχρηματοδοτήσεων είναι μια σημαντική στρατηγική για την υποστήριξη νέων ή μικρών επιχειρήσεων, ειδικά σε αυτές που δεν έχουν πρόσβαση σε παραδοσιακές τραπεζικές διαδικασίες.

Αυτές οι χρηματοδοτήσεις επιτρέπουν σε επιχειρηματίες να αποκτήσουν το απαραίτητο κεφάλαιο που χρειάζονται για να ξεκινήσουν ή να επεκτείνουν τις επιχειρήσεις τους.

Με την παροχή μικροχρηματοδοτήσεων, τα άτομα μπορούν να επενδύσουν σε εξοπλισμό, πρώτες ύλες κτλ, ενισχύοντας έτσι την επιχειρηματική τους δραστηριότητα και δημιουργώντας παράλληλα, νέες θέσεις εργασίας στην κοινότητά τους.

Η επιχειρηματική καθοδήγηση (mentoring) αποτελεί κρίσιμο στοιχείο για την επιτυχία των νέων επιχειρήσεων.

Μέσα από την καθοδήγηση, οι νέοι επιχειρηματίες έχουν τη δυνατότητα να αποκτήσουν πολύτιμες γνώσεις και συμβουλές από έμπειρους επαγγελματίες, που τους βοηθούν να αποφύγουν συχνά λάθη και να αξιοποιήσουν ευκαιρίες ανάπτυξης. Η καθοδήγηση μπορεί να καλύπτει διάφορους τομείς, όπως η διοίκηση της επιχείρησης, το μάρκετινγκ, οι πωλήσεις και η οικονομική διαχείριση.

Με την υποστήριξη των μεντόρων, οι επιχειρηματίες μπορούν να βελτιώσουν τις δεξιότητές τους και να αναπτύξουν μια στρατηγική για τη βιώσιμη ανάπτυξη της επιχείρησής τους.

Η ενίσχυση της επιχειρηματικότητας συμβάλλει άμεσα στη δημιουργία νέων θέσεων εργασίας. Οι νέες επιχειρήσεις χρειάζονται προσωπικό για να λειτουργήσουν και να αναπτυχθούν, κάτι που οδηγεί σε αύξηση της απασχόλησης. Επιπλέον, οι μικρές και μεσαίες επιχειρήσεις συχνά δημιουργούν περισσότερες θέσεις εργασίας σε τοπικό επίπεδο σε σύγκριση με τις μεγάλες επιχειρήσεις, ενισχύοντας έτσι τις τοπικές οικονομίες και μειώνοντας την ανεργία.

Η ενίσχυση της επιχειρηματικότητας προωθεί την οικονομική ανάπτυξη και την ευημερία. Οι επιχειρηματίες και οι νέες επιχειρήσεις συμβάλλουν στην καινοτομία και την τεχνολογική πρόοδο, δημιουργώντας νέα προϊόντα και υπηρεσίες που βελτιώνουν την ποιότητα ζωής των πολιτών. Επιπλέον, η επιχειρηματική δραστηριότητα αυξάνει τη φορολογική βάση και ενισχύει τα δημόσια έσοδα, που μπορούν να επενδυθούν σε κοινωνικές υπηρεσίες και υποδομές, ενισχύοντας έτσι τη συνολική ευημερία της Κοινωνίας.

Κοινωνικά Δίκτυα και Κοινοτικές Δραστηριότητες

Ενίσχυση Κοινωνικών Δικτύων

Η δημιουργία και υποστήριξη κοινωνικών δικτύων, όπως οι τοπικές ομάδες, οι σύλλογοι και οι κοινοτικές οργανώσεις, ενισχύουν την αίσθηση της Συμμετοχής και την Κοινωνική Συνοχή.

Αυτές οι πρωτοβουλίες προάγουν την αλληλοβοήθεια και την κοινωνική εμπιστοσύνη ανάμεσα στο κοινωνικό σύνολο και τα προαναφερόμενα Κοινωνικά Δίκτυα.

Προγράμματα Εθελοντισμού

Η προώθηση του εθελοντισμού ενισχύει επίσης την Κοινωνική Συνοχή, καθώς ενθαρρύνει τους πολίτες να συμμετέχουν ενεργά στις τοπικές κοινότητες και να συμβάλλουν στην επίλυση των κοινωνικών προβλημάτων.

Οι εθελοντές αποτελούν τους φορείς των Ευρωπαϊκών Αξιών και των στόχων όπως αναφέρονται στις Ιδρυτικές Συνθήκες.

Πιο συγκεκριμένα όσον αφορά την προώθηση της Κοινωνικής Συνοχής, της Αλληλεγγύης, της Ενεργούς Συμμετοχής είναι τα δικά τους χέρια που μετατρέπουν αυτές τις αξίες σε δράση, μέρα με τη μέρα.

Συνεπώς, ο εθελοντισμός συμβάλλει στην κατασκευή μιας Ευρωπαϊκής ταυτότητας βαθιά ριζωμένης στις κοινές αξίες της Δημοκρατίας, της Αλληλεγγύης και της συμμετοχής.

Προωθεί την αλληλοκατανόηση μεταξύ των ανθρώπων στην Κοινωνία και σε ολόκληρη την Ευρώπη καθώς και την ενεργό και υπεύθυνη συμμετοχή του Ευρωπαίου πολίτη, που κατέχει κεντρική θέση στα ευρωπαϊκά ιδεώδη.

Ο εθελοντισμός ως Μέσο Κοινωνικής Ένταξης και συμμετοχής, συμβάλλει στην συνοχή της Κοινωνίας μέσω της δημιουργίας δεσμών εμπιστοσύνης και Αλληλεγγύης και, συνεπώς, κοινωνικού κεφαλαίου.

Αποτελεί μια δυνατή πηγή συμφιλίωσης και ανοικοδόμησης διαιρεμένων κοινωνιών.

Παίζει σημαντικό ρόλο στην εξεύρεση λύσεων σε κοινωνικά ζητήματα. Οι εθελοντές και οι οργανώσεις τους είναι συχνά μπροστάρηδες στην ανάπτυξη καινοτόμων δράσεων για την ανίχνευση, την έκφραση και την ικανοποίηση των αναγκών που προκύπτουν στην κοινωνία.

Ο εθελοντισμός είναι ένας σημαντικός οικονομικός παράγοντας. Ο εθελοντικός τομέας εκτιμάται ότι συμβάλλει κατά 5% στο ΑΕΠ της Εθνικής μας Οικονομίας.

ΚΟΙΝΩΝΙΚΗ ΕΝΣΩΜΑΤΩΣΗ

Το Ζήτημα της Κοινωνικής Ενσωμάτωσης, Μεταναστών και Προσφύγων, στις σύγχρονες Δυτικές Κοινωνίες, είναι ένα πολύ σημαντικό και πολυεπίπεδο θέμα, το οποίο απαιτεί μία πολυδιάστατη προσέγγιση.

Η άποψη, η οποία τείνει να γίνει ριζωμένη γνώση, πως όλοι οι πρόσφυγες που έρχονται στον Δυτικό κόσμο, κυρίως από σκληρά, Ισλαμικά Φονταμενταλιστικά καθεστώτα, αρνούνται τον Δυτικό τρόπο ζωής και προσπαθούν να επιβάλλουν τον δικό τους μέσω της Σαρία, μοιάζει να είναι γενικευμένη, όμως σε καμία περίπτωση δεν ανταποκρίνεται στην πραγματικότητα για όλους τους πρόσφυγες. Υπάρχουν πολλοί (κατά βάση οικογένειες με μικρά παιδιά) που επιθυμούν να ενσωματωθούν και να ζήσουν ειρηνικά στις νέες Χώρες τους.

Ωστόσο, όταν προκύπτουν περιπτώσεις όπου κάποιοι αρνούνται να συμμορφωθούν με τους Νόμους και τις Αξίες της Χώρας υποδοχής, είναι σημαντικό να υπάρξουν μέτρα, ακόμη και κατασταλτικά για την αντιμετώπιση του ζητήματος αυτού.

Εκπαίδευση και Ενημέρωση

Η ενημέρωση των προσφύγων και μεταναστών για τα δικαιώματα και τις υποχρεώσεις τους στη νέα τους Χώρα είναι κρίσιμη.

Προγράμματα εκπαίδευσης σχετικά με το νομικό σύστημα, τα Ανθρώπινα Δικαιώματα και τις αξίες της Κοινωνίας μπορούν να βοηθήσουν στη διευκόλυνση της ενσωμάτωσής τους.

Διαπολιτισμική Εκπαίδευση

Η εκπαίδευση σε θέματα πολιτισμικών διαφορών και διαπολιτισμικής επικοινωνίας τόσο για τους πρόσφυγες όσο και για τους πολίτες της χώρας υποδοχής μπορεί να βοηθήσει στην αποφυγή συγκρούσεων και στη δημιουργία μιας κοινής κατανόησης.

Νομική Επιβολή

Οι ισχύοντες Νόμοι, κάθε Χώρας, θα πρέπει να εφαρμόζονται Δίκαια και απαρέγκλιτα σε όλους τους κατοίκους τους, ανεξαρτήτως προέλευσης.

Η παραβίαση των Νόμων και η προσπάθεια επιβολής ξένων δικαιϊκών συστημάτων όπως η Σαρία πρέπει να αντιμετωπίζονται με την επιβολή της ισχύος του Κράτους και με τις αντίστοιχα κατάλληλες νομικές συνέπειες.

Προγράμματα Κοινωνικής Ενσωμάτωσης

Η πρόσβαση στην εργασία, την εκπαίδευση, την υγειονομική περίθαλψη και άλλες υπηρεσίες είναι κρίσιμη για την ενσωμάτωση των προσφύγων.

Προγράμματα που βοηθούν τους πρόσφυγες να γίνουν ενεργά μέλη της Κοινωνίας μπορούν να μειώσουν την απομόνωση και την περιθωριοποίηση, που ενδέχεται να οδηγούν σε ακραίες συμπεριφορές.

Διάλογος και Συνεργασία με τις Κοινότητες Προσφύγων

Η ενεργός συμμετοχή των προσφύγων στις διαδικασίες λήψης αποφάσεων και ο διάλογος με τις κοινότητές τους μπορεί να ενισχύσει την κατανόηση και τη συνεργασία, συμβάλλοντας στην ομαλή ενσωμάτωση.

Παρακολούθηση και Αξιολόγηση

Η συνεχής παρακολούθηση της κατάστασης και η αξιολόγηση των μέτρων ενσωμάτωσης είναι απαραίτητη για την προσαρμογή των πολιτικών και την αποτελεσματική αντιμετώπιση τυχόν προβλημάτων που ανακύπτουν.

Πολιτικές κατά των Διακρίσεων

Οι πολιτικές που καταπολεμούν τις διακρίσεις και προάγουν την ισότητα ευκαιριών ενισχύουν την Κοινωνική Συνοχή.

Προγράμματα που στοχεύουν στην καταπολέμηση των φυλετικών, φύλου και άλλων διακρίσεων συμβάλλουν σε μια πιο δίκαιη και συνεκτική Κοινωνία.

Ο ΡΟΛΟΣ ΤΩΝ ΤΟΠΙΚΩΝ ΚΟΙΝΟΤΗΤΩΝ ΚΑΙ ΤΩΝ ΚΟΙΝΩΝΙΚΩΝ ΔΙΚΤΥΩΝ

Η Φιλελεύθερη Σοσιαλιστική ιδεολογία, συνδυάζει τις Αρχές της Κοινωνικής Δικαιοσύνης και της Ισότητας, οι οποίες είναι χαρακτηριστικές του Σοσιαλισμού, με τις Αξίες της Ελευθερίας και των Ατομικών Δικαιωμάτων που προάγει ο Φιλελευθερισμός.

Στο πλαίσιο αυτής της ιδεολογίας, ο ρόλος των τοπικών κοινοτήτων και των κοινωνικών δικτύων είναι ιδιαίτερα σημαντικός για την προώθηση της Κοινωνικής Συνοχής, της Αλληλεγγύης και της συμμετοχής των πολιτών.

Μέσω της ενίσχυσης της κοινωνικής υποστήριξης, της εθελοντικής δράσης, και της δημιουργίας κοινοτικών υποδομών, αυτές οι δομές συμβάλλουν σε μεγάλο βαθμό, στη δημιουργία μιας δίκαιης και συνεκτικής κοινωνίας, όπου όλοι οι πολίτες έχουν την ευκαιρία να συμμετέχουν και να επωφεληθούν από την κοινή ευημερία.

Η Κοινή Ευημερία, ή αλλιώς η από Κοινού Ευημερία, είναι επί της ουσίας, ο καταλυτικός σύνδεσμος ο οποίος ενσωματώνει εντός του κόλπου του, έννοιες σημαντικότατες για την ανάπτυξη και ομαλή λειτουργία της Κοινωνίας, όπως η ισότητα, η Αλληλεγγύη, η Κοινωνική Συνοχή.

Η από Κοινού Ευημερία, είναι μία πολλή σπουδαία έννοια, που ενσωματώνει επίσης, πολιτικές και πρακτικές που επιδιώκουν τη δίκαιη κατανομή των πόρων και των ευκαιριών.

Τα πλεονεκτήματά της, είναι:

Η Μείωση των ανισοτήτων μέσω της στήριξης της Κοινωνικής και Οικονομικής Ισότητας,

Η Ενίσχυση της Κοινωνικής Συνοχής μέσω προγραμμάτων Αλληλεγγύης και Συνεργασίας και φυσικά μέσω προγραμμάτων και δράσεων που αναπτύσσουν την Κοινωνική Εμπιστοσύνη, συμβάλλοντας με αυτόν τον τρόπο, στη βελτίωση της Δικαιοσύνης και την ενίσχυση της εμπιστοσύνης στους Θεσμούς και μεταξύ των Πολιτών, Η Βελτίωση της Ποιότητας της Ζωής, Η Οικονομική Σταθερότητα και Ανάπτυξη με παράλληλη προσπάθεια μείωσης της Φτώχειας, Η Ενίσχυση της Δημοκρατίας, μέσω της Συμμετοχής των Πολιτών σε πολιτικά δρώμενα καθώς επίσης και στις διαδικασίες λήψης των Αποφάσεων.

Όταν οι πολίτες αισθάνονται ότι οι φωνές τους ακούγονται και ότι έχουν λόγο στις αποφάσεις που τους επηρεάζουν, η Δημοκρατία ενισχύεται και γίνεται πιο αντιπροσωπευτική. Αυτό, έχει ως αποτέλεσμα την Πολιτική Σταθερότητα, η οποία προωθεί τη μείωση των ανισοτήτων και την ανάπτυξη της Κοινωνικής Δικαιοσύνης. Μία Δίκαιη Κοινωνία, είναι πιο σταθερή και ανθεκτική σε πολιτικές κρίσεις.

Ρόλος των Τοπικών Κοινοτήτων

Προώθηση της Κοινωνικής Συνοχής και Αλληλεγγύης

Οι τοπικές κοινότητες είναι οι βασικοί χώροι όπου αναπτύσσονται και καλλιεργούνται οι σχέσεις Αλληλεγγύης και εμπιστοσύνης μεταξύ των πολιτών. Σε μια Φιλελεύθερη Σοσιαλιστική Κοινωνία, οι τοπικές κοινότητες ενθαρρύνονται να αναπτύξουν δομές και προγράμματα που προωθούν την Κοινωνική Συνοχή, όπως κοινοτικά κέντρα, πολιτιστικές δραστηριότητες και προγράμματα εθελοντισμού. Αυτές οι πρωτοβουλίες βοηθούν στη δημιουργία ενός ισχυρού κοινωνικού ιστού που στηρίζει τους πιο ευάλωτους.

Ενίσχυση της Συμμετοχικής Δημοκρατίας

Η Φιλελεύθερη Σοσιαλιστική ιδεολογία υποστηρίζει την ενεργή συμμετοχή των πολιτών στη λήψη αποφάσεων που επηρεάζουν τη ζωή τους.

Οι τοπικές κοινότητες είναι οι ιδανικοί χώροι για την εφαρμογή πρακτικών συμμετοχικής Δημοκρατίας, όπως οι λαϊκές συνελεύσεις και οι συμμετοχικοί προϋπολογισμοί, που επιτρέπουν στους πολίτες να έχουν άμεση επιρροή στις τοπικές πολιτικές και τα έργα. Αυτές οι πρακτικές ενισχύουν την αίσθηση της κοινότητας και της συλλογικής ευθύνης.

Προώθηση της Ισότητας και της Κοινωνικής Δικαιοσύνης

Οι τοπικές κοινότητες μπορούν να αναλάβουν ενεργό ρόλο στην καταπολέμηση των κοινωνικών ανισοτήτων μέσω της ανάπτυξης προγραμμάτων που υποστηρίζουν τις ευάλωτες ομάδες.

Παραδείγματα τέτοιων πρωτοβουλιών περιλαμβάνουν τη δημιουργία κοινωνικών παντοπωλείων, την παροχή δωρεάν ή προσιτών υπηρεσιών υγείας και εκπαίδευσης, και την υποστήριξη των ανέργων μέσω προγραμμάτων κατάρτισης και επανακατάρτισης.

Ρόλος των Κοινωνικών Δικτύων

Ενίσχυση της Κοινωνικής Υποστήριξης

Τα κοινωνικά δίκτυα, όπως οι οικογένειες, οι φίλοι, και οι κοινότητες ενδιαφέροντος, αποτελούν θεμελιώδη στοιχεία για την κοινωνική υποστήριξη των ατόμων.

Σε μια Φιλελεύθερη Σοσιαλιστική Κοινωνία, η ενίσχυση αυτών των δικτύων είναι κρίσιμη για την προώθηση της Αλληλεγγύης και της Κοινωνικής Συνοχής.

Η δημιουργία και υποστήριξη τέτοιων δικτύων μπορεί να επιτευχθεί μέσω προγραμμάτων που ενθαρρύνουν την κοινωνική αλληλεπίδραση και την ανταλλαγή πόρων και γνώσεων.

Προώθηση της Εθελοντικής Δράσης

Τα κοινωνικά δίκτυα μπορούν να αποτελέσουν κινητήρια δύναμη για την εθελοντική δράση και την κοινοτική συμμετοχή.

Μέσα από οργανωμένες δράσεις εθελοντισμού, τα μέλη των κοινωνικών δικτύων μπορούν να συμβάλλουν στην αντιμετώπιση κοινωνικών προβλημάτων, όπως η φτώχεια, η ανισότητα και η περιθωριοποίηση.

Δημιουργία Κοινοτικών Υποδομών

Τα κοινωνικά δίκτυα μπορούν να συμβάλλουν στη δημιουργία και τη διαχείριση κοινοτικών υποδομών, όπως κοινοτικά κέντρα, συνεταιρισμοί και κοινωνικές επιχειρήσεις.

Αυτές οι υποδομές προωθούν την τοπική ανάπτυξη και τη συμμετοχική οικονομία, ενισχύοντας την αυτονομία των κοινοτήτων και μειώνοντας την εξάρτηση από εξωτερικούς παράγοντες.

Αντιμετώπιση Κρίσεων και Έκτακτων Αναγκών

Τα κοινωνικά δίκτυα είναι ζωτικής σημασίας για την αντιμετώπιση κρίσεων και έκτακτων αναγκών, όπως οι φυσικές καταστροφές ή οι οικονομικές κρίσεις.

Σε τέτοιες περιπτώσεις, τα δίκτυα υποστήριξης μπορούν να κινητοποιηθούν γρήγορα για να παρέχουν βοήθεια και να συντονίσουν την ανταπόκριση της κοινότητας, μειώνοντας τις επιπτώσεις των κρίσεων και ενισχύοντας την ανθεκτικότητα της Κοινωνίας.

ΚΕΦΑΛΑΙΟ Ε' : ΠΕΡΙΒΑΛΛΟΝΤΙΚΗ ΒΙΩΣΙΜΟΤΗΤΑ - ΕΝΑ ΒΗΜΑ ΠΡΟΣ ΕΝΑ ΒΙΩΣΙΜΟ ΜΕΛΛΟΝ

Η περιβαλλοντική βιωσιμότητα αποτελεί έναν από τους πιο κρίσιμους στόχους του σύγχρονου κόσμου. Πρόκειται για τη διαχείριση και τη διατήρηση των φυσικών πόρων με τρόπο που να εξασφαλίζει τη δυνατότητα των μελλοντικών γενεών να ικανοποιήσουν τις δικές τους ανάγκες.

Σε μια εποχή όπου η κλιματική κρίση, η εξάντληση των πόρων και η περιβαλλοντική ρύπανση αποτελούν καθημερινές προκλήσεις, η βιώσιμη ανάπτυξη αναδεικνύεται ως μια αναγκαιότητα και όχι ως επιλογή.

Η περιβαλλοντική βιωσιμότητα εστιάζει στη διατήρηση της ισορροπίας μεταξύ της οικονομικής ανάπτυξης, της κοινωνικής ευημερίας και της προστασίας του περιβάλλοντος.

Αυτό σημαίνει ότι πρέπει να υιοθετήσουμε πρακτικές που μειώνουν το περιβαλλοντικό αποτύπωμα, ενισχύουν την ανακύκλωση και την επαναχρησιμοποίηση των υλικών, και προωθούν φιλικές προς το περιβάλλον πηγές ενέργειας.

Η επιτυχία αυτών των προσπαθειών απαιτεί τη συνεργασία όλων των εμπλεκόμενων φορέων, Κυβερνήσεων, επιχειρήσεων, Μη Κυβερνητικών Οργανώσεων και πολιτών.

Οι Κυβερνήσεις μπορούν να θεσπίσουν νόμους και κανονισμούς που προάγουν την περιβαλλοντική προστασία, ενώ οι επιχειρήσεις μπορούν να ενσωματώσουν τη βιωσιμότητα στη στρατηγική τους και να επενδύσουν σε «πράσινες» τεχνολογίες.

Ταυτόχρονα, οι πολίτες μπορούν να υιοθετήσουν έναν πιο οικολογικό τρόπο ζωής, μειώνοντας την κατανάλωση ενέργειας και νερού, και επιλέγοντας προϊόντα φιλικά προς το περιβάλλον.

Η περιβαλλοντική βιωσιμότητα δεν είναι απλώς μια τάση ή μια μόδα. Είναι μια αναγκαιότητα για την επιβίωση και την ευημερία του πλανήτη μας. Μέσω της συλλογικής δράσης και της υιοθέτησης βιώσιμων πρακτικών, μπορούμε να διασφαλίσουμε ένα υγιές και βιώσιμο μέλλον για εμάς και τις επόμενες γενιές.

ΒΙΩΣΙΜΗ ΑΝΑΠΤΥΞΗ

Η βιώσιμη ανάπτυξη αποτελεί έναν από τους πιο καίριους στόχους του σύγχρονου κόσμου και γίνεται ακόμα πιο σημαντική μέσα από την προοπτική του Φιλελεύθερου Σοσιαλισμού.

Ο Φιλελεύθερος Σοσιαλισμός συνδυάζει την έννοια της Ελευθερίας και της Κοινωνικής Δικαιοσύνης με την προστασία του περιβάλλοντος και τη βιώσιμη οικονομική ανάπτυξη.

Αυτό το ιδεολογικό πλαίσιο προωθεί την ανάγκη για ισορροπία μεταξύ οικονομικής προόδου, κοινωνικής ευημερίας και περιβαλλοντικής προστασίας.

Ο Φιλελεύθερος Σοσιαλισμός τονίζει την ανάγκη για μια δίκαιη κατανομή των πόρων και των ωφελειών της ανάπτυξης. Αυτό περιλαμβάνει την πρόσβαση όλων των πολιτών σε καθαρό νερό, αέρα, και ανανεώσιμες πηγές ενέργειας, καθώς και την εξασφάλιση συνθηκών εργασίας που δεν βλάπτουν το περιβάλλον.

Η Κρατική παρέμβαση θεωρείται αναγκαία για την προστασία του περιβάλλοντος. Αυτό μπορεί να επιτευχθεί μέσω της θέσπισης και επιβολής αυστηρών περιβαλλοντικών νόμων, την προώθηση πράσινων τεχνολογιών και τη χρηματοδότηση ερευνών για ανανεώσιμες πηγές ενέργειας, ούτως ώστε να υπάρχει μεγαλύτερο «Πράσινο Αποτύπωμα».

Με τον όρο «Πράσινο Αποτύπωμα», επί της ουσίας, αναφερόμαστε στο σύνολο των θετικών επιδράσεων και πρακτικών μίας επιχείρησης, ενός Οργανισμού ή ακόμη και ενός ατόμου στο περιβάλλον.

Αντίθετα με τον όρο "Οικολογικό Αποτύπωμα" που μετράει τις αρνητικές περιβαλλοντικές επιπτώσεις, το Πράσινο Αποτύπωμα καταγράφει τις δράσεις και πρωτοβουλίες που έχουν θετική συμβολή στην προστασία του περιβάλλοντος και την αειφόρο ανάπτυξη.

Το Πράσινο Αποτύπωμα αποτελεί ένα μέτρο θετικής συνεισφοράς στη βιωσιμότητα και την προστασία του πλανήτη μέσω των επιλογών και πρακτικών που ακολουθούνται.

Η σημασία της περιβαλλοντικής βιωσιμότητας σε μια Ανοιχτή Κοινωνία.

Η περιβαλλοντική βιωσιμότητα αποτελεί θεμελιώδη έννοια για την ευημερία και την πρόοδο μιας Ανοιχτής Κοινωνίας. Αφορά την ικανότητα μίας Κοινωνίας να καλύπτει τις τρέχουσες ανάγκες της, χωρίς να θέτει σε κίνδυνο την ικανότητα των μελλοντικών γενιών να ικανοποιήσουν τις δικές τους.

Σε μια Ανοιχτή Κοινωνία, η περιβαλλοντική βιωσιμότητα διαδραματίζει κρίσιμο ρόλο γιατί διασφαλίζει την Κοινωνική Δικαιοσύνη.

Η περιβαλλοντική υποβάθμιση επηρεάζει δυσανάλογα τις ευάλωτες ομάδες, όπως είναι οι φτωχοί, οι ηλικιωμένοι και τα παιδιά.

Η προώθηση της βιωσιμότητας συμβάλλει στην ισότιμη πρόσβαση στους φυσικούς πόρους και στην προστασία των πιο ευάλωτων μελών της Κοινωνίας.

Η υγιής Οικονομία εξαρτάται από ένα υγιές περιβάλλον. Η εξάντληση των πόρων και η υποβάθμιση του περιβάλλοντος θέτουν σε κίνδυνο την οικονομική ανάπτυξη και την ευημερία των μελλοντικών γενιών.

Η ποιότητα του περιβάλλοντος επηρεάζει άμεσα την υγεία και την ευημερία των ανθρώπων. Η ρύπανση του αέρα και του νερού, η απώλεια βιοποικιλότητας, αποτελούν σοβαρές απειλές για την ανθρώπινη υγεία.

Η περιβαλλοντική βιωσιμότητα μπορεί να λειτουργήσει ως καταλύτης για την Κοινωνική Συνοχή.

Η αντιμετώπιση των περιβαλλοντικών προκλήσεων σε συνεργασία, μπορεί να ενισχύσει την Αλληλεγγύη και την εμπιστοσύνη μεταξύ των πολιτών.

Η περιβαλλοντική υποβάθμιση μπορεί να υπονομεύσει τη Δημοκρατία, καθώς οι κοινωνικές αναταραχές και οι συγκρούσεις συχνά συνδέονται με την έλλειψη πρόσβασης σε πόρους και την υποβάθμιση του περιβάλλοντος.

Η προώθηση της περιβαλλοντικής βιωσιμότητας σε μια Ανοιχτή Κοινωνία απαιτεί μια συνολική προσέγγιση που λαμβάνει υπόψη τις κοινωνικές, οικονομικές, πολιτικές και περιβαλλοντικές διαστάσεις.

Απαιτείται η συνεργασία κυβερνήσεων, επιχειρήσεων, οργανισμών της Κοινωνίας των πολιτών και ατόμων για την ανάπτυξη και υλοποίηση βιώσιμων λύσεων.

Η υιοθέτηση βιώσιμων πρακτικών σε κάθε τομέα της ζωής, από την ενέργεια και τις μεταφορές έως την αγροδιατροφή και την παραγωγή, είναι απαραίτητη για τη δημιουργία ενός πιο δίκαιου, ευημερούντος και βιώσιμου μέλλοντος για όλους.

ΠΟΛΙΤΙΚΕΣ ΓΙΑ ΤΗΝ ΠΡΟΣΤΑΣΙΑ ΤΟΥ ΠΕΡΙΒΑΛΛΟΝΤΟΣ

Σε μια εποχή όπου το περιβάλλον αντιμετωπίζει άνευ προηγουμένου προκλήσεις, οι Πολιτικές για την Προστασία του Περιβάλλοντος αποκτούν ολοένα και μεγαλύτερη σημασία. Αυτές οι πολιτικές αποτελούν ένα σύνολο στρατηγικών, κανονισμών και πρωτοβουλιών που έχουν ως στόχο την προστασία του φυσικού περιβάλλοντος και την προώθηση της βιώσιμης ανάπτυξης.

Η ανάγκη για επιβολή, περιβαλλοντικών πολιτικών, οφείλεται σε διάφορους παράγοντες, όπως:

Η Κλιματική Κρίση

Η αύξηση των εκπομπών αερίων του θερμοκηπίου οδηγεί σε ανησυχητικές αλλαγές στο κλίμα του πλανήτη, με σοβαρές επιπτώσεις στο περιβάλλον και την ανθρώπινη Κοινωνία.

Η Ρύπανση

Η ρύπανση του αέρα, του νερού και του εδάφους αποτελεί σοβαρή απειλή για την υγεία των ανθρώπων και την υγεία των οικοσυστημάτων.

Η Απώλεια Βιοποικιλότητας

Η εξαφάνιση ειδών και η υποβάθμιση των φυσικών οικοτόπων θέτουν σε κίνδυνο την ισορροπία των οικοσυστημάτων και τις υπηρεσίες που παρέχουν στους ανθρώπους.

Η Εξάντληση των Πόρων

Η υπερκατανάλωση φυσικών πόρων, όπως το νερό και τα ορυκτά καύσιμα, απειλεί την μακροπρόθεσμη βιωσιμότητα.

Οι Πολιτικές για την Προστασία του Περιβάλλοντος υλοποιούνται σε διάφορα επίπεδα, από το τοπικό έως το διεθνές. Περιλαμβάνουν ένα ευρύ φάσμα μέτρων, όπως:

Κανονισμοί

Όπου θεσπίζουν κανόνες και πρότυπα για τον περιορισμό της ρύπανσης, την προστασία των φυσικών πόρων και την προώθηση βιώσιμων πρακτικών.

Οικονομικά εργαλεία

Χρησιμοποιούν οικονομικά κίνητρα, όπως φόρους, επιδοτήσεις και συστήματα εμπορίας εκπομπών, για να ενθαρρύνουν βιώσιμες συμπεριφορές.

Ενημέρωση και ευαισθητοποίηση

Ενημερώνουν το κοινό για τα περιβαλλοντικά ζητήματα και τους τρόπους με τους οποίους μπορούν να συμβάλλουν στην προστασία του περιβάλλοντος.

Έρευνα και ανάπτυξη

Υποστηρίζουν την έρευνα και ανάπτυξη νέων τεχνολογιών και λύσεων για την αντιμετώπιση περιβαλλοντικών προκλήσεων.

Διεθνής συνεργασία

Συνεργάζονται με άλλες Χώρες και διεθνείς οργανισμούς για την αντιμετώπιση παγκόσμιων περιβαλλοντικών προβλημάτων, όπως η κλιματική αλλαγή και η απώλεια βιοποικιλότητας.

Η αποτελεσματικότητα των Πολιτικών για την Προστασία του Περιβάλλοντος εξαρτάται από ένα σύνθετο σύνολο παραγόντων, οι οποίοι αλληλεπιδρούν μεταξύ τους.

Κύριοι παράγοντες

Πολιτική βούληση

Η ύπαρξη ισχυρής πολιτικής βούλησης σε όλα τα επίπεδα (τοπικό, εθνικό, διεθνές) είναι απαραίτητη για την υλοποίηση και την επιβολή περιβαλλοντικών πολιτικών.

Απαιτείται δέσμευση για μακροπρόθεσμες λύσεις και όχι για βραχυπρόθεσμα οφέλη.

Η πολιτική σταθερότητα και η συνέχεια στην εφαρμογή των πολιτικών είναι απαραίτητες.

Συμμετοχή των πολιτών

Η ενεργή συμμετοχή των πολιτών στην υλοποίηση και την υποστήριξη περιβαλλοντικών πολιτικών είναι καθοριστική.

Απαιτείται ενημέρωση, ευαισθητοποίηση και εκπαίδευση του κοινού για τα περιβαλλοντικά ζητήματα.

Η ενθάρρυνση της συμμετοχής των πολιτών στη λήψη αποφάσεων και στην υλοποίηση έργων είναι απαραίτητη.

Επιστημονική τεκμηρίωση

Η λήψη αποφάσεων βασισμένων σε επιστημονικά δεδομένα και τεκμηρίωση είναι απαραίτητη για την αποτελεσματικότητα των πολιτικών.

Απαιτείται συνεχής έρευνα και παρακολούθηση των περιβαλλοντικών προβλημάτων και των επιπτώσεων των πολιτικών. Η επιστημονική γνώση οφείλει να είναι εύκολα προσβάσιμη και κατανοητή στους υπεύθυνους χάραξης πολιτικής και στο κοινό.

Οικονομική βιωσιμότητα

Οι περιβαλλοντικές πολιτικές οφείλουν να λαμβάνουν υπόψη το κόστος και τα οφέλη για την Οικονομία και την Κοινωνία.

Απαιτείται η εύρεση ισορροπίας μεταξύ της προστασίας του περιβάλλοντος και της οικονομικής ανάπτυξης. Η χρησιμοποίηση οικονομικών εργαλείων, όπως φόροι, επιδοτήσεις και συστήματα εμπορίας εκπομπών, μπορεί να συμβάλλει στην προώθηση βιώσιμων πρακτικών.

Διεθνής συνεργασία

Η αντιμετώπιση παγκόσμιων περιβαλλοντικών προβλημάτων, όπως η κλιματική αλλαγή και η απώλεια βιοποικιλότητας, απαιτεί διεθνή συνεργασία.

Απαιτούνται διεθνείς συμφωνίες και πρωτόκολλα για την υλοποίηση κοινών στόχων. Η ανταλλαγή τεχνογνωσίας και καλών πρακτικών μεταξύ χωρών είναι απαραίτητη.

Επιπρόσθετοι παράγοντες

Ισχυρή θεσμική δομή

Απαιτείται η ύπαρξη αποτελεσματικών θεσμών για την υλοποίηση, την επιβολή και την παρακολούθηση των περιβαλλοντικών πολιτικών.

Διαφάνεια και Λογοδοσία

Η Διαφάνεια στη λήψη αποφάσεων και η Λογοδοσία των φορέων που υλοποιούν τις πολιτικές είναι απαραίτητες για την οικοδόμηση εμπιστοσύνης.

Καινοτομία και τεχνολογία

Η αξιοποίηση της τεχνολογίας μπορεί να συμβάλλει στην πιο αποτελεσματική υλοποίηση των περιβαλλοντικών πολιτικών.

Περιβαλλοντική Δικαιοσύνη

Απαιτείται η εξασφάλιση δίκαιης κατανομής των περιβαλλοντικών βαρών και οφελών σε όλους τους εμπλεκόμενους.

ΟΙΚΟΛΟΓΙΚΗ ΣΥΝΕΙΔΗΣΗ

Η Φιλελεύθερη Σοσιαλιστική ιδεολογία, συνδυάζοντας τα στοιχεία του Φιλελευθερισμού και του Σοσιαλισμού, θέτει στο επίκεντρο της την **Ατομική Ελευθερία**, την **Κοινωνική Δικαιοσύνη** και την **Περιβαλλοντική Προστασία**.

Η Οικολογική Συνείδηση, αποτελεί Κεντρική έννοια σε αυτό το πλαίσιο, καθώς συνδέεται άμεσα με τις βασικές Αρχές της Ιδεολογίας, όπως:

Η Ατομική ευθύνη

Ο κάθε πολίτης οφείλει να αναλάβει Ατομική Ευθύνη για τις περιβαλλοντικές του επιλογές, υιοθετώντας βιώσιμες, καλές πρακτικές.

Η Κοινωνική Δικαιοσύνη

Η προστασία του περιβάλλοντος οφείλει να γίνεται με τρόπο που διασφαλίζει την Κοινωνική Δικαιοσύνη, λαμβάνοντας υπόψη τις ανάγκες των ευάλωτων ομάδων.

Την Προστασία των Κοινών Αγαθών

Τα φυσικά αγαθά, όπως ο αέρας, το νερό και η γη, θεωρούνται κοινά αγαθά και οφείλουν να προστατεύονται για το κοινό όφελος.

Η Βιώσιμη Ανάπτυξη

Η οικονομική ανάπτυξη οφείλει να γίνεται με τρόπο που σέβεται το περιβάλλον και διασφαλίζει τη βιωσιμότητα για τις μελλοντικές γενιές.

Η Ανοιχτή Διακυβέρνησης

Η λήψη αποφάσεων για το περιβάλλον οφείλει να γίνεται με Διαφάνεια και συμμετοχή των πολιτών.

Συνεργασία και Αλληλεγγύη

Η Φιλελεύθερη Σοσιαλιστική ιδεολογία, με την έμφαση της στη συνεργασία και την αλληλεγγύη, παρέχει ένα πλαίσιο για την αντιμετώπιση των περιβαλλοντικών προκλήσεων που απειλούν τον πλανήτη μας.

Αυτή η ιδεολογία αναγνωρίζει ότι η συλλογική δράση και η ενότητα είναι απαραίτητες για την επίτευξη βιώσιμης ανάπτυξης και την προστασία του περιβάλλοντος.

Η Φιλελεύθερη Σοσιαλιστική ιδεολογία υποστηρίζει την έννοια της συνεργασίας ως θεμελιώδες στοιχείο για την επίλυση των περιβαλλοντικών ζητημάτων. Η συνεργασία μεταξύ κρατών, εταιρειών, κοινοτήτων και πολιτών είναι αναγκαία για την ανάπτυξη και την εφαρμογή βιώσιμων πρακτικών που θα μειώσουν την οικολογική επίπτωση της ανθρώπινης δραστηριότητας.

Η αλληλεγγύη αποτελεί επίσης κεντρικό πυλώνα της Φιλελεύθερης Σοσιαλιστικής ιδεολογίας. Η αλληλεγγύη μεταξύ των ανθρώπων και των κοινωνικών ομάδων είναι απαραίτητη για την αντιμετώπιση των περιβαλλοντικών προκλήσεων με δίκαιο και συμπεριληπτικό τρόπο. Αυτό σημαίνει ότι οι πολιτικές και οι δράσεις για την προστασία του περιβάλλοντος πρέπει να λαμβάνουν υπόψη τις ανάγκες και τα δικαιώματα των ευάλωτων πληθυσμών, που συχνά πλήττονται δυσανάλογα από την κλιματική αλλαγή και την περιβαλλοντική υποβάθμιση.

Η Φιλελεύθερη Σοσιαλιστική ιδεολογία υποστηρίζει την προώθηση αειφόρων πρακτικών που προστατεύουν το περιβάλλον και εξασφαλίζουν την ευημερία των μελλοντικών γενεών.

Αυτό περιλαμβάνει την ενθάρρυνση της χρήσης ανανεώσιμων πηγών ενέργειας, τη μείωση των αποβλήτων και την ενίσχυση της ανακύκλωσης, καθώς και τη διαχείριση των φυσικών πόρων με υπευθυνότητα. Η αλληλεγγύη σε αυτό το πλαίσιο μεταφράζεται σε συντονισμένες προσπάθειες για την αλλαγή των καταναλωτικών προτύπων και την προώθηση της οικολογικής συνείδησης σε όλα τα επίπεδα της Κοινωνίας.

Η διεθνής συνεργασία είναι κρίσιμη για την αντιμετώπιση των περιβαλλοντικών προκλήσεων που δεν γνωρίζουν σύνορα.

Η Φιλελεύθερη Σοσιαλιστική ιδεολογία προωθεί τη συμμετοχή των χωρών σε διεθνείς συμφωνίες και πρωτοβουλίες, όπως η Συμφωνία των Παρισίων για το κλίμα, που στοχεύουν στη μείωση των παγκόσμιων εκπομπών αερίων του θερμοκηπίου και την προώθηση της βιώσιμης ανάπτυξης. Η αλληλεγγύη μεταξύ των Χωρών, ιδιαίτερα μεταξύ των αναπτυγμένων και αναπτυσσόμενων χωρών, είναι ουσιαστική για τη διασφάλιση Δίκαιης και αποτελεσματικής δράσης κατά της κλιματικής αλλαγής.

Ο Ρόλος της Αγοράς

Η Φιλελεύθερη Σοσιαλιστική ιδεολογία αναγνωρίζει τον ρόλο της αγοράς στην προώθηση της βιωσιμότητας, υπό την προϋπόθεση ότι λειτουργεί με τρόπο διαφανή, ηθικό και υπεύθυνο.

Η αγορά οφείλει να παρέχει κίνητρα για την υιοθέτηση βιώσιμων πρακτικών από επιχειρήσεις και καταναλωτές, απαιτείται όμως, η θέσπιση και η αυστηρή εφαρμογή κανόνων για την προστασία του περιβάλλοντος.

Οι επιχειρήσεις οφείλουν να αναλάβουν μέρος από την Κοινωνική Ευθύνη και να λαμβάνουν υπόψη τις περιβαλλοντικές επιπτώσεις των δραστηριοτήτων τους.

Η Εκπαίδευση και η Ευαισθητοποίηση των Πολιτών πάνω σε θέματα που αφορούν την Οικολογία, είναι σημαντική, γιατί ιχνηλατούν τα βασικά βήματα για ένα βιώσιμο μέλλον.

Η προστασία του περιβάλλοντος και η υιοθέτηση ενός βιώσιμου τρόπου ζωής αποτελούν πλέον επιτακτική ανάγκη. Σε αυτό το πλαίσιο, η Εκπαίδευση και η Ευαισθητοποίηση των Πολιτών στην Οικολογία διαδραματίζουν καθοριστικό ρόλο.

Στόχοι

Η Φιλελεύθερη Σοσιαλιστική ιδεολογία εστιάζει στη συνεργασία και την αλληλεγγύη για την αντιμετώπιση των περιβαλλοντικών προκλήσεων. Σε αυτό το πλαίσιο, καθορίζονται οι εξής στόχοι:

Κατανόηση Περιβαλλοντικών Ζητημάτων:

Ένας βασικός στόχος είναι η ενημέρωση και ευαισθητοποίηση του κοινού για τις περιβαλλοντικές προκλήσεις που αντιμετωπίζει ο πλανήτης μας.

Αυτές περιλαμβάνουν την κλιματική αλλαγή, τη ρύπανση του αέρα και των υδάτων, την αποψίλωση των δασών και την απώλεια βιοποικιλότητας.

Μέσα από εκπαιδευτικά προγράμματα και καμπάνιες ευαισθητοποίησης, οι πολίτες μπορούν να αποκτήσουν βαθύτερη κατανόηση των αιτίων και των επιπτώσεων αυτών των ζητημάτων, καθώς και των τρόπων με τους οποίους μπορούν να συμβάλουν στην αντιμετώπισή τους.

Ανάπτυξη Οικολογικής Συνείδησης

Η καλλιέργεια ενός αισθήματος ευθύνης για την προστασία του περιβάλλοντος είναι ουσιώδης για την προώθηση βιώσιμων πρακτικών. Η Φιλελεύθερη Σοσιαλιστική ιδεολογία υποστηρίζει την ανάπτυξη οικολογικής συνείδησης μέσω της εκπαίδευσης και της προαγωγής ηθικών αρχών που τονίζουν την ανάγκη για σεβασμό και προστασία της φύσης.

Η προώθηση πράσινων πρωτοβουλιών και η ενθάρρυνση της υιοθέτησης βιώσιμων συμπεριφορών από τους πολίτες είναι καίριες για τη μείωση του οικολογικού αποτυπώματος.

Ενίσχυση Κριτικής Σκέψης

Η προώθηση της ικανότητας κριτικής ανάλυσης των επιπτώσεων των ατομικών και συλλογικών επιλογών στο περιβάλλον αποτελεί έναν ακόμη σημαντικό στόχο.

Οι πολίτες πρέπει να είναι σε θέση να αξιολογούν τις περιβαλλοντικές επιπτώσεις των καθημερινών τους αποφάσεων και να λαμβάνουν συνειδητές επιλογές που μειώνουν την αρνητική τους επίδραση στο περιβάλλον.

Η ενίσχυση της κριτικής σκέψης μπορεί να επιτευχθεί μέσω της εκπαίδευσης και της ενθάρρυνσης της δημόσιας συζήτησης γύρω από περιβαλλοντικά θέματα.

Ενθάρρυνση Συμμετοχής

Η ενεργή συμμετοχή των πολιτών σε δράσεις για την προστασία του περιβάλλοντος, τόσο σε ατομικό όσο και σε συλλογικό επίπεδο, είναι κρίσιμη για την επίτευξη βιώσιμων αλλαγών.

Η Φιλελεύθερη Σοσιαλιστική ιδεολογία ενθαρρύνει τους πολίτες να συμμετέχουν σε εθελοντικές δράσεις, περιβαλλοντικά προγράμματα και πολιτικές πρωτοβουλίες που προάγουν την περιβαλλοντική βιωσιμότητα.

Η συμμετοχή αυτή μπορεί να περιλαμβάνει δραστηριότητες όπως η ανακύκλωση, η δενδροφύτευση, η συμμετοχή σε οργανώσεις περιβαλλοντικής προστασίας και η υποστήριξη πολιτικών που στοχεύουν στη μείωση των περιβαλλοντικών επιπτώσεων.

Στρατηγικές

Οι στρατηγικές για την επίτευξη των στόχων της περιβαλλοντικής προστασίας βασίζονται στην ενσωμάτωση της περιβαλλοντικής εκπαίδευσης σε όλα τα επίπεδα, την ενημέρωση και ευαισθητοποίηση του κοινού, και την ενεργή συμμετοχή της Κοινωνίας των πολιτών.

Μέσω αυτών των στρατηγικών, η Φιλελεύθερη Σοσιαλιστική ιδεολογία επιδιώκει να δημιουργήσει μια Κοινωνία που θα είναι περιβαλλοντικά συνειδητοποιημένη και αλληλέγγυα, ικανή να αντιμετωπίσει τις προκλήσεις του μέλλοντος με βιώσιμο και δίκαιο τρόπο.

Σε αυτό το πλαίσιο, καθορίζονται οι εξής Στρατηγικές:

Ενσωμάτωση Περιβαλλοντικής Εκπαίδευσης στο Σχολείο

Η θέσπιση προγραμμάτων περιβαλλοντικής εκπαίδευσης σε όλα τα εκπαιδευτικά επίπεδα είναι κρίσιμη για την καλλιέργεια μιας περιβαλλοντικά συνειδητοποιημένης γενιάς. Η περιβαλλοντική εκπαίδευση πρέπει να ξεκινά από την προσχολική αγωγή και να συνεχίζεται έως την ανώτατη εκπαίδευση. Τα προγράμματα αυτά πρέπει να περιλαμβάνουν θεωρητικές και πρακτικές γνώσεις σχετικά με την οικολογία, τη βιωσιμότητα και την κλιματική αλλαγή, ενθαρρύνοντας τους μαθητές να αναλάβουν δράση για την προστασία του περιβάλλοντος.

Ενημερωτικές Καμπάνιες

Η διοργάνωση ενημερωτικών καμπανιών για το ευρύ κοινό, αξιοποιώντας όλα τα διαθέσιμα μέσα (τηλεόραση, ραδιόφωνο, διαδίκτυο, εκδηλώσεις), είναι απαραίτητη για την ευαισθητοποίηση των πολιτών. Οι καμπάνιες αυτές πρέπει να παρέχουν αξιόπιστες πληροφορίες σχετικά με τις περιβαλλοντικές προκλήσεις και να ενθαρρύνουν την υιοθέτηση βιώσιμων πρακτικών.

Επίσης, μπορούν να περιλαμβάνουν ιστορίες επιτυχίας, εκπαιδευτικά βίντεο και υλικό που τονίζει τη σημασία της προστασίας του περιβάλλοντος.

Εκπαίδευση Ενηλίκων

Η παροχή προγραμμάτων περιβαλλοντικής εκπαίδευσης για ενήλικες, λαμβάνοντας υπόψη τις ιδιαίτερες ανάγκες και τα ενδιαφέροντά τους, είναι εξίσου σημαντική.

Τα προγράμματα αυτά μπορούν να περιλαμβάνουν σεμινάρια, εργαστήρια και διαδικτυακά μαθήματα που διδάσκουν βιώσιμες πρακτικές, όπως η ανακύκλωση, η εξοικονόμηση ενέργειας και η χρήση ανανεώσιμων πηγών ενέργειας. Έτσι, οι ενήλικες μπορούν να ενσωματώσουν τις γνώσεις αυτές στην καθημερινή τους ζωή και να γίνουν πρότυπα για τις νεότερες γενιές.

Ευαισθητοποίηση Μέσω της Τέχνης και του Πολιτισμού

Η χρήση της τέχνης, της μουσικής, του θεάτρου και άλλων μορφών πολιτισμού για την ευαισθητοποίηση του κοινού σε περιβαλλοντικά ζητήματα μπορεί να είναι ιδιαίτερα αποτελεσματική.

Οι πολιτιστικές εκδηλώσεις που επικεντρώνονται σε περιβαλλοντικά θέματα μπορούν να προσελκύσουν ευρύ κοινό και να μεταδώσουν σημαντικά μηνύματα με τρόπο ελκυστικό και διαδραστικό.

Η τέχνη έχει τη δύναμη να κινητοποιήσει τα συναισθήματα των ανθρώπων και να τους εμπνεύσει να αναλάβουν δράση για την προστασία του περιβάλλοντος.

Ενθάρρυνση Βιώσιμων Πρακτικών

Η προώθηση βιώσιμων πρακτικών στην καθημερινή ζωή είναι καίρια για τη μείωση του οικολογικού αποτυπώματος.

Αυτό περιλαμβάνει την εξοικονόμηση ενέργειας, την ανακύκλωση, τη χρήση φιλικών προς το περιβάλλον προϊόντων και την ενθάρρυνση της χρήσης των δημόσιων μέσων μεταφοράς. Μέσω ενημερωτικών εκστρατειών και εκπαιδευτικών προγραμμάτων, οι πολίτες μπορούν να μάθουν πώς να ενσωματώσουν αυτές τις πρακτικές στην καθημερινότητά τους και να συνεισφέρουν στη βιωσιμότητα του πλανήτη.

Ενεργοποίηση της Κοινωνίας των Πολιτών

Η υποστήριξη περιβαλλοντικών οργανώσεων και η ενθάρρυνση της ενεργής συμμετοχής των πολιτών σε περιβαλλοντικές δράσεις είναι ουσιώδης για την προώθηση της βιώσιμης ανάπτυξης. Οι περιβαλλοντικές οργανώσεις μπορούν να διαδραματίσουν σημαντικό ρόλο στην ενημέρωση και την κινητοποίηση των πολιτών, οργανώνοντας εκδηλώσεις, καμπάνιες και εθελοντικές δράσεις.

Η συμμετοχή των πολιτών σε αυτές τις δράσεις ενισχύει την αίσθηση της κοινότητας και της συλλογικής ευθύνης για την προστασία του περιβάλλοντος.

Συνεργασία

Η αποτελεσματική Εκπαίδευση και Ευαισθητοποίηση των Πολιτών στην Οικολογία απαιτεί συνεργασία μεταξύ διαφορετικών φορέων. Η συνεργασία αυτή είναι απαραίτητη για τη δημιουργία μιας συνολικής και συνεκτικής στρατηγικής που θα προωθεί την περιβαλλοντική συνείδηση και δράση. Οι βασικοί φορείς που εμπλέκονται σε αυτή τη συνεργασία περιλαμβάνουν:

Εκπαιδευτική Κοινότητα

Η εκπαιδευτική κοινότητα, διαδραματίζει καθοριστικό ρόλο στην ενσωμάτωση της περιβαλλοντικής εκπαίδευσης στα προγράμματα σπουδών.

Τα σχολεία και τα πανεπιστήμια πρέπει να αναπτύξουν και να εφαρμόσουν προγράμματα που εκπαιδεύουν τους μαθητές και τους φοιτητές σχετικά με τα περιβαλλοντικά ζητήματα και τις βιώσιμες πρακτικές. Επιπλέον, οι εκπαιδευτικοί πρέπει να είναι κατάλληλα εκπαιδευμένοι για να μεταδίδουν αυτές τις γνώσεις και να ενθαρρύνουν τους μαθητές να αναλάβουν δράση για την προστασία του περιβάλλοντος.

Κυβερνητικοί Φορείς

Οι κυβερνητικοί φορείς έχουν την ευθύνη να θεσμοθετήσουν πολιτικές και προγράμματα για την προώθηση της περιβαλλοντικής εκπαίδευσης και ευαισθητοποίησης.

Αυτό μπορεί να περιλαμβάνει την ανάπτυξη εθνικών στρατηγικών για την περιβαλλοντική εκπαίδευση, τη χρηματοδότηση εκπαιδευτικών προγραμμάτων και πρωτοβουλιών, καθώς και τη δημιουργία κανονισμών που ενθαρρύνουν τις βιώσιμες πρακτικές.

Επιπλέον, οι κυβερνήσεις μπορούν να υποστηρίξουν τις προσπάθειες των μη κυβερνητικών οργανώσεων και των κοινοτήτων που εργάζονται για την προστασία του περιβάλλοντος.

Μέσα Ενημέρωσης

Τα Μέσα Ενημέρωσης έχουν σημαντικό ρόλο στην ενημέρωση και ευαισθητοποίηση του κοινού για τα περιβαλλοντικά ζητήματα.

Μέσα από ειδήσεις, ντοκιμαντέρ, εκπαιδευτικά προγράμματα και καμπάνιες ευαισθητοποίησης, τα μέσα ενημέρωσης μπορούν να συμβάλλουν στην αύξηση της κατανόησης των πολιτών για τις περιβαλλοντικές προκλήσεις και να τους ενθαρρύνουν να αναλάβουν δράση. Επίσης, τα μέσα ενημέρωσης μπορούν να αναδείξουν επιτυχημένα παραδείγματα βιώσιμων πρακτικών και να προβάλουν τις προσπάθειες των κοινοτήτων και των οργανώσεων που εργάζονται για την προστασία του περιβάλλοντος.

Μη Κυβερνητικές Οργανώσεις (ΜΚΟ) και η Κοινωνία των Πολιτών

Οι Μη Κυβερνητικές Οργανώσεις και η Κοινωνία των Πολιτών, διαδραματίζουν επίσης κρίσιμο ρόλο στην περιβαλλοντική εκπαίδευση και ευαισθητοποίηση.

Οι ΜΚΟ μπορούν να αναλάβουν πρωτοβουλίες για την εκπαίδευση των πολιτών, την οργάνωση δράσεων και εκδηλώσεων, καθώς και την πίεση προς τις κυβερνήσεις για την εφαρμογή περιβαλλοντικών πολιτικών.

Η ενεργός συμμετοχή των πολιτών σε περιβαλλοντικές δράσεις ενισχύει τη συλλογική προσπάθεια για την προστασία του περιβάλλοντος και δημιουργεί μια κοινή αίσθηση ευθύνης και συνεργασίας.

Ο ΡΟΛΟΣ ΤΩΝ ΠΡΑΣΙΝΩΝ ΤΕΧΝΟΛΟΓΙΩΝ ΚΑΙ ΚΑΙΝΟΤΟΜΙΩΝ, ΣΤΗ ΔΗΜΙΟΥΡΓΙΑ ΟΙΚΟΛΟΓΙΚΗΣ ΣΥΝΕΙΔΗΣΗΣ

Οι πράσινες τεχνολογίες και οι καινοτομίες διαδραματίζουν καίριο ρόλο στη δημιουργία οικολογικής συνείδησης και στην προώθηση της περιβαλλοντικής βιωσιμότητας. Καθώς η Ανθρωπότητα αντιμετωπίζει προκλήσεις όπως η κλιματική κρίση, η υπερθέρμανση του πλανήτη και η εξάντληση των φυσικών πόρων, οι πράσινες τεχνολογίες προσφέρουν λύσεις για τον μετριασμό των περιβαλλοντικών επιπτώσεων των ανθρώπινων δραστηριοτήτων.

Οι πράσινες τεχνολογίες συμβάλλουν στη μείωση των εκπομπών αερίων του θερμοκηπίου και της ατμοσφαιρικής ρύπανσης. Τεχνολογίες όπως οι ανανεώσιμες πηγές ενέργειας (αιολική, ηλιακή, υδροηλεκτρική) και οι ενεργειακά αποδοτικές κατασκευές συμβάλλουν στον περιορισμό της εξάρτησης από τα ορυκτά καύσιμα και στη μείωση των επιβλαβών εκπομπών.

Οι πράσινες καινοτομίες προωθούν την αποδοτική χρήση των πόρων και την κυκλική Οικονομία.

Τεχνολογίες όπως η βιομηχανική συμβίωση, η ανακύκλωση και η επαναχρησιμοποίηση υλικών, οι βιοαποικοδομήσιμες συσκευασίες και η βιοτεχνολογία βοηθούν στη μείωση των αποβλήτων και στη διατήρηση των φυσικών πόρων.

Οι πράσινες τεχνολογίες συμβάλλουν στην προστασία των οικοσυστημάτων και της βιοποικιλότητας.

Τεχνολογίες όπως η τηλεπισκόπηση, οι τεχνολογίες παρακολούθησης και προστασίας της άγριας ζωής, οι βιώσιμες γεωργικές πρακτικές και οι τεχνολογίες αποκατάστασης οικοτόπων βοηθούν στη διατήρηση των οικοσυστημάτων και στην προστασία των απειλούμενων ειδών.

Εκτός από τα άμεσα περιβαλλοντικά οφέλη, οι πράσινες τεχνολογίες και καινοτομίες συμβάλλουν επίσης στη δημιουργία οικολογικής συνείδησης με διάφορους τρόπους. Καταδεικνύουν ότι η βιώσιμη ανάπτυξη και η προστασία του περιβάλλοντος είναι εφικτές και συμβατές με την οικονομική πρόοδο και την υψηλή ποιότητα ζωής.

Παρέχουν ορατά παραδείγματα των δυνατοτήτων της τεχνολογίας για την αντιμετώπιση των περιβαλλοντικών προκλήσεων, γεγονός που μπορεί να εμπνεύσει και να ενθαρρύνει τους ανθρώπους να υιοθετήσουν πιο οικολογικές συμπεριφορές.

Επιπλέον, η ανάπτυξη και η υιοθέτηση πράσινων τεχνολογιών απαιτεί συχνά τη συμμετοχή και τη συνεργασία διαφόρων φορέων, όπως κυβερνήσεις, επιχειρήσεις, ακαδημαϊκά ιδρύματα και οργανώσεις της Κοινωνίας των πολιτών. Αυτή η διαδικασία μπορεί να ενισχύσει την ευαισθητοποίηση και την κατανόηση των περιβαλλοντικών ζητημάτων σε ολόκληρη την Κοινωνία.

Συνοψίζοντας, οι πράσινες τεχνολογίες και οι καινοτομίες αποτελούν ισχυρά εργαλεία για την προστασία του περιβάλλοντος και την προώθηση της βιώσιμης ανάπτυξης.

Επιδεικνύοντας πρακτικές λύσεις και παρέχοντας ορατά παραδείγματα των δυνατοτήτων μιας πράσινης Οικονομίας, συμβάλλουν στη δημιουργία οικολογικής συνείδησης και ενθαρρύνουν τους ανθρώπους να υιοθετήσουν πιο φιλικές προς το περιβάλλον συμπεριφορές και τρόπους ζωής.

Επίλογος

Βασικά Θέματα που Καλύπτει το Βιβλίο

Στο βιβλίο, εξετάσαμε τις θεωρητικές και πρακτικές διαστάσεις του Φιλελεύθερου Σοσιαλισμού, εστιάζοντας σε τρεις κύριους άξονες: την Κοινωνική Δικαιοσύνη, την Περιβαλλοντική Προστασία και την Πολιτική Συμμετοχή.

Μέσα από μια πολυδιάστατη ανάλυση, το βιβλίο αναδεικνύει ζητήματα όπως η ενίσχυση της Κοινωνικής Πρόνοιας, η προστασία των Ανθρωπίνων Δικαιωμάτων, η Προώθηση της Περιβαλλοντικής Βιωσιμότητας και η Υποστήριξη των Εργασιακών Δικαιωμάτων.

Επίσης, εξετάζεται η καθοριστική σημασία της εκπαίδευσης και της ευαισθητοποίησης των πολιτών σε θέματα Κοινωνικής και Περιβαλλοντικής Δικαιοσύνης.

Το κεντρικό επιχείρημα του βιβλίου, είναι ότι ο Φιλελεύθερος Σοσιαλισμός, προτείνει ένα βιώσιμο και Ηθικά θεμελιωμένο μοντέλο Κοινωνικής και Οικονομικής οργάνωσης, το οποίο συνδυάζει την Ατομική Ελευθερία με την Κοινωνική Δικαιοσύνη.

Αυτή η ισορροπία επιτυγχάνεται μέσω της Προοδευτικής Φορολογίας, της διασφάλισης των Εργασιακών Δικαιωμάτων και της παροχής Κοινωνικών Υπηρεσιών που εξασφαλίζουν την ισότητα των ευκαιριών και την μείωση της φτώχειας.

Η τεκμηρίωση αυτών των επιχειρημάτων βασίζεται σε εμπειρικά παραδείγματα επιτυχημένων Κοινωνικών προγραμμάτων και νομοθετικών πρωτοβουλιών που έχουν εφαρμοστεί σε διάφορες Χώρες.

Στα συμπεράσματα του βιβλίου, μπορούμε να πούμε, πως διαπιστώνεται ότι ο Φιλελεύθερος Σοσιαλισμός μπορεί να αποτελέσει μια βιώσιμη απάντηση στις κοινωνικές και οικονομικές ανισότητες στην Ελλάδα και παγκοσμίως.

Προτείνεται η ενίσχυση της κοινωνικής πρόνοιας και η υιοθέτηση πολιτικών που προάγουν την περιβαλλοντική βιωσιμότητα ως κρίσιμα βήματα προς αυτήν την κατεύθυνση. Επιπλέον, τονίζεται η σημασία της συνεχούς εκπαίδευσης και ευαισθητοποίησης των πολιτών για την επίτευξη μακροχρόνιων κοινωνικών μεταρρυθμίσεων.

Από την προσωπική μου οπτική, το κείμενο παρέχει μια ολοκληρωμένη ανάλυση των προκλήσεων και των προοπτικών του Φιλελεύθερου Σοσιαλισμού. Ιδιαίτερη σημασία έχει η υπογράμμιση της ανάγκης για ισορροπία μεταξύ Ατομικής Ελευθερίας και Κοινωνικής Δικαιοσύνης, μια Αρχή που αποτελεί το θεμέλιο του Φιλελεύθερου Σοσιαλισμού.

Η έμφαση στην εκπαίδευση και την ευαισθητοποίηση των πολιτών είναι κεντρική για την προώθηση των Αξιών του Φιλελευθερισμού και του Σοσιαλισμού.

Το κείμενο επίσης καταφέρνει να αναδείξει τη σημασία της περιβαλλοντικής βιωσιμότητας ως αναγκαίο στοιχείο για τη μακροχρόνια κοινωνική ευημερία.

Μέσα στο βιβλίο, παρατηρούνται συχνές αναφορές στην αναγκαιότητα της περιβαλλοντικής προστασίας και της Κοινωνικής Δικαιοσύνης. Αυτή η επανάληψη υπογραμμίζει τη σημασία που αποδίδεται σε αυτούς τους τομείς και καταδεικνύει ότι η βιώσιμη ανάπτυξη και η κοινωνική πρόνοια αποτελούν κεντρικούς πυλώνες του Φιλελεύθερου Σοσιαλισμού.

ΒΙΒΛΙΟΓΡΑΦΙΑ

John Locke, «Two Treatises of Government», Cambridge Uni. Press. – 1969

Adam Smith, «The Wealth of Nations: A Translation into Modern English », ISR – Industrial System Research – Αρχική Έκδοση – 2015

John Stuart Mill, «On Liberty», London: John W.Parker & Son. – 1860 – ISBN 9781499238341

John Rawls, «Political Liberalism», Columbia University Press – 1993

Ronald Dworkin, «A Matter of Principal», Cambridge, Massachusetts: Harvard University Press – 1985

Monique Canto-Sperber, «Les règles de la liberté: Libéralisme et socialisme», PLON Omnibus – 2003

I.M. Greengarten, «Thomas Hill Green and the Development of Liberal-Democratic Thought», University of Toronto Press – 1981

Leonard Trelawny Hobhouse, «Liberalism» Ψηφιακή Έκδοση Mc Master University https://historyofeconomicthought.mcmaster.ca/hobhouse/liberalism.pdf Αρχική Έκδοση – 1911

Amartya Sen, «The Idea of Justice», Penguin Books – 2010

9 786180 054408